企業危機とマネジメント

深 山　明 著

東京 森山書店 発行

はしがき

　本書は危機マネジメントの解明および体系的な危機マネジメント論の構築を主題としている。危機マネジメントとは、企業危機を回避・克服するためのマネジメントである。
　ヨーロッパは、1970年代の後半から、「栄光の30年」の終焉と「経済不振の時代」の幕開けを迎えた。その意味で、1970年代は経済の分水嶺であるといわれている。ドイツもその例外ではない。1970年代後半から経済の不振・低迷期が始まり、企業が危機的な状況に見舞われることが多くなっている。そして、企業倒産などの企業危機を象徴する事態が多発し、有名企業の破綻が相次いでいることは周知の事実である。それゆえ、企業としては、かかる事態に対処することを余儀なくされたのである。このような事情に規定されて、危機マネジメントが焦眉の問題となった。他方では、このような状況に対応することができず機能不全に陥っていた法的および制度的環境の整備が行われ、その結果、新しい倒産法が制定されたのである。この法律はアメリカの連邦倒産法の影響を強く受け、倒産はしたが存続するためのポテンシャルをなお有する企業の再生をも視野に入れたものである。企業危機の克服＝企業再生ということが強く志向されている。それゆえ、企業危機克服や企業再生のためのマネジメントが重大な関心事となったのである。
　このような実践における要請に応える形で、多くの危機マネジメントに関する研究が発表されるようになった。それらの研究においては、企業危機の一般的な定義、企業危機の症状、企業危機の原因、企業危機の回避・克服のための諸方策などが取り上げられている。最近ではようやく本格的な研究が現れ始めているのであるが、危機マネジメント論は未だ啓蒙の域を出ていないといわざるを得ない。また、少なからぬ研究が実務家によって為されているということ

もあって、確固とした理論的な基礎の上に構築された危機マネジメント論はそれほど多くはないというのが実情である。固定費理論に基づく危機マネジメント論すなわち固定費志向的危機マネジメント論の形成を企図した所以である。

内外の多くの先達によって指摘されているように、「学」の形成のためには「学史」の研究が不可欠である。したがって、本書においては、学史的研究を基礎とする危機マネジメント論の構築を試みることにしたい。ただし、新たな方法論が展開されているわけではなくて、先輩たちが遺された財産を大いに利用している。

まず、第1章においては、問題意識および研究方法が明確にされた後に、考察の拠点としての固定費問題が確認される。さらに、危機マネジメント論の生成の背景が明らかにされる。つぎに、第2部の6つの章においては、危機マネジメントに関する先駆的な研究の検討が行われ、危機マネジメントが本来的にいかなる問題であるかということが確かめられる。また、早くから、固定費問題の解明や危機マネジメントの体系的な論述のための努力が行われていたことが明らかにされる。そして、第3部においては、第1部および第2部で得られたことを基礎として、一般理論としての体系的な危機マネジメント論の構築が試みられている。ただし、本書で提示されているのはいわゆる総論のみであって、各論については言及されていない。各論については別著を考えなければならない。なお、補論においては、危機マネジメントの実態、危機マネジメントを実行する際の重要な制約となる補償計画の問題が取り上げられている。

本書の出版に際しては、関西学院大学名誉教授吉田和夫先生に心から感謝しなければならない。私は1970年に先生のゼミナリステンの一員に加えていただいたが、爾来40年にわたって、経営学だけではなくて、学問をめぐる諸問題、研究者としての生き方などさまざまなことに関して温かいご指導をいただいている。吉田先生のますますのご健勝をお祈りする次第である。

ドイツのボーフムにあるルール大学（Ruhr-Universität Bochum）のシュナイダー教授（Prof. Dr. Dr. h. c. multi Dieter Schneider）にもお礼を申し上げたい。1990年以来、シュナイダー教授からは親しくご指導いただき、さまざまな配

慮をしていただいているのである。

　また、関西学院大学商学部の経営学関係の先生方には日頃から公私にわたってお世話になり、大阪市立大学名誉教授平林喜博先生からはつねに有益な助言をいただいている。この機会に感謝の意を表したい。

　さらに、関野　賢（近畿大学経営学部准教授）と小澤優子（流通科学大学商学部准教授）の両君には校正などに際しての献身的な協力を感謝するとともに、この二人が大成することを祈る。

　なお、末筆ながら、昨今の状況にもかかわらず本書の出版を快諾してくださった森山書店の菅田直文社長と今回の出版に関してもお世話になった白鳥里和さんに衷心よりお礼を申し上げる。

2010年6月8日

深　山　　明

目　次

第1部　危機マネジメント研究の基礎

第1章　問題意識と基礎的考察 …………………………… 3
　Ⅰ　序 ………………………………………………………… 3
　Ⅱ　経営学史と危機マネジメント論 ……………………… 4
　Ⅲ　固定費問題と危機マネジメント ……………………… 10
　Ⅳ　危機マネジメント論の生成 …………………………… 14
　Ⅴ　結 ………………………………………………………… 21

第2部　危機マネジメント研究の源流

第2章　固定費問題の解明 ………………………………… 31
　Ⅰ　序 ………………………………………………………… 31
　Ⅱ　基本構想と基本概念 …………………………………… 32
　Ⅲ　調査結果の概要 ………………………………………… 35
　Ⅳ　固定費問題の認識 ……………………………………… 40
　Ⅴ　クライネの研究の意義 ………………………………… 48
　Ⅵ　結 ………………………………………………………… 51

第3章　体系的危機マネジメント論の形成 ……………… 57
　Ⅰ　序 ………………………………………………………… 57

Ⅱ　基本構想 ………………………………………………… 58
　　Ⅲ　基本的な問題意識と考察様式 ………………………… 63
　　Ⅳ　基本的概念 ……………………………………………… 67
　　Ⅴ　結 …………………………………………………………… 70

第 4 章　本格的な生産能力理論の誕生 ……………………… 75
　　Ⅰ　序 …………………………………………………………… 75
　　Ⅱ　生産能力の概念 ………………………………………… 76
　　Ⅲ　本格的な生産能力理論の生成 ………………………… 82
　　Ⅳ　生産能力理論と科学的管理 …………………………… 87
　　Ⅴ　結 …………………………………………………………… 92

第 5 章　企業生産縮小論の展開 ……………………………… 97
　　Ⅰ　序 …………………………………………………………… 97
　　Ⅱ　企業生産縮小論の基礎 ………………………………… 98
　　Ⅲ　生産縮小の概念 ………………………………………… 101
　　Ⅳ　過小収益性と生産縮小の意義 ………………………… 103
　　Ⅴ　生産縮小の本質と形態 ………………………………… 108
　　Ⅵ　結 …………………………………………………………… 113

第 6 章　価格下限論の生成 …………………………………… 119
　　Ⅰ　序 …………………………………………………………… 119
　　Ⅱ　全部補償と部分補償 …………………………………… 120
　　Ⅲ　部分補償問題と価格下限論 …………………………… 123
　　Ⅳ　比例率と価格下限 ……………………………………… 126
　　Ⅴ　新たな価格下限論の展開 ……………………………… 130
　　Ⅵ　結 …………………………………………………………… 138

第7章 経営休止論のさきがけ ……………………………… 145
- Ⅰ 序 ………………………………………………………… 145
- Ⅱ 経営休止論の基礎 ……………………………………… 146
- Ⅲ 経営休止と企業管理者 ………………………………… 149
- Ⅳ 休止原価と価格下限 …………………………………… 154
- Ⅴ 経営休止と法的規制 …………………………………… 161
- Ⅵ 結 ………………………………………………………… 165

第3部　危機マネジメントの理論

第8章 企業危機と危機マネジメント論 …………………… 175
- Ⅰ 序 ………………………………………………………… 175
- Ⅱ 危機マネジメント論の考察様式 ……………………… 176
- Ⅲ 危機と企業危機 ………………………………………… 178
- Ⅳ 企業危機の原因 ………………………………………… 184
- Ⅴ 危機マネジメント ……………………………………… 190
- Ⅵ 3次元危機マネジメント ……………………………… 197
- Ⅶ 結 ………………………………………………………… 200

補論1 危機マネジメントの実態 …………………………… 205
- Ⅰ 序 ………………………………………………………… 205
- Ⅱ ベルガウアーの構想 …………………………………… 205
- Ⅲ ベルガウアーの調査 …………………………………… 208
- Ⅳ 結 ………………………………………………………… 219

補論2 危機マネジメントの制約問題 ……………………… 221
　　　―経営組織法の改正と補償計画―

Ⅰ　序 ………………………………………………… *221*
Ⅱ　補償計画とその帰結 …………………………… *223*
Ⅲ　補償計画と規制緩和の要求 …………………… *235*
Ⅳ　経営組織法の改正 ……………………………… *237*
Ⅴ　結 ………………………………………………… *243*

初　出　一　覧 ……………………………………… *251*
欧文文献目録 ………………………………………… *253*
事　項　索　引 ……………………………………… *267*
人　名　索　引 ……………………………………… *277*

第１部　危機マネジメント研究の基礎

第1章　問題意識と基礎的考察

I．序

　この章においては、危機マネジメント（Krisenmanagement）に関する一般理論形成のための基礎的な考察が行われる。

　第Ⅱ部で危機マネジメントの先駆的研究についての論究が為されている。なにゆえに一般理論の構築に先立ってそのような先駆的研究の考察が必要であるのか。このことの意味がまず明らかにされなければならない。そのために、経営学史を研究することの意義が強調され、研究の方法が明示される。また、危機マネジメントおよび危機マネジメント論について考察するに際しての理論的な拠点を確立することが必要である。すなわち、いかなることに問題を求めて研究するのかということが明らかにされなければならないのである。われわれは、固定費問題（Fixkostenproblem）の解明ならびに当該問題の克服ということに研究の根拠を求めたいと考える。さらに、とりわけ1980年代以降において危機マネジメントが理論的にも実践的にも注目されるようになっているが、このような事態が生起したことの動因が解明されなければならない。そのことが、危機マネジメントの理解にとって有意義であるし、危機マネジメント論の本質を明らかにするために不可欠であると考えられるからである。

II．経営学史と危機マネジメント論

1．経営学史研究の意義

　周知のように、1900年前後に経営学の本格的な研究が開始された。100年あまり前のことである。したがって、国民経済学（経済学）などと比較すると、経営学はきわめて若い学問であると言わなければならない。

　この100年ほどの間に、ドイツあるいは日本において経営学史の研究が重視され、さまざまな形で研究成果が明らかにされてきた。しかして、経営学史の研究が経営学の理論構築に少なからず影響を及ぼしたのである。このような傾向が顕著であるということは、経営学が若い学問であったということと無関係ではない。たとえば、「経営学の新たな建設のためには、どうしても経営学の歴史を顧みなければならないというのが、たとえ程度の差こそあれ、創成期の経営学の建設に志す人々の共通の問題意識であった[1]」といわれるとおりである。しかしながら、創成期に見られたこのような問題意識は、今日においても、その重要性を失っていないのである。ドイツにおいても同様の見解が見られる。たとえば、シュナイダー（Schneider, D.）は企業者職能論に基づく独特の経営学の体系を形成したことで知られているが、今日において経営学の歴史を研究することの必要性を強調し、自らもそのことを実行している[2]。

　「学問の歴史はその学問そのものである[3]」というゲーテ（Johan Wolfgang von Goethe）の言葉はよく知られており、しばしば引用されている。それは、ザイフェルト（Seyffert, R.）が好んで用いたということによって、ドイツおよび日本の経営学者にとって馴染みのあるものになったといわれている[4]。また、シュンペーター（Schumpeter, J. A.）も、「自分の時代の研究から過去を顧み、過去の思想の広大な山脈を眺めながらも、なお、そこからみずからの限界を拡げることを学びえない人がいれば、そのような人はまことに愚かであるというほかない[5]」と喝破した。そして、過去に生まれた所説の保管場所である「物置小屋」を訪ねることの重要性を指摘したのである。

とりわけゲーテやザイフェルトの叙述に触発されて、同様の思考を基礎に据えて独自の経営学史を展開したのが池内信行教授であった。池内教授は、経営学史の意義について、「蓋し学問の認識論的研究に当たってまず試みられなければならないのはその学問の発展過程を検討することである。これを等閑に附しては、特に歴史的社会的存在に関する学問の理論は、これを打建てるのすべがないであろう[6]」と述べておられる。なぜならば、「ひとつの科学の本質はその科学そのものの歴史のうちに存在するのであって、それゆえ科学の歴史そのものを無視しあるいは軽視して科学の本質をきめることは、ひとつの自己撞着であるというのほかない[7]」からである。池内教授の叙述の中には若い学問である経営学の理論構築への思いが込められていることが看取されるのである。

　経営学は経験科学の1つであるから、当然のことながら、論理的整合性と経験的整合性（経験的事実との整合性）を具備していなければならない。池内教授はそれらを体系的価値（＝合理性）と実用的価値（＝実証性）として把握し、前者が軽視されつつある状況を憂い、合理性を回復するための手懸かりを経営学史の研究に求めることを主張されたのである。領域は異なるが、同様の思考が高木暢哉教授の場合にも見られる。高木教授は、「現在にあっての経済学思考自身が、もともとみずからの活動を完うするために、経済学史的思考を必要とするのであった。好奇心どころのことではない。経済学的思考自身のためにその足跡が吟味・検討されねばならぬのである[8]」と述べて、経済学史的思考が経済学思考による自省・反省・吟味に他ならないことを明言されたのである。それを経営学に置き換えると、経営学自身が自己の発展のために経営学史研究を要請するということになる。このことの意味に注目する必要があろう。しかしながら、経営学史の研究に基づく経営学の構築という思考は、建設途上の若い学問にとってのみ重要であったのではない。約100年間にわたって研究者の努力が積み重ねられ、一応の水準に達している今日の経営学においてもその意義はいささかも失われていないのである。むしろ、経営学の細分化が進み、各々の領域での研究が深化している今日においてこそ、経営学史の研究が

重要であるといえよう。

2. 経営学と経営学史

　以上において、学史研究の必要性について述べてきたが、経営学と経営学史はどのような関係にあるのか。このような「学」と「学史」をめぐる問題に関しては、これまで主として経済学史の領域でさまざまに議論されてきた。

　経済学史の学問としての意義をめぐっては、あくまでも「独立科学」としての経済学史の自立性を主張する見解と、経済学史を経済学の理論構築のための「補助科学」とみなす見解があることはよく知られている。前者は杉本栄一教授、後者は中村賢一郎教授等によって代表される[9]。このような議論は経済学の専門化と細分化がもたらした帰結であるともいえる。これに対して、出口勇蔵教授は総論としての経済学の自立のみが問題なのであって、各論の独立性はことさら問題にする必要はないとの立場から、「経済学がひとつの経験科学としての独立性をもつことが明らかになっていればそれでよいのであって、……(各論に関して—引用者)独立だの従属だのというようなことでなわ張りあらそいのような議論をすることには、賛成できない[10]」と述べている。

　ひるがえって、経営学史に関しては、学史手段説あるいは学史従属説ともいうべき見解が支配的であるといえる[11]。それを象徴しているのが池内教授である。

　かつて、メンガー(Menger, C.)は現象の個別的なものについての学問(歴史的科学)と現象の一般的なものについての学問(理論的科学)を峻別し[12]、また、リッケルト(Rickert, H.)も普遍化的考察と個別化的考察を明確に区分し、両者の関係を分断することを主張した[13]。したがって、このような論理に従うと、経営学と経営学史は別個のものとして考えなければならない。それに対して、池内教授は、経営学が経営学的意識の体系的合理化を目指すものであり、経営学史がその歴史的具体化を企図するものであるということは認める。その上で、池内教授は学史に正しい意味を与えることの重要性を指摘し、「学史が学建設のためのものであるということが自覚されないならば、学史の存在理由

はなかばうしなわれる[14]」、また、「経営経済学史を経営経済学史としてみおわるのではなく、経営経済学史を経営経済学再建のためのものとしてとらえるというのがゆきついたわれわれの所見である[15]」と述べておられる。すなわち、経営経済学史と経営経済学の密接な関係が自覚され、前者が後者のための「補助手段[16]」とみなされているのである。

　「学史」の研究を「学」の形成に役立てることはいかにして可能か。それは、歴史を学ぶことの意義に通じる内容であるともいえる。このことに関して、ゲーテは、先に引用した有名な叙述に続いて、「現在自分が所有しているものの価値を、われわれは、先人たちの所有していたものを評価出来るようになったときに初めて正しく理解することができる。自分の時代の長所を真に心から喜ぶことができるのは、過去の時代の長所を正当に評価できる場合である[17]」、そして、別の箇所では、「ほんとうは、芸術の歴史を知って初めて、芸術作品の価値や有難さが理解できるのだ。天才が、わたしたちには見るだけで目のくらむような高い所で、どうして自由に、楽しげに動き回ることができるのかを理解するためには、才能に恵まれた人たちが、何百年もかかって積み上げてきた技法や手仕事の困難な段階を、まず知らなければならないのだ[18]」と明言した。

　過去に生まれたものをわれわれはどのように評価すべきか。たとえば、歴史家であり政治学者であったカー（Carr, E. H.）は、「歴史とは歴史家と事実との間の相互作用の不断の過程であり、現在と過去の間の尽きることを知らぬ対話なのであります[19]」と言い、「過去は現在の光に照らして初めて私たちに理解出来るものでありますし、過去の光に照らして初めて私たちは現在をよく理解出来るものであります[20]」と述べた。同様のことは、今日に至るまで繰り返し主張されている。出口教授の翻訳[21]にならって、これをわれわれの問題として考えると、次のようになる。カーの叙述における「事実」あるいは「過去」とは、われわれの眼前に存在する先達の残した業績のことであり、当面の研究にとっては、1920～1930年代に生まれた危機マネジメントに関する先駆的な研

究である。また、「歴史家」あるいは「現在」というのは今日の研究者ということになる。したがって、われわれが過去の事実と向き合って対話するということになる。

　対話するとはいかなることか。白杉庄一郎教授は、「歴史は単なる過去の事物に関する知識ではなくて、現在から見た過去の事物に関する知識である。つまり、歴史は現在に成立するものである[22]」と述べて、過去の事物の歴史的意義を過去的意義と現在的意義の統一として理解することの必要性を強調した[23]。それは、先人の残した所説に光を当てることによって過去的意義を明確にし、それを現在との関連において意味づけるということが現在的意義を問うということを意味しているのである。したがって、過去に生まれた所説が現在のわれわれにとっていかなる意義を有するかということが明らかにされなければならないのである。「現在を離れて歴史というものはありえない[24]」のであって、歴史を問うということが現在を問うということを意味するからである。このような意味において、経営学と経営学史は分断され得ないのである。したがって、体系的な危機マネジメント論の形成のために過去の所説に光を当てることが必要なのであり、今日の危機マネジメント論それ自体が、自らを高めるために、歴史的な研究を要請しているのである。それゆえ、われわれは現在の理論から出発して過去の学説の意義を解明するのでなければならない。すなわち、現在の研究者が現在の問題に関心をもって過去の学説の意味を問うということが重要である。それの内容は、現在の研究者の問題意識によって決定的に規定されることになる。過去の事実そのものを変えることはできないが、それの意味づけは研究者の問題意識によりそれぞれ異なるのである。それゆえ、われわれが目指しているのはシュンペーター的な意味での学説史（Dogmengeschichte）ということになる。それは、「一定の立場から展開された学説史」であり、それを通じて理論的立場を基礎づけたり、新たな理論の構築を目指すのである[25]。

3. 歴史的・社会的根拠の重要性

　上述のように、学説史を通じて理論の創造を目指す場合、杉本教授が指摘されたように、「形而上学的な独断[26]」に陥り、考察それ自体が非歴史的になる可能性がある。この独断と非歴史性を免れるために、理論の歴史的・社会的背景の解明が不可欠である。そのことによって、理論の発生の根拠が明確にされるからである。

　経験科学としての社会科学はつねに実践を基礎としている。実践におけるさまざまな問題を説明したり、解決したりするために、理論が形成されるからである。実践から問題を受け取ることが理論形成の契機となるのである。最初の実践的契機とその後の展開が学問の性格を決定的に規定するのは当然のことである。それゆえ、すべての社会科学にとって、説明や解決を必要とした問題がいかなる実践的要請に基づいて生起したか、かかる問題がいかなる理念や思考に基礎づけられて理論化されたか、そのようにして形成された理論がいかように実践的な要請に応えてきたかということを問うことは不可欠である。したがって、過去に生まれた理論の生成・発展の歴史的・社会的根拠に注目し、根源的な意味での過去的意義を解明することが必要である。さらに、かかる問いかけによって得られたことの現在的意義を確定することによって、新たな理論の構築のための基礎が形成されるのである。その際に注意しなければならないのは、「経営学という理論はあくまでも行為の一環としてあり、常に動く生きた理論である[27]」ということである。すなわち、経営学は動態的な社会の動きに規定されているものであるから、それの生成・発展の根拠およびそれの果たした役割を確かめることがきわめて重要なのである。このような考察様式が、発生論的究明、問題自覚的思考あるいは問題史的思考などと称されている[28]。

　本書においては、まず、現在の問題意識に基づいて、過去に形成された危機マネジメントに関する所説に対峙し、それらがいかなる実践的要請に規定されて生成・発展し、それにいかように応えてきたかということを明確にしなければならない。そして、そのような所説の現在的意義を確定することによって、体系的な危機マネジメントの理論を形成する手懸かりが得られるのである[29]。

Ⅲ. 固定費問題と危機マネジメント

　過去に生まれた所説の検討を行うに際しては、現在の問題意識が決定的に重要である。問題意識の如何によって過去の所説は異なる姿を見せるからである。そのことが現在の理論の構築に大きな影響を及ぼすことになる。

　固定費問題という問題がある。それは固定費（fixe Kosten od. Fixkosten）[30]が企業にとって問題となるということを意味している。そのことを1つの問題して把握する必要がある。

　固定費はつねに問題となるわけではない。それはある特定の状況において問題となるのである。特定の状況とは、存在する生産能力（Kapazität）が生産能力利用（Kapazitätsausnutzung）を著しく上回るという状況すなわち現存の生産能力が十分に利用されないという状況である。そのような場合、過剰能力（Überkapazität）が存在するのである。

　過剰能力が存在する場合に、必ずしも固定費の全体が問題となるわけではない。問題となるのは固定費の特定部分である。固定費と生産能力を対応させてみよう。周知のように、生産能力は完全利用されるとは限らないので、利用される生産能力と利用されない生産能力が区別され得る。前者に対応する固定費部分が有効費用（Nutzkosten）であり、後者に対応する固定費部分が無効費用（Leerkosten）である。過剰能力が存在する場合に問題となるのは、固定費のうちの無効費用の部分である。

　したがって、固定費問題とは、「生産能力利用が生産能力を下回る場合に、無効費用により惹起される問題」ということになる[31]。

　企業が過剰能力という状態に陥ったときに無効費用はいかなる問題を惹き起こすのか。それは収益性と流動性の圧迫として発現する。すなわち、過剰能力に由来する無効費用によって収益性と流動性が圧迫されるということが企業にとって問題なのであり、それが固定費問題の本質である[32]。

　周知のように、企業目標（Unternehmungsziel）として、価値目標（Wertziel）、

実質目標（Sachziel）および社会目標（Sozialziel）が考えられる。価値目標は本源的目標として最も重視されなければならないが、それは利益目標と流動性目標から成っている。前者は企業が達成すべき最上位の目標であり、最大利益の獲得がその内容となっている。また、実質目標は利益目標達成のための手段とみなされる。さらに、いま１つの価値目標たる流動性目標と社会目標は利益目標達成の際の制約条件である。とりわけ、十分な流動性が維持されないと、利益目標の達成が困難になるのはもちろんであるが、企業の存在そのものが脅かされるのである。

　上述のような状況に規定されて企業の収益性と流動性が圧迫されるということは、最上位の目標たる利益目標の達成が阻害され、制約条件としての流動性の維持が危ういということであり、企業にとっては重大な事態である。したがって、企業としてはかかる事態に対して適切な方策を講ずることを余儀なくされるのである。

　すでに述べたように、固定費問題発生の直接的な原因は、生産能力利用が生産能力（あるいは生産能力利用の基準）を大幅に下回り、過剰能力が生じることである。この過剰能力に由来する無効費用が収益性と流動性を圧迫し、そのことが企業にとって１つの重要な問題になるのである。すなわち、

　　生産能力＞生産能力利用

という状態が固定費問題の源泉である。したがって、当該問題を解消するためには生産能力と生産能力利用を均衡させることが必要である。そのためにまず想起されるのが「①生産能力利用の増加」である。これは、固定費を利用の局面で管理しようとするもので、固定費の利用管理といわれる。かかる方策による問題解決が不可能で、より根本的な方策が要求される場合、「②生産能力の縮小」が行われなければならない。この場合、固定費を発生の局面で管理することが意図され、固定費の発生管理と称される。これら２種類の方策は生産的適応とみなされ得る。生産領域の問題を生産領域において解決することが志向

されているからである。それに対して、固定費問題を固定費補償の側面で克服しようとする方策が考えられる。それは、生産能力と生産能力利用の矛盾を抱えたままで、生産物の価格を引き上げることによって状況の改善を図る方策である。したがって、それは生産領域での問題を販売領域において解消せんとするもので、非生産的適応とみなされ得るのである（第1図を参照)[33]。

もとより企業にとって重要なことは第2図のような関係である。

現存の生産能力が肯定されるなら、それの最大可能な利用が目指される（第2図における②)。また、現存の生産能力が肯定されないなら、まずは、適切な生産能力の形成（準備）が図られ（第2図における①)、しかる後に、新たに形成された適切な生産能力の最大利用が目指されることになる（第2図における②)。そして、最終的には固定費の補償が行われ、収益性と流動性の確保という目標が達成されねばならないのである。

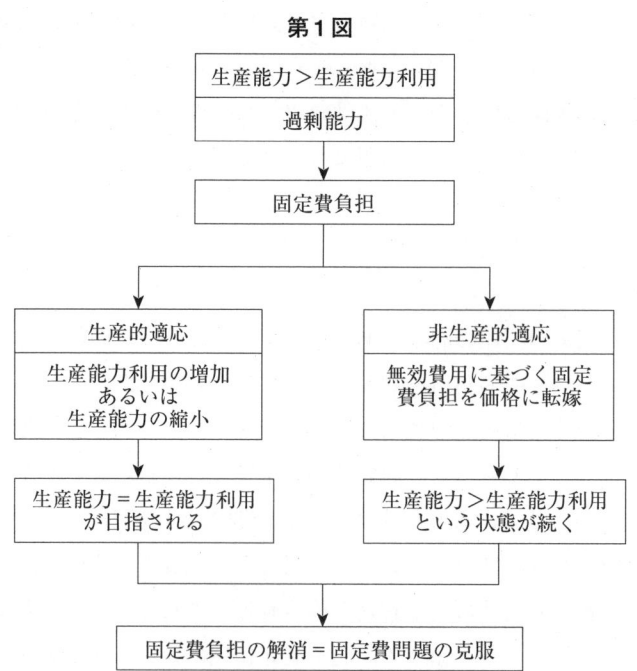

第2図

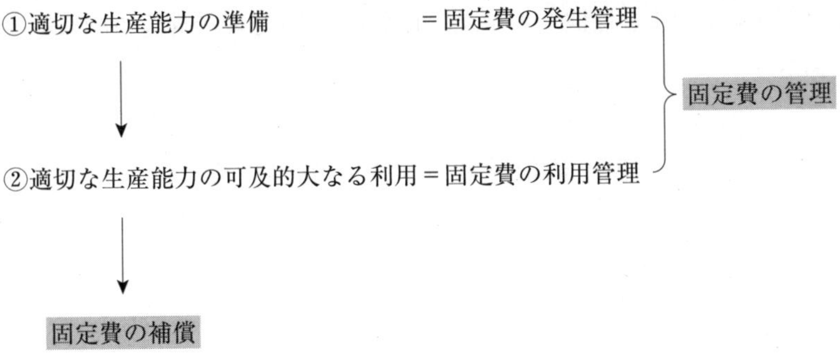

①適切な生産能力の準備　　　　＝固定費の発生管理
　　↓
②適切な生産能力の可及的大なる利用＝固定費の利用管理
　　↓
　固定費の補償

｝固定費の管理

　固定費問題に対処するための方策はいずれも危機マネジメントの手段を特色づけるが、実際にいかなる方策が重要視されるかということは、企業のおかれている状況によって異なっている。ただし、企業が危機的状態に陥り、危機マネジメントの遂行が必要とされるような場合には、一般に、生産能力の縮小による均衡の達成が企図される。したがって、固定費の発生管理が中核的な方策となるのである。その場合、経営休止（Betriebsstilllegung）を中心とする固定費除去（Fixkostenabbau）に大きな意味が与えられるのである。固定費除去は、通常は経営活動の縮小と結びつけられる防御的な方策であると考えられるが[34]、それは企業の成長とも結びつけられる。かつて、ルートハルト（Rudhart, P. M.）は経営休止が企業の縮小とも拡大とも結びつき得ることを指摘し、これを休止のパラドックス（Stilllegungsparadox）と称したが[35]、危機マネジメントに関しても同様のことがいえるのである。

　このように、固定費の発生管理ということが中心的な方策となるのであるが、そのことは、固定費の利用管理がもはや重要でなくなったということを意味するのではない。それが重要であることはいささかも変わっていないのである。ただ、深刻な状況が、固定費の利用管理の前提となる「適切な生産能力の形成」ということにもっぱら眼を向けさせるということなのである。いかなる場合においても、生産能力の最大利用（固定費の利用管理）が行われなければならないのである[36]。

以上において示したような固定費問題の認識と克服・回避ということが、危機マネジメントおよび危機マネジメント論を考察する際の理論的な基礎となるのである。

Ⅳ. 危機マネジメント論の生成

1. 経済不振と企業危機

第2次世界大戦後において、ドイツ経済は、旧西ドイツ時代をも含めて、国内総生産のマイナス成長を6度経験した。それは、1966／67年、1974／75年、1981／82年、1992／93年、2001／02／03年および2008／2009年の景気後退の際に見られる。いわゆる「軌跡の経済復興」を果たした後のドイツにおいては、ほぼ10年ごとに困難な状況に見舞われているのである。

1970年代の前半はヨーロッパ経済の発展における「変わり目（turning point）」あるいは「分水嶺（watershed）」であるといわれる[37]。そのことは、1950年代から1970年代の前半にかけての「栄光の30年[38]」の終焉を意味している。いうまでもなく、ドイツもこのようなヨーロッパ経済の一般的な傾向と無縁ではなかった。

第2次世界大戦後のドイツは[39]、「自由放任の資本主義と社会主義的な計画経済の中間に位置する第3の道[40]」とみなされる社会的市場経済（soziale Marktwirtschaft）なる理念に導かれて未曾有の急成長を実現し、それによって経済の奇蹟（Wirtschaftswunder）と称される経済復興を成し遂げた。そのことを可能にした要因としては、良質の人的資源が豊富であったこと、輸出市場が急速に復活したこと、生産財産業の比重が伝統的に高かったこと、アメリカに対する技術的遅れが自覚されていたことなどが指摘されている[41]。それらの中でも、輸出の果たした役割は大きく、1950年代には国内総生産（BIP）の25％が輸出に振り向けられていたのである[42]。ドイツの復興は、輸出を儀仗馬（Paradepferd）とする「輸出に先導された奇蹟の経済復興」であったのである[43]。

1950年代以降の経済復興は、きわだった経済成長、完全雇用および低いインフレ率によって特色づけられていた[44]。いわゆる「魔法の四角形（magisches Viereck）」の3つまでが実現していたのである。このような状況が明白に変化したのは1970年代半ばのことであるが、経済成長は1960年代の後半から鈍化し始め、1967年には第2次世界大戦後において初めてのマイナス成長（前年比−0.3％の成長率）を記録したのである。このような変節は、「奇蹟の子」が「普通の子」になったと形容されている[45]。この景気後退は需要側に原因があったといわれるが[46]、連邦政府は従来の社会的市場経済という経済政策理念を変更し、「総合的誘導（Grobalsteuerung）」なるケインズ政策が導入されることになった[47]。かくして、国家が経済に強く介入するようになり、需要志向的な経済政策が実施されるようになったのである。また、「経済安定・成長促進法」（1967年6月）も制定された。これらの一連の動きは、「社会的市場経済から社会的にコントロールされる経済へ（von der sozialen zur sozial gesteuerten Marktwirtschaft）[48]」という政策理念の転換と解され、「その理念的な根拠づけはケインズに戻る[49]」といわれている。ともあれ、このような一連の政策が功を奏し、また、輸出の回復もあって、ドイツ経済は危機から脱却することができたのである。

1973年の石油ショックを契機として、ドイツ経済は再び景気後退に見舞われた。それは「危機と大変動の10年（Krisen- und Umbruchdekade）[50]」の始まりを暗示していた。すなわち、この不況は、供給側に原因があるといわれ[51]、クリティカルな不況であるとみなされている[52]。したがって、この時期を画期として、さまざまな指標に変化が見られるようになった。すなわち、経済成長は鈍化し、インフレ率は高まり、失業率は上昇し、倒産件数が増加し始めたのである。これらのことに関して、オルドクロフト（Aldcroft, D. H.）は、「1970年代の転換期に、……成長率の停滞と経済的暗黒の長い時代が最初に現れた[53]」と述べている。第1表は、10年ごとの年平均の経済成長率、失業率および倒産件数を示している。

第1表からこれまで述べてきた経済の状況を明白に読み取ることができる。

第1表

年	経済成長率（％）	失業率（％）	企業倒産件数
1951-1960	8.3	5.72	44,532
1961-1970	4.5	0.97	34,968
1971-1980	2.9	3.14	76,549
1981-1990	2.3	8.22	159,560
1991-2000	2.1	10.55	277,779
2001-2008	1.2	8.82	970,534

（出所　Statistisches Bundesamt : Statisches Jahrbuch 2008 für Bundesrepublik Deutschland, Wiesbaden 2008. およびドイツ連邦統計庁のウェブサイトで公開されている数値をもとに作成。）

　また、景気後退とほぼ同時期に、固定資産投資（Anlageinvestition）および設備投資（Ausrüstungsinvestition）の減少が見られ、また、大規模な職場喪失（Verlust der Arbeitsplätze）が報告されている[54]。

　他方では、1970年代と第2次石油ショックの後の1980年代にはかなりの価格上昇が見られた[55]。それは、1970年代初めに一時的に需要が増加したこと、1973年と1979年の石油ショックにその原因が求められる。しかして、1973年には7.1％、1981年には6.3％という価格上昇が記録された。したがって、石油ショック後のドイツ経済は、景気後退とインフレ率上昇が同時に生起するスタグフレーションによって特色づけられ、経済活動は大幅に低下したのである[56]。さらに、1990年代の初頭すなわちドイツ統一直後にもインフレの昂進が見られ、また、2000年代初めのユーロの紙幣と硬貨の流通による価格上昇も生じたのである。したがって、これらのことは、上述の失業率の高まりと相俟って、1980年代以後において、いわゆる苦境指標（インフレ率＋失業率）[57]を高めることとなった。

　以上のことから明らかなように、1974／75年の景気後退の後のドイツ経済は、低い経済成長、高い失業率とインフレ率、倒産件数の激増、大規模な職場喪失によって特色づけられるのである。このような傾向は、1980年代になっ

てからも続き、経済状況はさらに悪化した。たとえば、「1980年代に入ると、たいていの経済指数は大きなマイナス要因を示した。生産高は停滞ないし低下し、インフレ率は上昇し、投資は進まず、政府の赤字は巨額であり、経常収支は赤字であり、失業者は多かった[58]」といわれるとおりである。すなわち、魔法の四角形のすべてが達成され得ず、経済危機が深化したのである。このような1970年代以降の状況が、「西ドイツ病」、「ヨーロッパの病人」、「慢性的ドイツ症」、「硬化症」などと揶揄されたのは周知のとおりである[59]。このような経済の不振は、1990年代に入ってから一層深刻度を増し、そのことは2000年代の初頭においても基本的には変わりがないといえる[60]。そして、1990年代から今日に至るまでに、ドイツ経済は、3度のマイナス成長に見舞われ、依然として不安定・不透明な様相を見せ、停滞しているのである。それゆえ、「経済成長の弱さは2000年代に入ってからも問われ続けている[61]」といえる。同様のことは、欧州委員会（Europäische Kommission）が2009年1月に発表した数値にも如実に現れており、それらの数値から1990年代以降のドイツ経済が低迷している状況を看取することができるのである[62]。

　1970年代中頃からの経済不振という状況の下で、企業危機が深刻化したのである。このことに規定されて、とりわけ1980年代以降において、実践では危機マネジメントが焦眉の問題となり、また、実践の要求に応える形で、危機マネジメント論が展開されるようになったのである。

2. 企業危機と倒産法

　ドイツの1990年代と2000年代初頭は企業危機（Unternehmenskrise, Unternehmungskrise）が深化した時期であった。それは、ドイツ統一の矛盾が顕在化した時期であったし、また、ヨーロッパの統合が大きく進展した時期でもあった。偶然の結果か、必然の産物かということはともかくとして、ドイツ経済の不振を背景として企業危機は深まったのである。

　企業危機の深化を端的に表わす指標は企業倒産（Unternehmensinsolvenz）件数の推移である。第3図は1970年から2008年までの企業倒産件数を示して

第3図

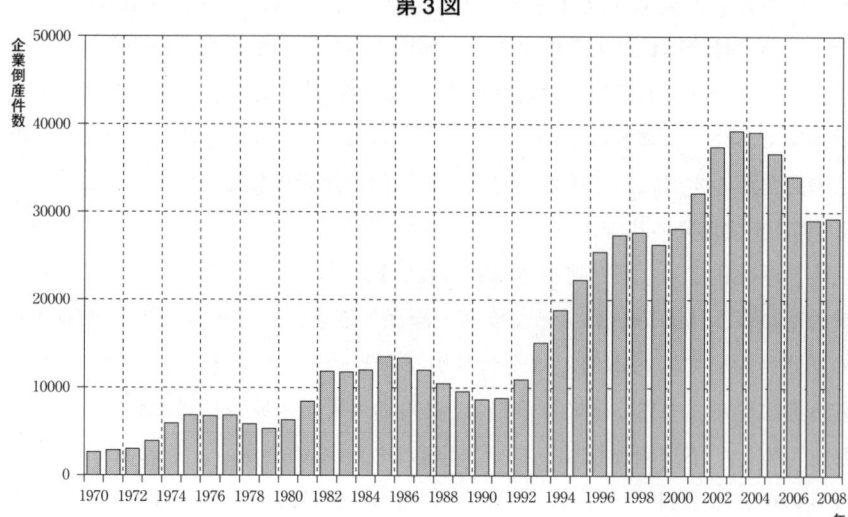

（出所 Statistisches Bundesamt : Statistisches Jahrbuch 2008 für Bundesrepublik Deutschland, Wiesbaden 2008. およびドイツ連邦統計庁のウェブサイトで公開されている数値をもとに作成。）

いる。

　この図から明らかなように、企業倒産件数は、1974／75年および1981／82年の不況期に大きく増加し、また、1990年のドイツ統一後におけるブームの後は、多少の増減はあるものの、傾向としては増加の一途をたどっている。それは経済危機の所産であるといえよう。そして、2003年には企業倒産は39,320件という史上最高の件数に達したのである[63]。ちなみに、2003年におけるヨーロッパ全体の倒産件数は148,908件であり、このことによって約170万の職場が失われたのである[64]。

　このような企業危機の深化を背景として、1980年代以降とりわけ1990年代以降において、危機マネジメントが理論的・実践的に注目されるようになったのである。実際、危機マネジメントに関する研究はこの時期から目立って増加しているのである。

　かつて倒産企業の処理に適用される法律は、「帝国司法法の真珠（Perle der

Reichsjustizgesetze)[65]」と称された「破産法（Konkursordnung）」と「和議法（Vergleichsordnung）」であった。しかしながら、前者は1887年、後者は1935年に制定された法律で、企業倒産の激増という事態に適応できなくなっていた。このような状況は、「破産の破産（Konkurs des Konkurses)[66]」あるいは「倒産法の危機（Krise des Insolvenzrechts)[67]」などと皮肉られたのである。すなわち、制度が完全に機能不全に陥り、「法的不安定性[68]」が生じていたからである。このような状況に関して、ゼーフェルダー（Seefelder, G.）は、「これまでの破産法は支払い不能になった経営の再生をほとんど可能にしなかった。企業の破産は企業の壊滅と同一視されなければならなかった。その上、破産申し立ての3／4以上が、破産財団の不足ゆえに棄却されたのである。法の現状（Gesetzlage）を根本的に変えることが必要であった。なぜならば、かなりの数の倒産によって、きわめて多くの生き長らえることのできる企業が不必要に壊滅させられたからである[69]」と述べている。

かかる状況の下で、1974／75年の不況の後の1978年に当時の司法大臣であったフォーゲル（Vogel, H.-J.）によって倒産法委員会（die Kommission für Insolvenzrecht）が設置され、「近代的かつ機能を果たし得る倒産法を形成する[70]」ための法制度の改正作業が始まったのである。この委員会は、企業再建（Unternehmenssanierung）について先駆的な役割を果たしたアメリカの連邦倒産法（Federal Bankruptcy Code)[71]を検討し、これに範を求めた。7年後に倒産法委員会は、「第1次報告書」（1985年）を公表し、さらに、「第2次報告書」（1986年）を公表した。それに基づいて、司法省は1988年に「討議草案」を作成し、各方面からの意見が聴取された。そして、「参事官草案」（1989年）の発表を経て、1992年4月15日に「政府草案」が公表され、連邦議会および連邦参議院での審議がなされて、1994年10月5日に「倒産法（Insolvenzrecht）」が制定されたのである[72]。

この法律の「第6章　倒産計画（Insolvenzplan）」はアメリカ連邦倒産法の「第11章　再建手続」いわゆる「チャプター11」で定められている再建手続きから大きな影響を受けている[73]。すなわち、倒産法制定はアメリカの「改正連

邦倒産法」(1978年) の制定を契機とする「清算→再建」という世界的な潮流の中で行われたのである[74]。その結果として生まれた新しい法律の新機軸の1つは、「経済的に有意義で実態にかなった倒産処理[75]」を志向することであり、「従来の制定法に特徴的であった企業を解体しがちな傾向は、清算か再建かという市場適合的な意思決定に取って替わられるべきである[76]」という色彩が濃くなったのである。かくして、ドイツにおいても、他の諸国におけると同様に、「債務者更生主義[77]」なる思想が導入されることになり、従来の「破産」および「和議」という2本立ての手続きが、債権者の共同の満足という共通目的の下で「倒産手続」として一本化されたのである。その結果、倒産計画という制度が導入されることとなった。ただし、「倒産法の目的は債権者の最適な満足の追求にあり、そのための手続として、清算手続きが適しているか、あるいは、企業譲渡による再建が望ましいか、さらには債務者自身の事業継続が相応しいのかの決定を債権者自治に委ねた[78]」ということに注意しなければならない[79]。

　上述のように、倒産法の主たる目的は債権者の利益の擁護ということであるが、そのような目的のためということであっても、危機に陥り、倒産した企業の再建が企図されているということは、この局面での危機マネジメントや企業再建マネジメント (Sanierungsmanagement) が注目されるようになる動因になったといえる。また、シェルベルク (Schellberg, B.) が指摘しているように、倒産件数は「氷山の一角 (die Spitze eines Eisberg)[80]」を表わしているに過ぎないのである。それは、危機に陥っている、あるいは、危機に陥る可能性のある幾多の企業が水面下に存在しているということを暗示している。したがって、倒産件数の増加や「倒産法」に基づく新たな制度の構築ということを背景として、危機に陥り、倒産という事態を回避すべく努力している企業にとっての危機マネジメントや危機に陥ることを回避せんとしている企業に関する危機マネジメントが実践的・理論的に注目されるようになったのである。

　以上のような状況に規定されて、1990年代以降において、危機マネジメントや企業再建マネジメントに関する多くの研究が明らかにされている。また、

危機マネジメントの研究と啓蒙のための研究所が設置されたり[81]、専門の雑誌が刊行されるようになった[82]。他方では、危機マネジメントや企業再生に関するコンサルティングなどを行ういわゆる再生ビジネスが数多く出現している。さらに、最近では、ドイツ危機マネジメント協会（Deutsche Gesellschaft für Krisenmanagement e.V., DGfKM）などの諸団体が設立されたり、各種のセミナーや大会などが開催されるようになっている。

V. 結

　本書においては危機マネジメントに関する一般理論の形成が目指されている。すでに序文において述べたように、世の中に危機マネジメントを取り上げた研究は数多く存在するが、確固とした理論的基礎を有する研究は多くはない。固定費理論に基づく固定費志向的危機マネジメント論の形成を志す所以である。

　実践における危機マネジメントの歴史は古く、それを取り上げた研究は20世紀の初頭から見られる。ライスト（Leist, E.）やヒルマー（Hilmer, E.）の研究がそれらである[83]。また、ライトナー（Leitner, F.）の研究[84]も知られている。その意味では、危機マネジメントの研究は経営学と同じくらいの歴史をもつといっても過言ではない。しかしながら、彼らの研究は危機マネジメントに関する先駆的研究ではあるが、それらは危機マネジメント論とは称されてはいない。また、そのことは1920～30年代における研究についても同様である。当時、危機マネジメントという概念は存在しなかった。したがって危機マネジメント論もまだ見られなかったのである。

　本書でいうところの危機マネジメント論は、1970年代の後半以降とりわけ1980年代から2000年代にかけて現れた一連の研究のことである。したがって、それらは、栄光の30年およびその後の総合的誘導なるケインズ政策がきわめて有効であった時期を背景としたものではない、すなわち、危機マネジメント論は、単なる需要の創造によって個々の企業の固定費問題が解消され得る

という経済状況ではなくて、1980年代頃から続いている不透明で不安定な経済状況および経済不振に基づく企業危機の深まりに規定されているのである。また、同時に、危機マネジメント論は倒産法の制定およびその背景となった事態からも大きな影響を受けているのである。

　一般に、危機マネジメントの中核的な方策は、いわゆるリストラクチャリングも含めた生産能力縮小（＝固定費の発生管理）ということになる。このように、固定費の発生管理が前面に出てくるのであるが、そのことが固定費の利用管理がその重要性を失ったということを意味するのではないということについてはすでに述べたとおりである。

　第Ⅰ部における考察を基礎として、第Ⅱ部においては、危機マネジメントに関する先駆的研究の検討・吟味を行い、それを通じて危機マネジメント論の体系的な一般理論の形成を目指すこととする。

1）吉田和夫『日本の経営学』同文舘出版、1992年、192ページ。
2）Schneider, D. : Betriebswirtschaftslehre, Bd. 1, Grundlagen, 2. Aufl., München ; Wien 1995, Vorwort.
3）Johann Wolfgang von Goethe : Zur Farbenlehre, in : Die Schriften zur Naturwissenschaft, vierter Band, Weimar 1955, S. 7. 木村直司訳『色彩論』筑摩書房、2001年、104ページ。
4）Seyffert, R. : Über Begriff und Aufgaben der Betriebswirtschaftslehre, ZfHH, 18. Jg. (1925), S. 49. 長岡克行「管理研究の〈主流〉と〈本流〉？」『東京経大学会誌』第234号、2003年、171ページ以下。
5）Schumpeter, J. A. : History of economic analysis, edited from manuscript by Elizabeth Boody Schumpeter, London 1957, p. 5. 東畑精一・福岡正夫訳『経済分析の歴史（上）』岩波書店、2005年、7ページ。
6）池内信行『経営経済学の本質』同文舘、1929年、1ページ。
7）池内信行『経営経済学史』理想社、1949年、7-8ページ。
8）高木暢哉「経済学史の意義と方法」高木暢哉編著『経済学史の方法と問題』ミネルヴァ書房、1978年、20ページ。
9）杉本栄一『近代経済学史』岩波書店、2005年、13ページ、中村賢一郎『経済学説研究』学文社、1986年、14ページ以下。
10）出口勇蔵『現代の経済学史』ミネルヴァ書房、1968年、83ページ。また、吉田静一「経済学史研究の意義と方法」『商経論叢』第5巻第1号、1969年、17ページ以下をも参照。
11）田中照純「経営学史の意義・対象・方法」『立命館経営学』第18巻第2号、1979年、20

ページ以下。田中照純『経営学の方法と歴史』ミネルヴァ書房、1998年、139ページ。
12) Menger, C. : Untersuchungen über die Methode der Socialwissenschaften, und der Politischen Oekonomie insbesondere, Leipzig 1883, S. 3 ff. 福井孝治・吉田昇三訳、吉田昇三改訳『メンガー経済学の方法』日本経済評論社、1986年、19ページ以下。
13) Rickert, H. : Kulturwissenschaft und Naturwissenschaft, 2. Aufl., Tübingen 1910, S. 50 ff. 佐竹哲雄、豊川　昇訳『文化科学と自然科学』岩波書店、1939年、98ページ以下。
14) 池内信行、前掲書、6ページ。
15) 池内信行、前掲書、24ページ。
16) 池内信行、前掲書、1ページ。
17) Johann Wolfgang von Goethe : a. a. O., S. 7.　木村直司訳、104ページ。
18) Johann Wolfgang von Goethe : Wilhelm Meister, in : Goethe Werke in sechs Bände, dritter Band, Leipzig 19--, S. 351.　山崎章甫訳『ヴィルヘルム・マイスターの修業時代（中）』岩波書店、2000年、350ページ。
19) Carr, E. H. : What is history? (the George Macaulay Trevelyan lectures delivered at the University of Cambridge January-March 1961), London 1961, p. 24. 清水幾太郎訳『歴史とは何か』岩波書店、1962年、40ページ。
20) Carr, E. H., op. cit., p. 49.　清水幾太郎訳、78ページ。
21) 出口勇蔵「経済学史の本質と類型—経済学史研究の現代的意義（1）」『経済論叢』第93巻第2号、1964年、11ページ以下および出口勇蔵『現代の経済学史』ミネルヴァ書房、1968年、18ページ以下を参照。
22) 白杉庄一郎『経済学史概説（上巻）』ミネルヴァ書房、1966年、4ページ。
23) 白杉庄一郎、前掲書、7、11、12ページ。
24) 白杉庄一郎、前掲書、7ページ。
25) 吉田和夫『ドイツ経営経済学』森山書店、1982年、4ページ。
26) 杉本栄一、前掲書、6ページ。
27) 吉田和夫『日本の経営学』200ページ。
28) 吉田和夫、前掲書、207ページ。
29) シュナイダーは、学説史の研究が最終的には実践での適用に寄与するものと考えている。Vgl. hierzu Schneider, D. : Betriebswirtschaftslehre, Band 4, Geschichte und Methoden der Wirtschaftswissenschaft, München ; Wien 2001, S. 1 ff.
30) 原価（Kosten）は、操業（Beschäftigung）に対する依存性を基準として、操業に依存する変動費（variable Kosten）と操業に依存しない固定費に分けられる。
31) 固定費問題のこの定義は必ずしも有用ではない。生産能力の完全利用が本来的に不可能だからである。したがって、より操作性のある定義をする必要がある。そのためにはさまざまな要因を考慮して、生産能力利用の基準が定められなければならない。その結果、固定費問題とは、「生産能力利用の基準と生産能力利用の乖離に基づいて生じる無効費用が収益性と流動性を圧迫する問題」ということになる。このことに関しては、深山　明『ドイツ固定費理論』森山書店、2001年、21ページ以下を参照。
　ただし、以下においては、簡略化のために生産能力と生産能力利用の関係として説明する。

32) 深山　明、前掲書、27 ページ以下を参照。
33) これらのことに関しては、深山　明、前掲書、32 ページ以下を参照。
34) Süverkrüp, F. : Die Abbaufähigkeit fixer Kosten, Berlin 1968, S. 76 und S. 197.
35) Rudhart, P. M. : Stillegungsplanung, Wiesbaden 1978, S. 363.
36) その意味では、固定費の利用管理は固定費管理の王道であると言える。
37) Aldcroft, Derek H. : The European Economy 1914-2000, 4th Edition, London and New York 2001, p. 188 ; Leaman, J. : The Political Economy of West Germany, 1945-85, Hampshire and London 1988, 172. 玉城俊明／塩谷昌史訳『20 世紀のヨーロッパ経済──1914～2000 年』晃洋書房、2002 年、177 ページ。
38) 田中友義「ヨーロッパ主要国の歴史」田中友義・久保広正編著『ヨーロッパ経済論』ミネルヴァ書房、2004 年、15 ページ。
39) 正確には、1990 年 10 月 3 日の統一前は西ドイツというべきであり、統計書などでは西ドイツとドイツが区別されているが、ここではいずれの場合もドイツと表記する。
40) Schubert, K. (Hrsg.) : Handwörterbuch des ökonomischen Systems der Bundesrepublik Deutschland, Wiesbaden 2005, S. 340.
41) Schröter, H. G. : Von der Teilung zur Wiedervereinigung (1945-2000), in : North, M. (Hrsg.) : Deutsche Wirtschaftsgeschichte, München 2000, S. 364 ff.
42) Schröter, H. G. : a. a. O., S. 374.
43) Schröter, H. G. : Außenwirtschaft im Boom, in : Kaelbe, H. (Hrsg.) : Der Boom 1948-1973, Gesellschaftliche und wirtschaftliche Folgen in der Bundesrepublik Deutschland und in Europa, Opladen 1992, S. 100. 古内博行『現代ドイツ経済の歴史』東京大学出版会、2007 年、88 ページ。
44) Michael von Prollius : Deutsche Wirtschaftsgeschichte nach 1945, Göttingen 2006, S. 111.
45) 古内博行、前掲書、117 ページ。
46) 古内博行、前掲書、12 ページ以下、117 ページ以下。
47) Vgl. Pötzold, J. : Stabilisierungspolitik, Bern・Stuttgart 1978, S. 51 ; Kutscher, E. : Wirtschaftskrise, Wirtschaftspolitik und Gewerkschaften, Köln 1987, S. 139. また、出水宏一『戦後西ドイツ経済史』東洋経済新報社、1978 年、160 ページ、小林耕二「西ドイツ福祉国家の再編成」田口富久治編著『ケインズ主義的福祉国家』青木書店、1989 年、114 ページも参照。
48) Michael von Prollius : a. a. O., S. 110.
49) Schubert, K. : a. a. O., S. 252.
50) Michael von Prollius : a. a. O., S. 180.
51) 古内博行、前掲書、13、120、142、153 ページ以下。
52) 古内博行、前掲書、143 ページ。
53) Aldcroft, Derek H., op. cit., p. 211. 玉木俊明／塩谷昌史、前掲訳書、198 ページ。
54) Kraft, M. : Gesamtwirtschaftliche Entwicklung und Wirtschaftspolitik, in : Keim, H. und Steffens, H. (Hrsg.) : Wirtschaft Deutschland, Köln 2000, S. 297 und S. 306.
55) o. V. : Die Entwicklung der Verbraucherpreise, in : Statisches Budesamt : Im

Blickpunkt, Wiesbaden 2006, S. 12.
56) 戸原四郎「歴史と現状」戸原四郎・加藤榮一『現代のドイツ経済』有斐閣、1992 年、31、37 ページ。
57) 樋渡展洋「90 年代国際的ディスインフレ期の不況と経済政策選択」『社會科学研究』第 56 巻 2 号、2005 年、4 ページ。
58) Aldcroft, Derek H., op. cit., p. 212. 玉木俊明／塩谷昌史、前掲訳書、200 ページ。また、佐々木昇『現代西ドイツ経済論』東洋経済新報社、1990 年、2 ページをも参照。
59) 古内博行、前掲書、15 ページ、田中素香『拡大するユーロ経済圏』日本経済新聞社、2007 年、252 ページ、阿部清司「ドイツ経済に内在する構造的問題」『経済研究』第 8 巻第 4 号、1994 年、157 ページ以下、Aldcroft, Derek H., op. cit., p. 232. 玉木俊明／塩谷昌史、前掲訳書、217 ページ。
60) 田中素香、長野重康、久保広正、岩田健治『現代ヨーロッパ経済』（新版）、有斐閣、2006 年、282 ページ、田中素香、前掲書、248、257 ページ、樋渡展洋、前掲稿、5 ページ以下。
61) 古内博行、前掲書、7 ページ。
62) Arbeitsgruppe Alternative Wirtschaftspolitik : MEMORANDUM, 2009, Köln 2009, S. 234 ff.
63) http://www.destatis.de/jetspeed/portal/cms/Sites/destatis/Internet/DE/Content/Statistiken/Zeitreihen/LangeReihen/Insolvenzen/Content100/lrins01a,templateId=renderPrint.psml
64) 深山 明「EU における企業危機と戦略的危機マネジメント」海道ノブチカ編著『EU 拡大で変わる市場と企業』日本評論社、2008 年、197 ページ。また、当時のヨーロッパにおける企業倒産の実情については、次のものをも参照。Matlack, C. and Fairlamb, D. : Going Over the Edge ― European companies are dropping fast, Business Week, April/7, 2003, p. 76 ff.
65) 三上威彦編著『ドイツ倒産法の軌跡』成文堂、1995 年、19 ページ。
66) Uhlenbluck, W. : Grundzüge eines künftigen Insolvenzrecht nach den Vorstellungen der Reformkommission, BB, 39. Jg. (1984), S. 1949 ; derselbe : Erfahrungen mit dem geltenden Insolvenzrecht, BFuP, 35. Jg. (1983), S. 96 ff.
67) Uhlenbluck, W. : Krise des Insolvenzrechts, NJW, 29. Jg. (1983), S. 96 ff.
68) Krystek, U. : Unternehmungskrise, Wiesbaden 1987, S. 274. これに関して、エンゲルハルト（Engelhard, H. A.）は、「この状態は、法律的、経済的そして社会政策的に受容できない」（Engelhard, H. A. : Ist eine Reform des Insolvenzrechts überfällig ?, BFuP, 35. Jg. (1983), S. 93）と述べている。
69) Seefelder, G. : Unternehmenssanierung, Stuttgart 2003, S. 11.
70) Kroemer, J. : Das neue Insolvenzrecht, Berlin 1995, S. 18.
71) アメリカにおいて本格的な倒産法が制定されたのは 1898 年であったといわれている（福岡真之介『アメリカ連邦倒産法概説』商事法務、2008 年、4 ページ。また、村田典子「再建型倒産処理手続の機能（1）」『民商法雑誌』第 129 巻第 3 号、351 ページをも参照）。そして、1929 年の恐慌の後に実践からの要請に応えるべく法改正の検討が続けら

れたが、SECの意を汲み、1898年の法律の大改正を施したのが、チャンドラー法と称される1938年の「連邦倒産法（Bankruptcy Act of 1938）」であった。この法律は、「再建手続を整備し、連邦倒産法は総合的な倒産法手続法へと変容した」（福岡真之介、前掲書、4ページ）のである。このチャンドラー法を大幅に改正し、各国の倒産法の範となったのが1978年の改正連邦倒産法（Bankruptcy Reform Act of 1978）である。これによって、チャンドラー法の第Ⅹ章と第Ⅺ章が統合されて、新たに再建型の手続たる「第Ⅺ章 再建手続（Reorganization）」いわゆる「チャプター11」が設けられたのである。しかして、「連邦倒産法の目的の1つは、債権者に対する秩序ある衡平な弁済であり、もう1つの目的は正直だが運に見放された債務者が経済的に再出発（fresh start）できるようにすること」（福岡真之介、前掲書、1ページ）である。その結果、倒産手続申し立て後も債務者が経営を継続することができるDIP（占有継続債務者）型の企業再生の概念が世界で初めて導入されることとなった（春田泰徳、小澤善哉、金本光博『ハンドブック企業再生』NTT出版、2005年、32ページ）。そして、「この新連邦倒産法に刺激されて世界中で倒産再建法改正ラッシュが起こり、各国は倒産法全体を見直し再建法を整備した」（高木新二郎『事業再生』岩波書店、2006年、71ページ）のである。ドイツにおける倒産法の制定はこのような文脈の中で理解されなければならないのである。

すでに、1982年に開催された第54回ドイツ法律家会議は、アメリカの倒産法の背後にある「競争力を回復した後に、債務者を負担なしに再び経済生活に入らせることを可能にする」という基本思想をいわゆる更生手続導入の根拠としてあげていた（Ebsen, L.: Krankenhäuser in der Krise, Baden-Baden 2006, S. 22.）。

なお、アメリカ連邦倒産法に関しては、山本和彦『倒産処理法入門（第3版）』有斐閣、2008年、5ページ以下、杉浦秀樹『米国ビジネス法』中央経済社、2007年、321ページ以下をも参照。

72) この法律の施行は、各州での準備のために、1999年1月1日に繰り延べられた。さらに、「倒産法」は2006年11月5日に改正が決まり、11月16日から施行された。
73) 吉野正三郎『ドイツ倒産法入門』成文堂、2007年、2ページ。
74) 高木新二郎、前掲書、70ページ以下。
75) ディーター・ライポルド「ドイツとヨーロッパの新しい倒産法」（山本 弘訳）、『日独法学』第20巻、2002年、166ページ。
76) ディーター・ライポルド、前掲稿、166ページ。
77) 山本和彦、前掲書、5ページ。
78) 吉野正三郎、前掲書、3ページ。
79) もとより、倒産手続きの主たる目的は倒産債権者の満足である（§1 Insolvenzordnung vom 5. Oktober 1994）。企業の清算は必ずしも最適解をもたらさず、倒産企業の維持は倒産債権者満足のための1つの方法であると考えられている。Vgl. hierzu Redaktion von der Memento Verlag : Unternehmen in Krise und Insolvenz, Freiburg i. Br. 2006, S. 97 und S. 211.
80) Schellberg, B. : Sanierungsmanagement, Berlin 2008, S. 2.
81) Krisennavigator — Institut für Krisenforschung als "Spin-Off" der Christian-Albrechts-

Universität zu Kiel
82) Krisenmagazin-Zeitschrift für Krisenmanagment, Krisenkommunikation und Krisentraining (ISSN 1867-7541) ; Restrukturierungsmagazin- Zeitschrift für Restrukturierung, Sanierung und strategische Unternehmensführung (ISSN 1867-7517)
83) Leist, E. : Die Sanierung von Aktiengesellschaften, Berlin 1905 ; Hilmer, E. : Wirtschaftliche Zusammenbrüche und Ihre Abwehr, Leipzig 1914.
84) Leitner, F. : Die Unternehmungsrisiken, Berlin 1915.

第 2 部　危機マネジメント研究の源流

第2章　固定費問題の解明

I. 序

　1928年5月31日にヴィーンで開催されていたドイツ語圏経営学会（Verband der Betriebswirtschaftler an deutschen Hochschulen）の大会において、シュマーレンバッハ（Schmalenbach, E.）が、「新しい経済体制の入り口に立つ経営経済学」と題する講演を行った[1]。それは「ヴィーン講演」として広く知られている。さらに、シュマーレンバッハは、『回想の自由経済』なる書物を出版した[2]。1949年のことである。

　ヴィーン講演において、彼は、1920年代末という時期を旧経済たる自由経済（freie Wirtschaft）から新経済たる拘束経済（gebundene Wirtschaft）への移行期として把握し、再び自由経済が支配する経済体制には戻らないものとみなした。シュマーレンバッハは、その原因を生産費における固定費と比例費の構成変化に求めた。すなわち、固定費比率が不断に高まることによって経営が硬直化し、必然的に拘束経済に移行するものと考えられたのである。すなわち、「現代の経済は、固定費の増大によって、生産と消費を調和させ、経済的な均衡をもたらす救済手段を奪われてしまった[3]」のである。また、彼は、「固定費は、需要が少ないにもかかわらず、経営に規模の拡大を迫る[4]」と述べて、需要の減少に対して、企業が生産能力の拡大によって適応することを強調している[5]。彼は、固定費の増大に触発された過剰能力の拡大によって、ますます

生産と消費の矛盾が深まるということの中に体制の危機を見出したのである[6]。

さらに、『回想の自由経済』においては、上述のような思考がさらに体系的に深化させられ、自由経済の本質や内在的な欠陥などが取り上げられている。また、シュマーレンバッハは、「人間は固定費と自由経済の不都合な状態に対して無力ではない[7]」と述べて、固定費負担の軽減、過剰能力の回避、操業変動の回避などのための方策を提示している。

シュマーレンバッハは、固定費の増大による自由経済の終焉について考察するに際して、いくつかの研究の成果を基礎としている。そのようなものの1つとして、クライネ（Kleine, K.）の調査研究[8]がある。それは20世紀初めのドイツの繊維企業における固定費による比例費の代替についての実態を綿密な調査に基づいて明らかにせんとしたものである。

以下においては、クライネの研究の基本構想と基本概念、調査の概要、研究の意義について考察することにしたい。

Ⅱ．基本構想と基本概念

1．基本構想

クライネが考察の対象としているのは繊維経営（Textilbetrieb）における固定費と比例費の構成比率であるが、次のような3つの課題が設定されている。すなわち、①繊維経営の総原価（Selbstkosten）の構成とその変化の明確化、②総原価の構造変化を惹起した原因の確認、③経営政策による作用可能性の提示というのがそれらである。

彼が考察の対象とした期間は約100年に及ぶのであるが、それは1890年までの時期と1890～1926年という2つの部分に分けられる。それはデータの入手可能性という条件に基づいているのである。

1890年までの時期に関しては、実際の数値が入手可能でないので、既存の文献に収録されているデータが利用されることになる。具体的には、トゥーン

(Thun, A.)、ゲールハルト・フォン・シュルツェ＝ゲーフェルニッツ（Gerhart von Schulze-Gävernitz）、シュルツェ（Schulze, W.）らによる研究成果が用いられている[9]。しかしながら、それらは、イギリスやアメリカに関する研究であったり、また、断片的かつ非体系的な情報をもたらすのみであって、クライネ自身の調査によって得られたデータとの比較考量を可能にするような材料をもたらさない。それゆえ、彼は、手工作業から機械作業への転換および機械作業自身の改良に基づく機械原価（Maschinenkosten）による賃金原価（Lohnkosten）の代替という一般的な傾向を指摘するにとどまっているのである。ただ、19世紀の繊維産業において固定費と比例費の構成変化が不断に生起したことを確認することはできる。クライネは、このことが「一般的な妥当性をもつ[10]」と考えているのである。

1890〜1926年という時期に関しては、クライネの調査よって獲得された原価数値が用いられる。「ようやく1890年からは、原価の構成について知ることを可能にする記録が保存されている[11]」からである。しかして、1890年、1902年、1913年および1926年に関する原価情報が収集され、分析されている。

1890年以降に関しては、利用可能な資料が多くの企業で保存されていたのであるが、それらは、さまざまな理由から、比較可能でないことが多かった。したがって、「そのような障害ができるだけ取り除かれているような経営を見つけ出すことが当面の研究にとって重要である[12]」と考えられたのである。そして、かかる前提条件を満たしている経営が発見されたのである[13]。この企業は、綿紡績工場と綿織布工場（Baumwollspinnerei und -weberei）を有していた。最終生産物はある特定の品種の綿モスリン（Nessel）であって、生産プログラムは50年以上前から基本的に変わっていない。そして、織布に用いられる糸はすべて紡績工場によって供給され、外部から購入されることはない。紡績工場の全生産物は織布工場によって引き取られるので、紡績工場では生産物たる糸の販売問題は生じない。また、両工場の生産能力利用度は90〜100％の間で安定していた。そして、紡績工場と織布工場はそれぞれ独立した計算制度

(Rechnungswesen) をもっていた。

2. 基本概念

クライネは、基本概念に関しては、原則としてゲルトマッハーとケルン学派による概念規定に従っている。

まず、費消 (Verbrauch) という包括概念が出発点となっている。それは、ゲルトマッハーに従って、経営的な材費消 (betrieblicher Güterverzehr) として理解され、それは経営活動および経営準備 (Betriebsbereitschaft) により惹起されるのである[14]。費用 (Aufwand) と原価 (Kosten) はかかる費消の下位概念である。すなわち、費用は時間単位に割り当てられる費消であり、原価は給付単位に帰属させられる費消である。それぞれ、時間計算 (Zeitrechnung) と個数計算 (Stückrechnung) によって把握される。

クライネは、ファルター (Falter, E.) に従って、操業度 (Beschäftigungsgrad) を給付生産の大きさ (Umfang) と程度 (Maß) を表す経営指標 (betriebliche Kennziffer) であると考える[15]。したがって、それは絶対的な数値と相対的な数値を含むのである。前者は、ある一定の期間における給付生産の給付の絶対的な大きさであり、後者すなわち相対的操業度は絶対的な数値を特定の基準値に関係づけることによって得られる。このことから明らかなように、絶対的操業度とは操業 (Beschäftigung) のことであり、相対的操業度は一種の生産能力利用度 (Kapazitätsausnutzungsgrad) を意味するのである[16]。周知のように、操業度と給付度 (Leistingsgrad) の積が生産能力利用度である。したがって、給付度＝1の場合に生産能力利用度＝操業度となる。クライネの考察の基礎とされているのはこのような意味での操業度なのである[17]。そして、クライネは、ヴァルター (Walther, A.) にならって[18]、正常な操業 (normale Beschäftigung)[19]を基準値として、「操業度とは実際の操業と正常な操業の比である[20]」と述べている。

原価と操業度の関係から、比例費と固定費という2つの主要な原価範疇が区別される。比例費とは操業度に完全に適応する原価であり、固定費は操業度変

動に全く反応しない原価である[21]。さらに、クライネは、これら2つの原価範疇の他に逓減費 (degressive Kosten) と逓増費 (progressive Kosten) の存在を認めている。しかし、全体原価 (Gesamtkosten) を4つの原価範疇に厳密に分けることは困難であるので、繊維産業の実践における処理にならって、弱い逓減費 (schwach degressive Kosten) と弱い逓増費 (schwach progressive Kosten) を比例費とみなし、強い逓減費 (stark degressive Kosten) を固定費とみなすことを主張する。かくして、当面の研究においては、繊維経営の総原価が固定的な部分と比例的な部分に区分されることとなるのである[22]。

Ⅲ. 調査結果の概要

クライネは、上述したような経営を調査の対象として選択し、1890年、1902年、1913年および1926年という4つの時点についてのデータを収集し、分析している[23]。その調査結果を示すのに先立ち、若干の点について言及しておきたい。

まず、原材料原価 (Rohstoffkosten) 以外のすべての原価が全体原価として把握され、これをクライネは経営原価 (Betriebskosten) と称している。総原価に占める原材料原価の割合が大きく、繊維産業における原材料の価格変動がきわめて激しいので、この原価を算入することによって原価数値の比較が妨げられるからである[24]。かくして、経営原価は以下のような4つの原価グループから形成されるものと考えられるのである。

A. 人的原価 (Personalkosten)
  1. 固定費
  2. 比例費
B. 物的原価 (Sachkosten)
  1. 固定費
  2. 比例費

C. 減価償却および利子（Abschreibungen und Zinsen）
D. 租税（Steuern）
 1. 固定費
 2. 比例費

経営原価を綿紡績の実践に即して示すと大略次のようになる[25]。
A1. 固定的人的原価
 管理者、事務職員、間接部門従業員の給料
A2. 比例的人的原価
 混綿、梳綿および精紡などのような直接部門従業員の賃金
B1. 固定的物的原価
 照明、燃料、事務用品、通信、清掃用品、小規模な修繕（建物、照明設備、動力機械）、電力、保険などのための原価
B2. 比例的物的原価
 薬品、運送、修繕材料、取替部品、包装材料、小規模な修繕（作業機械）ベルト、リールなどに関する原価
C. 減価償却および利子
 建物、動力機械および作業機械の減価償却費、企業において平均的に機能している資本に対する利子
D1. 固定的租税
 家賃税、営業資本税、財産税、土地税、建物税など
D2. 比例的租税
 営業税、法人税

以上のような経営原価がそれぞれの時点に関して、絶対額と給付単位あたり全体原価（＝平均原価）に占める百分率で示されることになる。ただし、給付単位は、紡績工場では、20番手の糸1kgであり、織布工場に関しては、20番手の縦糸と24番手の横糸から成る幅約80cm×長さ10mの綿布である。なお、100％の操業度が前提とされる。調査の結果は次のとおりである[26]。

第 2 章　固定費問題の解明　37

第 1 表　1890 年における原価構造　　（ペニヒ）

		紡績工場 給付単位原価	百分率	織布工場 給付単位原価	百分率
人的原価	固定費	6.25	11.27	9.44	14.38
	比例費	15.70	28.32	32.27	49.16
物的原価	固定費	5.95	10.73	4.86	7.40
	比例費	16.18	29.19	10.10	15.39
減価償却および利子		11.09	20.00	8.56	13.04
租税	固定費	0.20	0.36	0.28	0.43
	比例費	0.07	0.13	0.13	0.20
合計		55.44	100.00	66.54	100.00
そのうち	固定費	23.49	42.37	23.14	35.25
	比例費	31.95	57.63	42.50	64.75

第 2 表　1902 年における原価構造　　（ペニヒ）

		紡績工場 給付単位原価	百分率	織布工場 給付単位原価	百分率
人的原価	固定費	7.71	15.97	12.10	19.19
	比例費	11.21	23.21	30.79	48.84
物的原価	固定費	6.19	12.82	4.77	7.57
	比例費	11.47	23.57	5.85	9.28
減価償却および利子		11.42	23.65	9.12	14.47
租税	固定費	0.20	0.41	0.28	0.44
	比例費	0.09	0.19	0.13	0.21
合計		48.29	100.00	63.04	100.00
そのうち	固定費	25.52	52.85	26.27	41.67
	比例費	22.77	47.15	36.77	58.33

第3表　1913年における原価構造　　　　　　　　　　（ペニヒ）

		紡績工場 給付単位原価	百分率	織布工場 I 給付単位原価	百分率	織布工場 II 百分率
人的原価	固定費	8.38	17.53	12.69	19.60	20.11
	比例費	13.02	27.24	32.42	50.08	41.46
物的原価	固定費	5.06	10.58	3.86	5.96	6.64
	比例費	8.87	18.55	5.61	8.67	18.59
減価償却および利子		12.08	25.27	9.63	14.87	12.47
租税	固定費	0.27	0.56	0.36	0.56	0.47
	比例費	0.13	0.27	0.17	0.26	0.26
合計		47.81	100.00	64.74	100.00	100.00
そのうち	固定費	25.79	53.94	26.54	40.99	39.69
	比例費	22.02	46.06	38.20	59.01	60.31

第4表　1926年における原価構造　　　　　　　　　　（ペニヒ）

		紡績工場 給付単位原価	百分率	織布工場 給付単位原価	百分率	織布工場 II 百分率
人的原価	固定費	7.32	8.39	14.67	13.63	19.13
	比例費	25.10	28.79	43.29	40.23	39.32
物的原価	固定費	5.94	6.81	8.57	7.97	8.47
	比例費	10.75	12.33	8.46	7.86	13.99
減価償却および利子		34.97	40.10	28.39	26.39	15.86
租税	固定費	2.13	2.44	2.88	2.68	2.14
	比例費	0.99	1.44	1.34	1.24	1.09
合計		87.20	100.00	107.60	100.00	100.00
そのうち	固定費	50.36	57.75	54.51	50.67	45.60
	比例費	36.84	42.25	53.09	49.33	54.40

　1890年と1902年の場合、減価償却率（Abschreibungssatz）[27]は、建物に関しては2％、機械については5％とされた。なお、機械の耐用年数は、紡績工場では25年、織布工場では35年と見積もられている。技術的および経済的な陳腐化は考慮されていない。利子原価は平均的に機能している資本について5％とされた。1890年から約10年の間に、固定費比率は、紡績工場では

42.37％から52.85％へ、織布工場では35.25％から41.67％へと上昇した。これは固定的人的原価の増加に還元され得る。

　1913年については、第3の経営が調査対象に加えられた（織布工場Ⅱ）それは中規模の裏地製造工場である。すでに調査対象であった織布工場Ⅰは流行に左右されない製品を製造していたが、織布工場Ⅱの製品は流行商品（Modenartikel）であった。そして、作業機械に関する減価償却率は5％であった。1926年にインフレーションの影響がようやく小さくなった。全体として固定費は増加している。すなわち、1913年から1926年の間に、固定費比率は、紡績工場では53.94％から57.75％へ、織布工場Ⅰでは40.99％から50.67％へ、織布工場Ⅱでは39.69％から45.60％それぞれ上昇した。このような固定費の増加は、大部分が減価償却と利子によってもたらされた。当時の経済的状況に規定されて、減価償却率および利子率が高められたからである[28]。

　1890年から1926年までの36年間について、給付単位あたり全体原価の絶対値とその構成比率を時系列的に示したのが第5表と第6表である。

　給付単位あたり全体原価は、1890年から1913年までは徐々に減少したが、その傾向は戦争とその帰結的現象によって中断され、増加に転じた。この傾向

第5表　給付単位あたり全体原価の絶対額（操業度100％）　（ペニヒ）

		紡績工場				織布工場			
		1890年	1902年	1913年	1926年	1890年	1902年	1913年	1926年
人的原価	固定費	6.25	7.71	8.38	7.32	9.44	12.10	12.69	14.67
	比例費	15.70	11.21	13.02	25.10	32.27	30.79	32.42	43.29
物的原価	固定費	5.95	6.19	5.06	5.94	4.86	4.77	3.86	8.57
	比例費	16.18	11.47	8.87	10.75	10.10	5.85	5.61	8.46
減価償却および利子		11.09	11.42	12.08	34.97	8.56	9.12	9.63	28.39
租税	固定費	0.20	0.20	0.27	2.13	0.28	0.28	0.36	2.88
	比例費	0.07	0.09	0.13	0.99	0.13	0.13	0.17	1.34
合計		55.44	48.29	47.81	87.20	65.64	63.04	64.74	107.60
そのうち	固定費	23.49	25.52	25.79	50.36	23.14	26.27	26.54	54.51
	比例費	31.95	22.77	22.02	36.84	42.50	36.77	38.20	53.09

第6表　給付単位あたり全体原価の構成比率（操業度100%）　　（%）

		紡績工場				織布工場			
		1890年	1902年	1913年	1926年	1890年	1902年	1913年	1926年
人的原価	固定費	11.27	15.97	17.53	8.39	14.38	19.19	19.60	13.63
	比例費	28.32	23.21	27.23	28.79	49.16	48.84	50.08	40.23
物的原価	固定費	10.73	12.82	10.58	6.81	7.40	7.57	5.96	7.97
	比例費	29.19	23.75	18.55	12.33	15.39	9.28	8.67	7.86
減価償却および利子		20.00	23.65	25.27	40.10	13.04	14.47	14.87	26.39
租税	固定費	0.36	0.41	0.56	2.44	0.43	0.44	0.56	2.68
	比例費	0.13	0.19	0.27	1.14	0.20	0.21	0.26	1.24
合計		100.00	100.00	100.00	100.00	100.00	100.00	100.00	100.00
そのうち	固定費	42.37	52.85	53.94	57.75	35.25	41.67	40.99	50.67
	比例費	57.63	47.15	46.06	42.25	64.75	58.33	59.01	49.33

はインフレーションによる貨幣価値下落を考慮に入れても変わらない。それに対して、全体原価の構造は絶えず変化している。すなわち、全体原価における固定費の割合が持続的に高まっていることを確認することができるのである。

　ちなみに、クライネは、このような固定費比率上昇の原因として、経営内的な原因と経営外的な原因を指摘している[29]。経営内的な原因としては、①作業過程の機械化、②経営規模の拡大、③減価償却率の上昇、経営外的な原因として、①利子率の上昇、②公的負担の増加、③注文の分散、④流行の影響の増大、⑤消費者の要求の高まりが考えられている。

Ⅳ．固定費問題の認識

　固定費の絶対的および相対的増大にいかなる問題性が見いだされるか。すなわち、固定費問題がいかように認識されるかということが重要である。クライネはこのことに関して、①操業度変動に対する経営の感受性（Empfindsamkeit）の高まり、②操業度変動に対する反応の遅れを指摘している[30]。

　操業度変動に対する感受性の高まりとは、操業度変動（操業度低下＝生産能

力利用度の低下）によって経営がただちに影響を受けるということである。その影響とは給付単位あたり原価の増加ということであり、それによって収益性が圧迫される。かかる原価増加の程度が固定費比率の上昇および操業度低下よって高められるのである。この現象は全体原価の超過上昇（Mehrsteigerung）[31]といわれている。

　操業度変動に対する反応の遅れについて、クライネは詳述していないが、これはいわゆる原価残留（Kostenremanenz）を意味している。操業度低下に対する反応は、特定の阻害状況（Hemmungszustand）が克服されてはじめて実現されるのである。

　以上のことから明らかなように、固定費比率の上昇は、操業度変動に対する感受性を高め、操業度が低下する場合にただちに給付単位あたり全体原価を増加させる。その程度は固定費比率が高いほど大きく、操業度低下が著しいほど大きくなる。販売価格を一定とすると、給付単位あたり全体原価の増加は利益の減少を意味し、その結果、企業目標の達成が困難になる。これは企業にとってはきわめて重大な事態であるから、企業としては可及的迅速に対応しなければならない。ところが、固定費比率を上昇させる要因のために操業度変動に対する反応が遅れるのである。クライネはかかる事態に固定費のもたらす問題性を見出しているといえよう。以下においては、第1の問題についてさらに考えることにする。

　操業度＝生産能力利用度が低下する場合に、給付単位あたり全体原価の増加はもっぱら給付単位あたり固定費の増加によって惹き起こされる。1次関数の全体原価関数が前提とされているからである。クライネは操業度100％の場合の給付単位あたり固定費を1とすると、それは、操業度75％の場合は1.33、操業度50％の場合は2、操業度25％の場合は4、操業度0％の場合は無限大となると述べている。これに関しては説明がなされていないので、簡単に解説しておきたい[32]。

　いま、全体原価を K、給付単位あたり比例費を p、固定費総額を FK、量的生産能力を m、生産量を x とすると、全体原価は次のように表される。

$$K = p \cdot x + FK$$

給付単位あたり全体原価すなわち平均原価を k とすると、k は次の如くになる。

$$k = \frac{K}{x} = p + \frac{FK}{x}$$

生産能力利用度100％すなわち x＝m の場合の平均原価を k_m とすると、

$$k_m = p + \frac{FK}{m}$$

となる。生産能力利用度を $100 \cdot a$％ ($0 \leq a \leq 1$) とする。その場合の平均原価を k_a とすると、

$$k_a = p + \frac{FK}{am} = p + \frac{1}{a} \cdot \frac{FK}{m}$$

したがって、

$$k_{0.75} = p + 1.33 \cdot \frac{FK}{m} (a = 0.75)$$

$$k_{0.50} = p + 2 \cdot \frac{FK}{m} (a = 0.50)$$

$$k_{0.25} = p + 4 \cdot \frac{FK}{m} (a = 0.25)$$

となるのである。

$\frac{1-a}{a}$ あるいは $\frac{1}{a} - 1$ を固定費増幅率と称することにする。

クライネは調査によって得られた操業度100％の場合の原価数値（1890年、1902年、1913年、1926年）[33]を基礎として、操業度90％、75％および50％の場合に関する給付単位あたり全体原価の絶対額と全体原価にしめる各原価グループの構成比率を「計算的に（rechnerisch）」に導出している[34]。ただし、クライネ自身はその計算手順を明示していないが、彼の作成した表から推察することはできる。その結果は次のとおりである[35]（第7表、第8表、第9表、第10

表、第11票、第12表)。

第7表 給付単位あたり全体原価の絶対額（操業度90％） （ペニヒ）

		紡績工場				織布工場			
		1890年	1902年	1913年	1926年	1890年	1902年	1913年	1926年
人的原価	固定費	6.94	8.56	9.30	8.13	10.48	13.43	14.09	16.28
	比例費	15.70	11.21	13.02	25.10	32.27	30.79	32.42	43.29
物的原価	固定費	6.60	6.87	5.62	6.59	5.39	5.29	4.28	9.51
	比例費	16.18	11.47	8.87	10.75	10.10	5.85	5.61	8.46
減価償却および利子		12.31	12.68	13.41	38.82	9.50	10.12	10.69	31.51
租税	固定費	0.22	0.22	0.30	2.36	0.31	0.31	0.40	3.20
	比例費	0.07	0.09	0.13	0.99	0.13	0.13	0.17	1.34
合計		58.02	51.10	50.65	92.74	68.18	65.92	67.66	113.59
そのうち	固定費	26.07	28.33	28.63	55.90	25.68	29.15	29.46	60.50
	比例費	31.95	22.77	22.02	36.84	42.50	36.77	38.20	53.09

第8表 給付単位あたり全体原価の構成比率（操業度90％） （％）

		紡績工場				織布工場			
		1890年	1902年	1913年	1926年	1890年	1902年	1913年	1926年
人的原価	固定費	11.96	16.75	18.36	8.77	15.37	20.37	20.82	14.33
	比例費	27.06	21.94	25.71	27.06	47.34	46.72	47.93	38.11
物的原価	固定費	11.38	13.44	11.10	7.11	7.91	8.02	6.32	8.37
	比例費	27.88	22.45	17.51	11.59	14.81	8.87	8.29	7.45
減価償却および利子		21.22	24.81	26.47	41.86	13.93	15.35	15.80	27.74
租税	固定費	0.38	0.43	0.59	2.54	0.45	0.47	0.59	2.82
	比例費	0.12	0.18	0.26	1.07	0.19	0.20	0.25	1.18
合計		100.00	100.00	100.00	100.00	100.00	100.00	100.00	100.00
そのうち	固定費	44.94	55.43	56.52	60.28	37.66	44.21	43.53	57.26
	比例費	55.06	44.57	43.48	39.72	67.34	55.99	56.47	46.74

第9表　給付単位あたり全体原価の絶対額（操業度75％）　　　　（ペニヒ）

		紡績工場				織布工場			
		1890年	1902年	1913年	1926年	1890年	1902年	1913年	1926年
人的原価	固定費	8.31	10.25	11.15	9.74	12.56	16.09	16.88	19.51
	比例費	15.70	11.21	13.02	25.10	32.27	30.79	32.42	43.29
物的原価	固定費	7.91	8.23	6.73	7.90	6.46	6.34	5.13	11.40
	比例費	16.18	11.47	8.87	10.75	10.10	5.85	5.61	8.46
減価償却および利子		14.75	15.19	16.07	46.51	11.41	12.13	12.81	37.76
租税	固定費	0.27	0.27	0.36	2.83	0.37	0.37	0.48	3.83
	比例費	0.07	0.09	0.13	0.99	0.13	0.13	0.17	1.34
合計		63.19	56.71	56.33	103.82	73.30	71.70	73.50	125.59
そのうち	固定費	31.24	33.94	34.31	66.98	30.80	34.93	35.30	72.50
	比例費	31.95	22.77	22.02	36.84	42.50	36.77	38.20	53.09

第10表　給付単位あたり全体原価の構成比率（操業度75％）　　　　（％）

		紡績工場				織布工場			
		1890年	1902年	1913年	1926年	1890年	1902年	1913年	1926年
人的原価	固定費	13.55	18.07	19.79	9.38	17.14	22.44	22.97	15.53
	比例費	24.85	19.76	23.11	24.18	44.02	42.98	44.11	34.46
物的原価	固定費	12.52	14.51	11.95	7.60	8.81	8.84	6.98	9.08
	比例費	25.60	20.23	15.75	10.36	13.78	8.16	7.63	6.74
減価償却および利子		23.34	26.79	28.53	44.81	15.57	16.92	17.43	30.07
租税	固定費	0.43	0.48	0.64	2.72	0.50	0.52	0.65	3.05
	比例費	0.11	0.16	0.23	0.95	0.18	0.18	0.23	1.07
合計		100.00	100.00	100.00	100.00	100.00	100.00	100.00	100.00
そのうち	固定費	49.44	59.85	60.91	64.51	42.02	48.72	48.03	57.23
	比例費	50.56	40.15	39.09	35.49	57.98	51.28	51.97	42.27

第11表　給付単位あたり全体原価の絶対額（操業度50％）　　　（ペニヒ）

		紡績工場				織布工場			
		1890年	1902年	1913年	1926年	1890年	1902年	1913年	1926年
人的原価	固定費	12.50	15.42	16.76	14.64	18.88	24.20	25.38	29.34
	比例費	15.70	11.21	13.02	25.10	32.27	30.79	32.42	43.29
物的原価	固定費	11.90	12.38	10.12	11.88	9.72	9.54	7.72	17.14
	比例費	16.18	11.47	8.87	10.75	10.10	5.85	5.61	8.46
減価償却および利子		22.18	22.84	24.16	69.94	17.12	18.24	19.26	56.78
租税	固定費	0.40	0.40	0.54	4.26	0.56	0.56	0.72	5.76
	比例費	0.07	0.09	0.13	0.99	0.13	0.13	0.17	1.34
合計		78.93	73.81	73.60	137.56	88.78	89.31	91.28	162.11
そのうち	固定費	46.98	51.04	51.58	100.72	46.28	52.54	53.08	109.02
	比例費	31.95	22.77	22.02	36.84	42.50	36.77	38.20	53.09

第12表　給付単位あたり全体原価の構成比率（操業度50％）　　　　（％）

		紡績工場				織布工場			
		1890年	1902年	1913年	1926年	1890年	1902年	1913年	1926年
人的原価	固定費	15.84	20.89	22.77	10.63	21.27	27.10	27.80	18.10
	比例費	19.89	15.19	17.69	18.25	36.34	34.47	35.51	26.70
物的原価	固定費	15.08	16.77	13.75	8.64	10.95	10.68	8.46	10.57
	比例費	20.50	15.54	12.05	7.81	11.38	6.55	6.15	5.22
減価償却および利子		28.09	30.95	32.83	50.85	19.28	20.42	21.10	35.03
租税	固定費	0.51	0.54	0.73	3.10	0.63	0.63	0.79	3.55
	比例費	0.09	0.12	0.18	0.72	0.15	0.15	0.19	0.83
合計		100.00	100.00	100.00	100.00	100.00	100.00	100.00	100.00
そのうち	固定費	59.52	69.15	70.08	73.22	52.13	58.83	58.15	67.25
	比例費	40.48	30.85	29.92	26.78	47.87	41.17	41.85	32.75

以上の各表から、操業度低下の際の給付単位あたり全体原価の増加ならびにそれに対する固定費の影響が明らかである。すなわち、一般に、操業度の低下が著しいほど、また、固定費比率が高いほど固定費の及ぼす影響は大きいということができる。

　このことに関して、クライネは、「操業度が低下すると、生産物単位あたりの全体原価は、①100％の操業の場合の固定費の百分率だけ増加する。②100％の操業を達成するためには操業度はこの百分率だけ高められなければならない[36]」と述べて、次のような関係を提示している。

$$K_n = K + \frac{Kf}{100} \cdot X$$

K　　：操業度100％の場合の給付単位あたり全体原価
K_n　：操業度n％の場合の給付単位あたり全体原価
f　　：操業度100％の場合の固定費比率
X　　：操業度100％を達成するために高められねばならない操業の百分率

　彼は、調査と計算によって得られた数値を利用して、自らの示したテーゼの妥当性を確かめようとしている。

　クライネの示しているテーゼは不可思議である。その内容は2つの点（①および②）で適切性を欠いており、数式の説明においても誤りがある。すなわち、①操業度が低下する場合の給付単位あたり全体原価の増加は固定費部分の増加によりもたらされるのであるが、その増加分は、

　　操業度100％の場合の単位あたり固定費×（生産能力利用度の逆数−1）

である[37]。また、②操業度100％を達成するために高められねばならない操業の百分率は（100％−操業度）である。したがって、①および②の表現は明らかに誤っているのである。また、数式におけるXは上述の固定費増幅率であって、（100％−操業度）ではない。この点においても誤りがみられる。しかしな

がら、クライネが提示している数式それ自体は重要なことを示唆しているのである。以下において解説を加えておきたい[38]。

いま、生産量を x、総変動費を v(x)、固定費を FK とすると、一般的に、全体原価 K(x) は次のようになる。

$$K(x) = v(x) + FK$$

また、有効費用（Nutzkosten）と無効費用（Leerkosten）を FK_n および FK_l とすると、

$$K(x) = v(x) + FK_n + FK_l$$

であり、平均原価を k(x) とすると、

$$k(x) = \frac{v(x)}{x} + \frac{FK_n}{x} + \frac{FK_l}{x}$$

である。量的生産能力を m とすると、

$$FK_n = \frac{FK}{m} \cdot x \text{ および } FK_l = (m-x)\frac{FK}{m}$$

であるから、

$$k(x) = \frac{v(x)}{x} + \frac{FK}{m} + \frac{FK}{m}\left(\frac{m}{x} - 1\right)$$

となる。したがって、操業度100％すなわち x = m の場合は、

$$k(m) = \frac{v(x)}{x} + \frac{FK}{m}$$

となる。k(m) は、クライネの数式における K に相当する。また、

$$\frac{Kf}{100}$$

は x = m の場合の給付単位あたり有効費用であるから、

$$\frac{Kf}{100} \cdot X$$

は、給付単位あたり有効費用×(生産能力利用度の逆数 − 1) でなければならず、それは給付単位あたりの無効費用である。それゆえ、

$K_n=$（操業度100％の場合の給付単位あたり全体原価）＋（操業度 n％の場合の給付単位あたり無効費用）

ということになる。

クライネの示している数式は、「操業度が100％を下回ることによる給付単位あたり全体原価の増加が給付単位あたりの無効費用によって惹き起こされること」を明確に示しているのである。このことはきわめて重要である。ただ、彼がそれを意識していたか否かということは定かではない。クライネの研究においては無効費用という概念やコンセプトは見られない。無効費用なる概念は1939年のブレット（Bredt, O.）の論文[39]においてはじめて用いられたのである。

クライネは、固定費問題の顕在化が価格引き下げを中心とする競争の激化を惹き起こし、価格引き下げの「イタチごっこ（eine Schraube ohne Ende）[40]」が始まることを懸念している。すべての企業が同じ事態に見舞われるからである。それで、そのような無意味な競争を終わらせるための企業の統合（Zusammenschluß der Unternehmungen）の効用を強調している。それが固定費問題を経営政策的に克服する可能性をもつとみなされている。かかる見解は実践における動きと軌を一にしており、彼も「時代の子」であったといえる。

V. クライネの研究の意義

すでに述べたように、クライネの研究は、紡績工場と織布工場をもつ企業の原価調査をその出発点としている。その結果として得られたのが第1表、第2表、第3表および第4表ならびに第5表と第6表であり、それらは4つの時点での原価構造を明らかにしている。クライネはこのことによって当該企業における操業度100％の場合の原価構成の傾向を把握した後に、操業度90％、75％および50％の場合の原価数値を算定した。そのことによって、操業度低下の際の給付単位あたり全体原価の増加、それに対する固定費の作用が明示されんとしているのである。このことから明らかであるように、調査によって得られ

た原価数値は操業度100％の場合に関するものだけであり、その他の数値は計算によって算出されたものである。

　さらに、クライネが調査の対象としたのは生産能力拡大や生産転換を長期にわたって実施しなかった企業である[41]。そのような企業が当時の繊維産業を代表し得るであろうか。当該企業に関しては固定費増大傾向が確認されるが、ただちにそれを一般化するのは危険であり、クライネの調査結果だけで一般的な傾向を把握することは困難である。それゆえ、クライネの示しているすべての数値が調査の結果であるかのように示し、固定費の増加傾向を説明する際の根拠とすることは問題である。シュマーレンバッハ等によるこれまでの引用のされ方は適切であるとはいえない。

　また、彼が提示している数値には計算ミスや校正ミスの結果であると思われる誤りが散見される。そして、数式の説明にも明らかな誤謬がある。

　このようなクライネの研究の意義を奈辺に見いだすことができるか。彼の研究の意義は操業度低下の際に固定費が及ぼす影響を明らかにしたことであって、そのための最初の手がかりが調査に求められたのである。彼にとって重要であったのは固定費問題に関する一般理論の形成であったと考えられる。すなわち、クライネの研究は、調査によって固定費の増大傾向を明らかにし、それに基づいて帰納的に理論を導出することを目指したものであるとは考えられない。むしろ、一般的な言明が演繹的に導かれ、それを説明する材料として調査によって得られた数値およびそれを加工した数値が利用されているのである。すでに述べたように、彼が提示したテーゼや数式の説明には明らかな誤りが見られる。それにもかかわらず、きわめて不十分ながらクライネが固定費問題に関する一般理論を形成しようとしたことの意義は認められなければならない。

　クライネの研究は1900年代初めにおけるドイツの繊維産業の状況を如実に反映しているといえる。彼は、「なぜ固定費の増加がもっと大きな程度でなかったのか[42]」ということを問題にする。当時のドイツ企業は、一般に、価格を下げるために総原価の低減を強要されていた。そのために、合理化（Rationalisierung）という標語の下で、機械化と標準化が推進されたのである。

それが合理化運動という1つの国家的な運動であった。ところが、繊維産業においてはそのような動きがそれほど明確に現れなかった。したがって、投資の増加率は相対的に小さく[43]、それに伴う固定費の増加は小さかったといえる。ブレイディーは、このような現象を「合理化の遅れ」とみなし、その原因を繊維産業に固有の伝統的・技術的要因に求めている[44]。彼は8つの要因をあげているが、その中で看過されてはならないのが過剰能力の存在である。ブレイディーが「この産業（＝繊維産業―引用者）のさまざまな部門は長期にわたって過剰能力に悩まされている[45]」と述べているように、1920年代のドイツ繊維産業においては慢性的な過剰能力がみられたが、合理化運動によってそれが解消されることはなかったのである。他方では、新興産業に分類される人絹製造企業での投資はめざましく、それが旧来の繊維産業での過剰能力の形成に拍車をかけることになったのである[46]。すなわち、「繊維工業には成長した人絹部門と停滞的な伝統部門が併存していた[47]」のである。クライネが研究対象としたのはそのような停滞している伝統部門に属する企業であった。

　過剰能力に基づく無効費用がいかに給付単位あたりの原価を増加させ、利益を圧迫するかということについてはすでに述べたとおりである。他方では、1920年代後半以降においては、内外市場での購買力の縮小を反映して製品価格の持続的な低下が見られた[48]。そして、「原綿と綿糸とのマージンが1925年以降ほぼ一貫して低落し、……（繊維企業は―引用者）原料コストと製品価格との接近圧力にあえいでいた[49]」のである。したがって、このことが過剰能力の惹起する作用と相俟って、企業の収益性を圧迫するようになったということができる。すなわち、1920年代のドイツ繊維企業は「慢性的な過剰能力に由来する原価の増加」と「製品価格の低下」に同時に見舞われ、いわば二重苦に悩まされていたといえよう。

　このような状況に規定されて、クライネの調査研究は行われた。しかして、彼は、①操業変動に対する経営の感受性の高まり、②操業変動に対する反応の遅れということの中に固定費のもたらす問題性を見いだしたのである。

VI. 結

　クライネによる調査研究の概要および意義等について考察してきた。彼は、20世紀初めのドイツにおける繊維企業を対象として、固定費による比例費の代替について、その実態を綿密な調査に基づいて明らかにした。その結果が、固定費の増大傾向を説明する際の基礎資料としてしばしば利用されてきた。そのことはクライネの研究が重要な事実を明らかにしたことの証左であり、彼は学界に大きな貢献をしたといえよう。他方では、彼は固定費問題を理論的に説明することを試みた。すなわち、生産能力利用度が低下する際の給付単位あたり原価の増加が固定費により惹起されることを明確にし、固定費増幅のメカニズムを解明しようとしたのである。それは今日の理論に通じる内容を有しているといえる。もちろん、クライネにとっては無効費用なる概念は未知の概念であったから、給付単位あたりの原価の増加＝給付単位あたり固定費の増加＝給付単位あたりの無効費用の増加ということを説明することはできなかった。今日であれば、それは明白な事実である。前述のように、クライネの叙述には明らかな誤りやミスが見られるなど、さまざまな点で問題があるが、彼が固定費問題に関する一般理論を形成しようとしたことはきわめて重要である。クライネが総原価の構成変化を調査に基づいて明らかにしたこと自体は重要に違いないが、固定費問題を理論的に説明しようとしたことにより大きな意義が認められ得るのである。

　これまで、固定費と変動費に関する調査は、しばしば実施されてきた[50]。比較的近年のものとして、バックハウス（Backhaus, K.）を中心とする研究グループの調査が知られている。その結果が一連の文献によって明らかにされている[51]。バックハウス等は、固定費問題を操業リスク（Beschäftigungsrisiko）[52]の問題として把握し、原価構造管理（Kostenstrukturmanagement）と売上高確保方策（Erlössicherungsmaßnahme）による当該問題の克服を示唆した。また、バックハウスの影響を強く受けているニンク（Nink, J.）は、操業危険と原価残

留に固定費のもたらす問題を見出し、戦略的固定費管理の必要性を主張している[53]。すでに明らかなように、今日の研究の基礎となっている問題意識はクライネのそれと同様であるし、いまでも通用する理論的内容の萌芽的なものが約80年前のクライネの研究の中にすでに看取されるのである。

　1920〜30年代は経営経済学の黄金時代であった[54]。多くの理論や思考の源泉がこの時代に求められ得る。また、さまざまなコンセプトや概念の先駆的なものが現れたのもこの時期においてである。クライネの研究もそのようなものの1つであると考えることができる。彼によって行われた調査そのものも重要であるが、さらに、彼は調査によって得られた原価数値と計算により加工された数値に基づいて固定費問題に関する一般論を形成せんとした。そして、経営の感受性の高まりと原価残留の問題を指摘したのである。彼の思考の中に今日において議論されている問題の原型がすでに見られる。クライネの調査研究はまさしく固定費・変動費調査のさきがけであると同時に固定費問題の理論的説明のさきがけであるとみなされ得るのである。

1) Schmalenbach, E. : Die Betriebswirtschaftslehre an der Schwelle der neuen Wirtschaftsverfassung, ZfHF, 22. Jg.（1928), S. 241 ff.
2) Schmalenbach, E. : Der freien Wirtschaft zum Gedächtnis, 3. Aufl., Köln und Opladen 1958.
3) Schmalenbach, E. : Die Betriebswirtschaftslehre an der Schwelle der neuen Wirtschaftsverfassung, S. 245.
4) Schmalenbach, E. : a. a. O., S. 245.
5) Vgl. hierzu Hundt, S. : Zur Theoriegeschichte der Betriebswirtschaftslehre, Köln 1977, S. 70 ; derselbe : Beiträge zur Kritik der Betriebswirtschaftslehre, Bremen 1981, S. 32 ff.
6) 経済発展に伴う原価の構成変化については、シュマーレンバッハのライプチッヒ商科大学時代の師でもあったビュッヒャー（Bücher, K.）の「大量生産の法則」の中にすでに萌芽的な叙述が見られる。Vgl. Bücher, K. : Das Gesetz der Massenproduktion, Zeitschrift für die gesamte Staatswissenschaft, 66. Jg.（1910), S. 429 ff. これに関しては、久保田音二郎『間接費計算論』森山書店、1953年、177ページ以下を参照。また、メレロヴィッツ（Mellerowicz, K.）は、シュマーレンバッハとほぼ同時代に「固定費増大の法則」を明確にした。Vgl. Mellerowicz, K. : Kosten und Kostenrechnung, Bd. 1, Berlin/Leipzig 1933, S. 363 ff.
7) Schmalenbach, E. : Der freien Wirtschaft zum Gedächtnis, S. 108.

8) Kleine, K. : Die Verschiebung der fixen und proportionalen Kosten in der Textilbetrieben, ZfHF, 23. Jg. (1929), S. 241 ff. und S. 289 ff. この調査研究はシュマーレンバッハ門下のゲルトマッハー（Geldmacher, E.）の指導の下で行われたが、シューレンバッハが固定費の増大を示す基礎資料の1つとして引用している。また、メレロヴィッツも固定費の増加傾向を示す際に引用している。Schmalenbach, E. : Grundlagen der Selbstkostenrechnung, 5. Aufl., Leipzig 1930, S. 56 ff. ; Mellerowicz, K. : Kosten und Kostenrechnung, Bd. Ⅰ, Berlin und Leipzig 1933, S. 363 ff. また、土岐政蔵『工業会計概論』中央経済社、1955年、62ページ以下、小島三郎『ドイツ経験主義経営経済学の研究』有斐閣、1965年、141ページ以下を参照。

9) Thun, A. : Die Industrie am Niederrhein und Ihre Arbeiter, Leipzig 1879 ; Gerhart von Schulze-Gävernitz : Der Großbetrieb, Leipzig 1892 ; Schulze, W. : Die Produktions- und Preisentwicklung der Rohprodukte der Textilindustrie seit 1850, Jene 1896 ; E. I. Claus Nachf. : Ein Jahrhundert Baumwollspinnerei 1809-1909, Plaue bei Flöhha 1909.

10) Kleine, K. : a. a. O., S. 251.

11) Kleine, K. : a. a. O., S. 244. クライネの研究においては、経営（Betrieb）と企業（Unternehmung）は概念的に区別されていない。

12) Kleine, K. : a. a. O., S. 252.

13) ただし、企業名などは明らかにされていない。

14) Geldmacher, E. : Grundbegriffe und systematischer Grundriß des betrieblichen Rechnungswesen, ZfHF, 23. Jg. (1929), S. 6 ; Kleine, K. : a. a. O., S. 245.

15) Falter, E. : Die Beobachtung des betrieblichen Beschäftigungsgrades in Literatur und Praxis, Köln 1928, S. 10 f. ; Kleime, K. : a. a. O., S. 246.

16) このように、クライネの叙述においては、他の論者の場合と同様に、概念の混乱がみられる。本来的に操業は絶対的な数値であり、操業度は相対的な数値である。それゆえ、相対的操業度とは相対的な数値の達成度合いということになる。しかし、彼が考えているのは、絶対的な数値の達成の程度である。このような概念の混乱が指摘されたのは、1920年代の末のことである。Vgl. hierzu Falter, E. : Beschäftigungsgrad und Kosten, ZfHH, 22. Jg. (1929), S. 180.

17) 以下においては、操業度という概念を用いるが、それは生産能力利用度という意味においてである。

18) Walther, A. : Grundzüge industrieller Kostenlehre, Zürich 1923, S. 14 f. ; Kleine, K. : a. a. O., S. 246. Vgl. auch Falter, E. : a. a. O., S. 179.

19) それは最大可能な操業（＝生産能力）の約80％であるといわれている。Vgl. hierzu Schröder, P. : Das Wesen der fixen Kosten in der industriellen Produktion, Köln 1926, S. 11 ff.

20) Kleine, K. : a. a. O., S. 247.

21) Kleine, K. : a. a. O., S. 247. 同時に、クライネは固定費を変化しない原価であるとみなしている。

22) Kleine, K. : a. a. O., S. 248.

23) Kleine, K. : a. a. O., S. 256 ff.

24) Kleine, K. : a. a. O., S. 253. クライネは、シュルツェ（Schulze, W.）の研究に依拠しながら、原綿、羊毛、蚕繭の卸売価格の変動を示し、原材料原価を除外する根拠としている。ブレイディー（Brady, R. A.）も繊維産業における原材料原価の比率が大きいことに言及している。Vgl. Brady, R. A. : The Rationalization Movement in German Industry, Barkley 1933, p. 264.
25) Kleine, K. : a. a. O., S. 257 f. Vgl. auch Klebs, H. : Die deutsche Textilindustrie, Technik und Wirtschaft, 23. Jg. (1930), S. 85 ff. また、土岐政蔵、前掲書、62 ページ以下を参照。
26) Kleine, K. : a. a. O., S. 256 ff. なお、クライネの示している数字には明らかに誤りであると思われる箇所が散見されるので、それらを修正しておいた。
27) 減価償却率とは機械や建物に関する減価償却額と財産価額（＝取得原価＋修繕による価値の増加）の関係のことである。Vgl. hierzu Kleine, K. : a. a. O., S. 256 f.
28) 減価償却率は次の如くであった
建物　　　　　　　　：2 ％（変更なし）
紡績工場の機械設備　：8 ％
織布工場Ⅰの機械設備：6 ％
織布工場Ⅱの機械設備：7 ％
織布工場Ⅱの動力機械：7.5％
また、利子率は7％とされた。
29) Kleine, K. : a. a. O., S. 289 ff.
30) Kleine, K. : a. a. O., S. 295 f.
31) Kleine, K. : a. a. O., S. 305.
32) ただし、クライネ自身がどのようにしてこのような結果を得たかということは不明である。したがって、以下の説明はクライネの叙述に基づいているわけではない。
33) 第5表および第6表を参照。
34) Kleine, K. : a. a. O., S. 298 ff.
35) 彼の示している数値に関しては計算ミスと思われる箇所がみられるので、以下においては誤りを修正したものを示すことにする。
36) Kleine, K. : a. a. O., S. 304. ただし、①および②という記号は引用者がつけた。
37) 深山　明『ドイツ固定費理論』森山書店、2001 年、29 ページ。
38) 深山　明、前掲書、28 ページ以下を参照。
39) Bredt, O. : Der endgültige Ansatz der Planung, Technik und Wirtschaft, 32. Jg. (1939), S. 219 ff. und S. 249 ff.
40) Kleine, K. : a. a. O., S. 305.
41) 上述のように、具体的な企業名は明示されていない。
42) Kleine, K. : a. a. O., S. 298.
43) 有澤廣巳・阿部　勇『世界恐慌と国際政治の危機』改造社、1931 年、374 ページ以下。加藤栄一『ワイマル体制の経済構造』東京大学出版会、1973 年、200 ページ。
44) Brady, R. A. : op. cit., p. 167 and p. 263.
45) Brady, R. A. : op. cit., p. 264.

46) このことに関しては、加藤栄一、前掲書、19ページを参照。Vgl. auch Mottek, H./ Becker, W./Schröter, A. : Wirtshaftsgeschichte Deuschlands, Bd. Ⅲ, Berlin 1975, S. 270 f. 大嶋隆雄、加藤房雄、田村栄子訳『ドイツ経済史』大月書店、1989年、222ページ。
47) 加藤國彦『1931年ドイツ金融恐慌』御茶の水書房、1996年、95ページ。
48) Wagemann, E. : Konjunktur-Statisches Handbuch 1936, Berlin 1935, S. 281 ff.
49) 加藤栄一、前掲書、200ページ。
50) このことに関しては、深山 明、前掲書、180ページを参照。
51) Backhaus, K. und Funke, S. : Fixkostenintensität und Kostenstrukturmanagement, Controlling, 6. Jg. (1994), S. 124 ff. ; dieselben : Auf dem Weg zur fixkostenintensiver Unternehmung ?, ZfbF, 48. Jg. (1996), S. 95 ff. ; dieselben : Managementherausforderungen fixkostenintensiver Unternehmen, KRP, 40. Jg. (1996), S. 75 ff. ; dieselben : Fixkostenmanagement, in : Franz, K.-P. und Kajüter, P. (Hrsg.) : Kostenmanagement, Stuttgart 1997, S. 30 ff. ; Funke, S. : Fixkosten und Beschäftigungsrisiko, München 1995. バックハウス等の調査・研究については、深山 明、前掲書、161ページ以下および179ページ以下を参照。Vgl. auch Possmeier, F. : Preispolitik bei hoher Fixkostenintensität, Lohmar・Köln 2000.
52) 操業リスクとは、固定費の存在と売上高に関する不確実性に基づいて原価が完全に補償されないという危険を意味する。
53) Nink, J. : Strategisches Fixkostenmanagement, Göttingen 2002.
54) 深山 明「山崎敏夫著『ナチス期ドイツ合理化運動の展開』」『立命館経営学』第41巻第1号、2002年、189ページ以下。

第3章　体系的危機マネジメント論の形成

I. 序

　新しい世紀が始まってから約10年が経過した。20世紀とは異なるさまざまな動きが看取される。しかしながら、ドイツの経済および企業は、前世紀末に生起した諸状況からの脱却ならびに諸問題の克服に成功していないといわざるを得ない。依然として経済危機（Wirtschaftskrise）および企業危機（Unternehmenskrise）という現象が顕著に見られ、それらの克服が焦眉の問題であるといえる。かかる企業危機に対処するためのマネジメントが危機マネジメント（Krisenmanagement）であり、これが実践的にも理論的にも重要な問題をもたらしているのである。

　企業危機は決して新しい現象ではなく当該問題に対する取り組みは、経営経済学の本格的な研究と同じくらいの歴史を有するといっても過言ではない[1]。ライトナー（Leitner, F.）は企業危機を企業危険（Unternehmungsrisiken）の問題の一環として把握し、企業危機を招来するような企業危険の防止について考察している。1908年以来、彼はこの問題をベルリン商科大学での「一般経営学（allgemeine Betriebslehre）」すなわち「商事経営の私経済学（Privatwirtschaftslehre der kaufmänischer Betriebe）」の講義において取り上げていた[2]。100年ほど前のことである。危機マネジメントは古くて新しい問題であるといえる。

1929年にマンハイム商科大学の私講師であったフレーゲ＝アルトホフ (Fleege-Althoff, F.)[3]が教授資格を取得した。そして、教授資格取得論文が1930年に出版された[4]。それは、著者自身が述べているように危機マネジメントに関するはじめての体系的な一般理論であるといえる[5]。

　本章においては、フレーゲ＝アルトホフの所説を考察の対象として、その基本的な部分について、今日の危機マネジメントの視点から吟味することにしたい。

II. 基 本 構 想

　フレーゲ＝アルトホフは、1934年の書物において、経営経済学の体系を明らかにしている[6]。それによると、経営経済学の課題は、経営（Betrieb）[7]の経営経済（Betriebswirtschaft）を明らかにすることであるが、それは、経営内の諸関係および全体経済的な枠組みの中での経営間の諸関係を解明することを意味する。彼の主張する経営経済学の体系は次の如くである。

　理論的経営経済学（theoretische Betriebswirtschaftslehre）は、「存在（Sein）」の研究を行い、すべての経営に関連する経済的な現象を解明することを課題としている。それによって形成された理論に基づいて展開されるのが実用的経営経済学（praktische Betriebswirtschaftslehre）であって、それは経営における「存在当為（Seinsollen）」を明らかにする。そして、経済的活動の可能性が明示され、実際の経営管理に関して目標が設定され、経営技術の実際的な取り扱いに関する基本原則ならびに実際の取引へのコミットに関する基本原則が作成され、経済的に合目的的な経営行為遂行の方法が確定されるのである。かかる実用的経営経済学は、すべての経営に妥当する問題を取り扱う一般的・実用的経営経済学（allgemeine praktische Betriebswirtschaftslehre）と特定種類の経営（たとえば、鉱山経営、銀行経営、商業経営など）に関する問題にかかわる特殊的・実用的経営経済学（besondere praktische Betriebswirtschaftslehre）に細分されるのである。そして、理論的経営経済学と一般的・実用的経営経済学が一

般的経営経済学 (allgemeine Betriebswirtschaftslehre) として特殊的経営経済学 (besondere Betriebswirtschaftslehre) と対照させられるのである。さらに、経営経済学の内容が形成されるためには歴史が重視され、歴史からさまざまな情報が獲得されなければならない。そのために不可欠なのが、歴史的経営経済学 (historische Betriebswirtschaftslehre) であって、それは、経営経済の歴史 (Geschichte der Betribswirtschaft) と経営経済学の歴史 (Geschichte der Betriebswirtschaftslehre) から成るのである。フレーゲ＝アルトホフによる経営経済学の体系は第1図のように示される。

以上のことから明らかなように、フレーゲ＝アルトホフは、歴史的かつ個性的なものを重視し、現実の経済や企業そのものに眼を向け、そこから問題を受

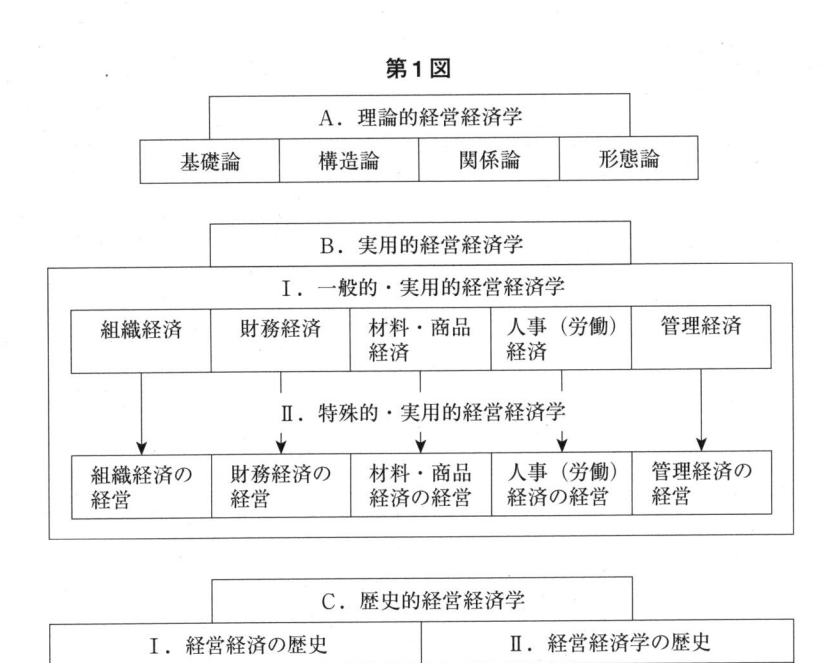

第1図

A．理論的経営経済学				
基礎論	構造論	関係論	形態論	

B．実用的経営経済学				
Ⅰ．一般的・実用的経営経済学				
組織経済	財務経済	材料・商品経済	人事（労働）経済	管理経済
Ⅱ．特殊的・実用的経営経済学				
組織経済の経営	財務経済の経営	材料・商品経済の経営	人事（労働）経済の経営	管理経済の経営

C．歴史的経営経済学						
Ⅰ．経営経済の歴史				Ⅱ．経営経済学の歴史		
一般的展開	経営種類の展開	経営形態の展開	経営モノグラフ	一般的展開	主要領域の展開	中心問題の展開	個人の自叙伝

(出所　Fleege-Althoff, F.: Grundzüge der allgemeinen Betriebswirtschaftslehre, Leipzig 1930, S. 24.)

け取り、歴史的な資料、調査の結果、さらには各種の統計などを利用して理論を形成することを主張しているのである。「経営経済学は1つの現実科学（reale Wissenschaft）であって何よりもまず、多面的でしばしば変化する現実を認識する努力をしなければならない[8]」からである。すなわち、シュナイダー（Schneider, D.）のいう「経験的・歴史的な個別研究（empirisch-historische Einzeluntersuchung）[9]」が重視されているのである。さらに、そのようにして帰納的に構築された純粋理論から応用理論が導出されることとなる。したがって、それは単なる観念論的な「当為（Sollen）」の研究ではなくて、まさしく「存在当為」の研究なのである。フレーゲ＝アルトホフによって目指されていたのは、経験的事実に基づく純粋理論に裏付けられた応用理論の展開であったといえる。

　フレーゲ＝アルトホフは、上述のような考察の枠組みに基づいて危機マネジメントに関する理論を形成せんとした。その際、彼はリゾフスキー（Lisowsky, A.）の所説[10]に触発されて、「古くからある学問の経験および成果をまだ若い学問に有効に役立てることができる場合、それを十分に利用することが妨げられてはならない[11]」と述べて、すでに市民権を得ている学問のコンセプトや概念を援用することの有用性を主張している。彼の研究対象は危機的状況に陥っている企業であるが、彼はこれを「苦境にある企業（notleidende Unternehmung）」として把握し、これを「病気の企業（kranke Unternehmung）」と称している。このことから明らかなように、彼は医学の概念を用いて類推を行わんとしたのである[12]。このような発想はフィントアイゼン（Findeisen, F.）、ル・クートル（le Coutre, W.）およびハンネマン（Hannemann, S.）などの所説にみられる[13]。たとえば、ハンネマンは、「人体と同じように、商事的経営という有機体も悪性の病気に罹るものである。そのような病気を医者が治療するための基本的な条件は、経済的な病気ならびにその原因と帰結を明確にすることである[14]」と述べている。そして、彼は、経営の病気を①一時的なもので必ずしも死に至らないもの、②必ずしも死に至らないものであるが、回復が容易ならざるもの、③回復が容易ならざるものであって必ず死に至るものに分類し、それぞれにつ

いて貸借対照表上のメルクマール、現象形態を示している。さらに、①と②については回復の方法、③については、病気の進行の予測が提示されている。また、フィントアイゼンは、多様な疾病現象について説明し、発病、影響および治療可能性による分類を試みている。さらに、ル・クートルは、経営がその課題を正常な形で果たすことができない場合に発病するものと考え、急性の病気と慢性の病気、先天的な病気と後天的な病気、構造的疾患と機能的疾患などの区別を行っている。しかしながら、彼らの叙述は企業の状態を病気に喩えたものであるが、それ以上のものであるとはいえない。それに対して、フレーゲ＝アルトホフは、上述のような思考に基づいて、体系化を目指しているのである。彼は、企業あるいは経営の病気に関する学を企業の疾病学（Krankheitslehre der Unternehmung）あるいは経営疾病学（Betriebskrankheitslehre）と称している。それは、経営病理学（Betriebspathologie）、経営治療学（Betriebstherapie）および経営予防学（Betirebsphyaxis）から成り立っている[15]。経営病理学は、企業の病気の「存在」の問題を解明することを課題とするものであって、それは、病気を特色づける症状や病気の状態を明らかにする疾病現象の学（Lehre von der Krankheitserscheinungen）、病気の原因を解明する疾病原因の学（Lehre von der Krankheitsursachen）、病気の症状、状態および原因の解明を容易にする手段と方法を明らかにする診断と予測の学（Lehre von der Diagnose und Prognose）に細分され得るのである。このような経営病理学を基礎として経営治療学と経営予防学が展開されることとなる。前者は、病気の状態に適合する治療法を選択・適用し、実際の治療を遂行することを課題とする。また、後者は、病気の予防法を取り扱うもので、食餌療法や入門教育（Propädeutik）などがその内容となる。このような経営治療学と経営予防学は、「どういうものであるか」という「存在」の問題を取り扱う経営病理学の研究に基づくものであって、「存在」に基礎づけられた「どうするべきか」という「存在当為」の問題を明確にするのである。したがって、フレーゲ＝アルトホフは、企業あるいは経営の病気に関する純粋理論を展開するだけではなく、応用理論の提示をも視野に入れているのである。そして、彼は、純粋理論を形成するに際して、国

民経済学、経営経済学および法学などの文献はもちろんのこと、公表されている資料および公表されていない資料などを駆使することによって情報を獲得し、帰納的に一般理論を構築することを目指したのである。

このようなフレーゲ＝アルトホフの構想は、第1次大戦後に一世を風靡したドイツの歴史学派（historische Schule）とりわけ新歴史学派の国民経済学ないし歴史主義（Historismus）から大きな影響を受けたものとみなすことができる。歴史主義は、自然主義（Naturalismus）に対するアンチテーゼとして、19世紀の後半にヨーロッパの後進国で成立した思考様式であって、第1次大戦後の多くの経営経済学者に少なからず影響を与えたのである。たとえば、「きわめて大胆ないい方をすれば、少なくともナチスが政権を担当するまでのドイツ経営経済学は、そのほとんどが、多かれ少なかれ、歴史主義的思考の洗礼を受けていたということができる[16]」といわれるとおりである。その具体的な現れは、歴史的方法（historische Methode）、有機体思考、体制思考などであった。歴史的方法とは、さまざまな現象の歴史性や個別性を重視して、また、統計的研究や経験的研究を援用しながら、理論を形成せんとするものである。したがって、それはすぐれて帰納的な方法であって、「観察に基づく理論的叙述の導出[17]」を目指していた。さらに、有機体思考は現実を有機体（Organismus）として把握することを特色とする。その場合、企業あるいは経営は全体経済の1つの器官とみなされるが、同時に企業あるいは経営それ自体も有機体とみなされるのである。したがって、企業者も従業員も器官として捉えられることになる。この有機体思考に基づくドイツの経営共同体論は当時の労資協調政策に対する理論的基礎を提供したといえる。そして、体制思考とは、第1次大戦後の資本主義体制の危機を企業経営の問題したがって経営経済学の問題として受け止めようとするものである。それは、「第1次大戦後のワイマル体制における政治的・経済的不安定性を背景とした企業経営の危機意識を反映したもの[18]」と考えることができるが、多くの経営経済学者が体制危機をさまざまな問題として展開していることは周知のことである。

Ⅲ. 基本的な問題意識と考察様式

1. 基本的な問題意識

　フレーゲ＝アルトホフの記述によると、彼の研究は1925〜29年のドイツの企業を対象としている。草稿は1928年の夏に完成していたが、それに対して推敲と補足が行われ、1930年に出版されたのである。

　周知のように、第1次大戦後のインフレ政策の帰結としての未曾有のインフレがレンテンマルク（Rentenmark）の発行によって終息させられた。このいわゆる「レンテンマルクの奇跡」から1929年の大恐慌までの時期が相対的安定期（Periode der relativen Stabilisierung）であるが、「相対的安定期のドイツ経済の根本問題は、大戦およびインフレ期に累積されかつ隠蔽されてきた過剰資本をいかに処理すべきか[19]」ということであった。そのために展開されたのが労資協調に基づく1つの社会運動としての合理化運動なのである[20]。

　通貨安定後のドイツは、1924年の安定恐慌（Stabilisierungskrise）を経て、1925〜26年の流動性悪化恐慌（Illiquiditätskrise）を迎えることとなった。これは通貨安定後の第3の調整段階であったが、この恐慌期において倒産が著しく増加し、1925年12月から1926年3月までの間に2000件を超える倒産が記録された[21]。このような時期に合理化運動が開始されたのである。この合理化運動は3つの時期に分けることができる[22]。①第1局面（1925〜26年）、②第2局面（1926〜27年）および③第3局面（1928年以降）というのがそれらである。第1局面は、国民経済・産業レベルでの合理化であり、それは企業集中をテコとする過剰能力の整理を目指すもので、消極的合理化（negative Rationalisierung）といわれている。また、その過程は清掃過程（Reinigungsprozeß）[23]といわれ、それによって、生産の集中・専門化の実現が企図されていた。この消極的合理化は第2局面および第3局面において遂行されんとした企業レベルでの合理化の前提条件を形成したのである。さらに、第2局面において展開されたのは技術的合理化であり、それは生産技術の発展に基づくものであった。しかし、そ

れは多くの資本を必要とし、資本不足と生産と消費の不均衡に悩む当時のドイツ企業は一定の限界に直面することを余儀なくされた。そして、第3局面で遂行されたのは労働組織的合理化であった。すなわち、資本支出負担の小さい合理化が企図されたのである。その一環として、テイラー・システムやフォード・システムの導入が図られたが、ドイツの特殊条件がその普及の障害となった。

相対的安定期において遂行された合理化の帰結は過剰能力のさらなる蓄積であった[24]。過剰能力が過剰能力を生んだといわれる[25]。しかも、そのことは合理化が強力に行われた部門においてより顕著であった[26]。それは、過剰能力を温存しながら合理化投資を行った企業によってもたらされたのである。過剰能力の整理はまったく不徹底に終わったのであり[27]、ドイツの合理化は過小合理化（under-rationalization）であったといわれる[28]。まさしく、合理化によって非合理的な帰結がもたらされたのである[29]。その矛盾は1929年に始まる経済恐慌期において顕在化することとなった。

フレーゲ＝アルトホフは合理化の過程を通じて過剰能力に悩まされていた企業を目の当たりにし、そのような企業に相対的安定期における体制の危機を見出したのである。そして、苦境に陥っている企業が病気の企業として把握され、この病気の企業と健康な企業を峻別することが試みられねばならなかったのである。さらに、フレーゲ＝アルトホフは、病気の企業のうち、回復可能な企業を再び健康にし、回復不可能な企業を安楽死させ、健康な企業の罹病を防止することによって、ドイツの資本主義体制を維持・発展させるということに大きな関心を抱いていたのである[30]。そのためには、「健康な状態における研究対象（＝企業—引用者）のみならず、病気の状態における研究対象（＝企業—引用者）にも関心を向けることが必要となる[31]」のである。この点において、それまでの経営経済学は不十分であった。そして、「経営経済学は、とりわけ、病気になったが再び健康になった企業、回復しなかった企業に大きな関心を向けるべきで、その実態を知り、批判的な考察および評価のための資料を得ることに努めなければならない[32]」のである。

さらに、すでに述べたように、フレーゲ＝アルトホフは応用理論の形成を重視している。彼は、「近年において多くの企業が倒産したのは、企業における危機の早期認識のための理論的・学問的基礎が欠如していたからである[33]」と考えている。企業の病気に関する理論が提供されることによって、企業者は、疾病問題（Krankheitsproblem）に注意を払い、疾病の原因を追及し、それを適時に認識し、計画的に除去することができるのである。

2. 基本的考察様式

フレーゲ＝アルトホフは、企業の疾病問題を論究するに際して、基本的な立場、採用されるべき観点および企業の解釈について明確にしている[34]。

① 基本的な立場

まず、基本的な立場に関しては、物質主義的立場（materialistische Einstellung）と観念論的立場（idealistische Einstellung）が区別される。前者の場合、すべてのものが財産価値（Vermögenswert）に還元され、企業は企業者の個人的な欲求充足の手段とみなされる。したがって、機械的な生産手段と生産を行う人間は区別されない。何よりも重視されねばならないのは物質（Materie）の維持であって、賃金以外の社会目的に関する支出は厄介な原価（lästige Kosten）と考えられる。それに対して、観念論的立場に立つと、人間は単なる生産手段ではなくて、物質を支配下におくことになる。そして、企業におけるすべての人は１つの共同体たる経営共同体（Betriebsgemeinschaft）を形成し、すべての参画者は企業の収益に対する請求権をもつ。さらに、個別的立場（individualistische Einstellung）と集団的立場（kollektivistische Einstellung）が区別される。前者の場合、国民経済は企業の側から考察される。企業はその行動において自由であり、レッセ・フェール（laisser-faire）の原則が貫徹する。したがって、個々の企業の利益追求が全体経済の利益に貢献するものとみなされる。それに対して、集団主義的立場に立つと、企業は国民経済の側から考察される。その場合、企業は全体経済の下僕であって、全体経済に下属させられなければならないのである。

フレーゲ＝アルトホフは、個別的・観念論的な立場から企業の疾病問題を取り扱うことを主張している。

② 採用されるべき観点

経済実践的観点（wirtschaftspraktischer Standpunkt）と経済理論的観点（wirtschaftstheoretischer Standpunkt）が考えられる。前者の場合、すべての経営経済的事象が企業の観点から考察される。すなわち、企業の維持・成長が決定的な尺度となるのであって、企業に対する効用（Nutzen）によってすべてが判断されるのである。しかし、この観点は、純粋の企業者の観点（reiner Unternehmerstandpunkt）に移行しやすく、特定の人の利益を擁護することになる。それはきわめて一面的であり、金儲け学（Profitlehre）の考察様式である。しかしながら、研究者は、企業内部のより高い見地から、全体としての企業、すべての個々の部分、企業の生活（Leben）のことを考えなければならないのである。そのような観点が経済理論的観点と称される。

③ 企業の解釈

機械的解釈（mechanische Auffassung）と有機体的解釈（organische Auffassung）が区別される。前者によると、企業は精巧につくられた1つの機械装置（Mechanismus）である。個々の部分は、企業目的が障害なく達成され得るように、相互に調和させられる。人間は企業機械装置（Unternehmungsmechanismus）に依存し、この機械装置の一部とみなされるのである。それに対して、有機体的解釈の場合、企業は自然の生物に類似した1つの構成体として把握される。そして、企業に関しては、自然という有機体の前提がほとんどみられるので、経済有機体（Wirtschaftsorganismus）と称され得るのである。したがって、企業の病気とは、「有機体的な経営の障害[35]」なのである。

以上のことから明らかなように、フレーゲ＝アルトホフは、個別的・観念論的立場に立ち、経済理論的観点から、有機体的な解釈に従って企業の疾病問題を論究せんとしているのである。

Ⅳ. 基 本 的 概 念

　フレーゲ＝アルトホフは、病気の企業の概念を明確にするための手懸りを得るために、まず、「苦境（Not）」および「差し迫った状態（Notlage）」について考察している[36]。彼によると、苦境とは、基準となるべきものとの懸隔が存在すること、すなわち基準に合致しないことを意味する。ただし、一時的に生起し、容易に克服されるようなものは除かれる。そして、「苦境」が生起した結果、取り返しのつかないようなダメージを招来するような状態が「差し迫った状態」と称され、それの克服には支援（Unterstützung）を要するのである[37]。かかる状態が疾病として把握されるのである。すでに述べたように、ル・クートルは病気の企業の概念を明らかにしている[38]。彼は、企業における資本と財産に決定的な地位を与え、すべてを貸借対照表で説明しようとした。そして、急性の病気と慢性の病気、先天的な病気と後天的な病気、構造的な疾患と機能的な疾患に説明を与えた。これらの説明は、概略的であり、また、一面的であったが、疾病問題を考えるに際して、大きなヒントを与えるものである。

　フレーゲ＝アルトホフは、ル・クートルとは異なり、企業を経済有機体として把握する[39]。それは、生存・成長するために、生息空間たる国民経済と関係をもたねばならず、そのために財の流れと貨幣の流れという2つの基本的な価値の流れ（Grundwertstrom）が生じる。そして、「この価値の流れの強さと継続性は、経済体（Wirtschaftskörper）たる企業の構造（Bau）と企業が獲得する注文に依存する[40]」のであり、調和的な価値の流れが実現している状態が、「経済的調和（Wirtschaftsharmonie）」と称されるのである。この経済的調和が健康な企業のメルクマールとなる。かかる経済的調和は調和的な構造と調和的な生活形成（harmonische Lebensgestaltung）によって実現される。企業の構造は財産、資本および人間の関係によって規定され、それらと組織の調和が重要であり、最適な構造によって調和的な生産準備すなわち最適な生産能力が形成されることになる。また、生活形成とは、生産能力利用の側面を意味する。そ

れに関しては、注文の規模と頻度が不確定であるゆえに、給付弾力性（Leistungselastizität）が大きな意味をもつ。しかして、調和的な生活形成は、生産能力に見合った注文の獲得＝生産能力の利用の実現を意味するのである。したがって、経済的な調和とは、最適な生産能力が形成され、最適な生産能力利用が実現している状態と解釈することができるのである。

かくして、「調和的な構造からの乖離および生活形成の障害を病気になった企業の本質的メルクマールとみなさなければならない[41]」のである。フレーゲ＝アルトホフは当該問題を価値的に捉えようとしている[42]。彼は、「経済的調和を規定するすべての個別的要因が原価と関連するから[43]」、企業の疾病問題および経済的調和の問題を原価の問題として把握することを試みている。そのために、彼は総原価（Selbstkosten）と総原価の補償（Ersatz）すなわち販売価格（Verkaufspreis）の関係に問題を求めている。なお、フレーゲ＝アルトホフの叙述には明らかな誤りや曖昧な箇所がみられるので、それを修正して示すことにする。

いま、販売価格（V）と総原価（K）を用いて企業の成果度（Erfolgsgrad : g）を表すと、次のようになる。

$$g = \frac{\Sigma V}{\Sigma K}$$

$g>1$ の場合は利益が獲得されており、$g<1$ の場合は損失が発生している。また、$g=1$ は総原価が売上高によってちょうど補償されていることを表し、原価補償限界（Kostendeckungsgrenze）あるいは成果起点（Erfolgsschwelle）といわれる。そして、最適な成果度は次のようになる。

$$g_{optimal} = \frac{\Sigma V_{max}}{\Sigma K_{min}}$$

V_{max} は市場の受容可能性と競争によって規定され、K_{min} は販売がゼロの場合にも発生する固定費によって規定される。しかして、$g_{optimal}$ は成果度の上限であり、$g=1$ は収益的な成果度の下限を意味する。それゆえ、経済的調和は、$1 \leqq g \leqq g_{optimal}$ という幅をもつ。しかしながら、$g=1$ は停滞を意味し、経済有

機体の成長を保証するものではない。それで、成長保証額（Wachstumssicherung）[44]を考慮し、それを自己資本（E）に対する百分率（p）で表すと、gの分母は次のように修正されねばならない。

$$\Sigma K + \frac{E \cdot p}{100}$$

これをKに対する付加率（z）として考えると、

$$\Sigma K : \frac{E \cdot p}{100} = 100 : z$$

であるから、

$$z = \frac{\frac{E \cdot p}{100} \cdot 100}{\Sigma K}$$

となり、gの分母は

$$\Sigma K + \frac{\Sigma K \cdot z}{100} = \Sigma K (1 + \frac{z}{100})$$

となる。したがって、gは次のようになる。

$$g = \frac{\Sigma V}{\Sigma K (1 + \frac{z}{100})}$$

g＝1の場合は、

$$\Sigma V = \Sigma K (1 + \frac{z}{100})$$

となり、これがΣVの下限である。また、ΣVの上限はΣV_{max}であるから、

$$\Sigma K (1 + \frac{z}{100}) \leqq \Sigma V \leqq \Sigma V_{max}$$

が、経済的調和の条件となる。フレーゲ＝アルトホフはそれを第2図のように示している。

図において、波線は販売価格、実線は総原価、一点鎖線は経済的調和の範囲

第 2 図

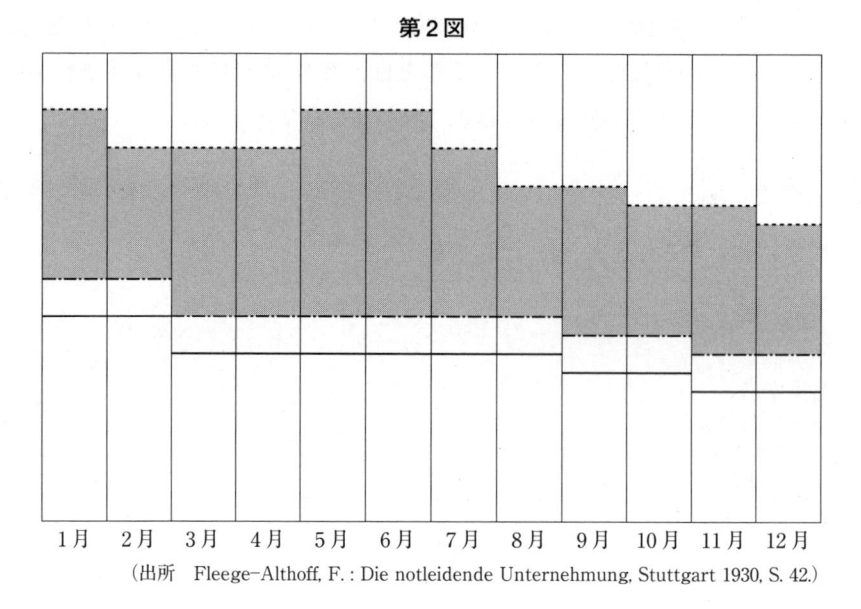

(出所 Fleege-Althoff, F. : Die notleidende Unternehmung, Stuttgart 1930, S. 42.)

の下限を表す。したがって、塗りつぶされた部分が経済的調和の範囲を表す。

　フレーゲ＝アルトホフは経済的調和を原価の問題として説明しようとしたのであるが、上の説明からも明らかなように、原価の問題領域たる生産性や経済性の領域から逸脱し、販売価格や売上高などの市場経済的要因を考慮している。すなわち、経済的調和を収益性の問題として論じているのである。この点に関して、彼の思考の曖昧さが看取され得るのであるが、かえって、そのことが彼の問題意識を際だたせているということができる。

V. 結

　フレーゲ＝アルトホフの所説の基本的部分について考察してきた。彼の研究においては、危機的状況に陥っている企業すなわち苦境にある企業が病気の企業として捉えられ、病気の企業の概念、疾病現象、疾病原因などが明らかにされている[45]。それは、きわめて体系的な考察に基づいており、また、今日の危

機マネジメント論において展開されている構想や用いられている概念の原型的なものがすでにみられる。その意味において、彼の研究は体系的な危機マネジメント論のさきがけとみなすことができるのである。

すでに述べたように、フレーゲ＝アルトホフの研究は、歴史学派の国民経済学から大きな影響を受けている。そのことは、彼の経営経済学および経営疾病学の体系をみれば一目瞭然である。彼は、歴史的方法に基づいて、また各種の企業情報などを駆使して「存在」の理論を帰納的に構築し、その理論に基づいて「存在当為」の理論を形成せんとしたのである。すなわち、最終的には企業者による実践の導きの糸となるような応用理論の展開が企図されていたのである[46]。それは、有用な実用的経営疾病学の欠如が1920年代における企業倒産の原因の1つであったという彼の認識に基づくものであった。

相対的安定期における焦眉の問題は、第1次大戦後の疲弊した企業の再建であった。そのために労資協調に基づく合理化運動が遂行されたのである。フレーゲ＝アルトホフの研究はかかる状況を如実に反映しているといえる。すなわち、彼は、企業の疾病現象を体制危機の発現形態として受け取り、それを有機体的思考に基づいて論究しようとしたのである。そこに、われわれは「価値の流れの問題」と「人と人の関係の問題」という経営経済学の2つの基本問題の具体的な現れを見ることができるのである。

1) Vgl. z. B. Leist, E. : Die Sanierung von Aktiengesellschaften, Berlin 1905 ; Hilmer, E. : Wirtschaftliche Zusammenbrüche und Ihre Abwehr, Leipzig 1914.
2) Leitner, F. : Die Unternehmungsrisiken, Berlin 1915, Vorwort.
3) フレーゲ＝アルトホフは、1886年にシュラーゲンにて生まれた。ライプチッヒの商科大学および大学、ケルン商科大学、ハイデルベルクおよびミュンスターの大学で学び、マンハイム商科大学の助手、ハイデルベルク大学の私講師および員外教授などを歴任した後、1937年にケーニヒスベルク商科大学の教授となり、1945年まで勤めた。1945年にケーニヒスベルクにて没した。
4) Fleege-Althoff, F. : Die notleidende Unternehmung, Stuttgart 1930.
5) もちろん、彼がKrisenmanagementという概念を使っているわけではない。
6) Fleege-Althoff, F. : Grundzüge der allgemeinen Betriebswirtschaftslehre, Leipzig 1934, S. 22 ff.
7) フレーゲ＝アルトホフの所説においては、経営と企業（Unternehmung）という概念は

同義に用いられている。
8) Fleege-Althoff, F. : Die notleidende Unternehmung, S. 2.
9) Schneider, D. : Betribswirtschaftslehre, Band 4, München Wien 2001, S. 297.
10) Lisowsky, A. : Die Betriebswirtschaftslehre im System der Wissenschaften, ZfB, 6. Jg. (1929), S. 561 ff. und S. 667 ff. ちなみに、リゾフスキーは、経営、企業および企業形態が人間という有機体の内臓、皮膚および衣服に相当すると述べて、経営の病気の体系化が必要であると考えている。Vgl. Lisowsky, A. : a. a. O., S. 566.
11) Fleege-Althoff, F. : a. a. O., S. 43.
12) 医学は神学および法学とともに伝統的な学問分野であり、古くから大学の専門的学部の形成の基礎であった。それで、若い学問たる経営経済学において医学の構想や概念が援用されんとしたのである。
13) Findeisen, F. : Die Unternehmungsform als Rentablitätsfaktor, Berlin 1924, S. 114 ff. ; derselbe : Der Zweckreklame, ZfB, 4. Jg. (1927), S. 433 f. ; le Coutre, W. : Praxis der Bilanzkritik, Band Ⅱ, Berlin und Wien 1926, S. 304 ff. ; derselbe : Krisenlehren für Unternehmungsführung, Das Geschäft, 3. Jg. (1926), S. 63 ff. und S. 85 ff. ; Hannemann, S. : Krankheitsfälle des kaumänischen Betriebes im Spiegel der Zwischenbilanz, ZfB, 4. Jg. (1927), S. 143 ff.
14) Hannemann, S. : a. a. O., S. 143.
15) 別の箇所で、彼は経営疾病学と経営病理学が同じものであるかのような発言を行っているが (Fleege-Althoff, F. : a. a. O., S. 44)、彼の文脈に従うとこのように理解することが適当であると思われる。
16) 吉田和夫『ドイツ合理化運動論』ミネルヴァ書房、1976年、225ページ。また、歴史学派の国民経済学と経営経済学に関しては、馬場敬治『経営学方法論』日本評論社、1931年、24ページ以下を参照。
17) o. V. : Historische Schule, in : Gabler Wirtschaft-Lexikon, 14. Aufl., Wieabaden 1997, S. 1787.
18) 吉田和夫、前掲書、225ページ。
19) 加藤栄一『ワイマル体制の経済構造』東京大学出版会、1973年、185ページ。
20) 加藤栄一、前掲書、183ページおよび186ページ、工藤 章『20世紀ドイツ資本主義』東京大学出版会、1999年、99ページ。
21) Schmidt, C. T. : German Business Cycles 1924-1933, New York 1934, p. 38. 工藤 章、前掲書、98ページ。また、この時期の不況の特徴は、著しい倒産件数の増加とシュティンネス・コンツェルンの倒産にみられるような倒産の大型化であるといわれている。この点に関しては、加藤國彦『1931年ドイツ金融恐慌』御茶の水書房、1996年、34ページを参照。
22) 前川恭一・山崎敏夫『ドイツ合理化運動の研究』森山書店、1995年、31ページ以下、山崎敏夫『ヴァイマル期ドイツ合理化運動の展開』森山書店、2001年、31ページ以下、山崎敏夫『ナチス期ドイツ合理化運動の展開』森山書店、2001年、19ページ以下を参照。
23) Rocker, R. : Die Rationalisierung der Wirtshaft und die Arbeiterklasse, Berlin 1927, S.

15.
24）吉田和夫、前掲書、46ページ以下および136ページ以下、山崎敏夫、前掲書、35ページ以下、山崎敏夫『ヴァイマル期ドイツ合理化運動の展開』、40ページ以下。
25）シュマーレンバッハ（Schmalenbach, E.）は、合理化の帰結に眼を向け、過剰能力が過剰能力を生むことを指摘し、この過剰能力がもたらす固定費問題（Fixkostenproblem）に体制の危機を感じたのであった。Vgl. Schmalenbach, E. : Die Betriebswirtschaftslehre an der Schwelle der neuen Wirtschaftsverfassung, ZfhF, 22. Jg. (1928), S. 241 ff.
26）ファインガル著、小松一雄訳『獨逸工業論』叢文閣、1936年、167ページ。
27）加藤栄一、前掲書、206ページ、加藤國彦、前掲書、51ページ。
28）工藤　章、前掲書、197ページ。
29）Peukert, D. J. K. : Die Weimarer Republik, Frankfurt am Main 1987, S, 116. 小野清美／田村栄子／原田一美訳『ワイマル共和国』名古屋大学出版会、1993年、98ページ。
30）それは、まさしく「国民経済の一環としての企業の管理」（吉田和夫『ドイツ経営経済学』森山書店、1982年、序）ということに他ならない。
31）Fleege-Althoff, F. : a. a. O., S. 2.
32）Fleege-Althoff, F. : a. a. O., S. 3.
33）Fleege-Althoff, F. : a. a. O., S. 6.
34）Fleege-Althoff, F. : a. a. O., S. 8 ff.
35）Fleege-Althoff, F. : a. a. O., S. 12.
36）Fleege-Althoff, F. : a. a. O., S. 27 ff.
37）この点に関して、フレーゲ＝アルトホフは、国民経済学者であるオイゲン・フォン・フィリポヴィッチ（Eugen von Philippovich）の研究からヒントを得ている。
38）le Coutre, W. : Praxis der Bilanzkritik, Band Ⅱ, S. 304 ff.
39）Fleege-Althoff, F. : a. a. O., S. 33 f.
40）Fleege-Althoff, F. : a. a. O., S. 34.
41）Fleege-Althoff, F. : a. a. O., S. 38.
42）Fleege-Althoff, F. : a. a. O., S. 39 ff.
43）Fleege-Althoff, F. : a. a. O., S.
44）Vgl. hierzu Sommerfeld, H. : Bilanz (eudynamisch), in : Nicklisch, H. (Hrsg.) : Handwörterbuch der Betriebswirtschaft, erster Band, Stuttgart 1926, Sp. 1340 ff.
45）ただし、本稿においては、基本的構想や基本的概念のみが取り上げられた。疾病現象や疾病原因などについては、別稿を予定している。
46）経営予防学については、1931年あるいは1932年に出版されることが予告されていたが、実現をみなかった。

第4章　本格的な生産能力理論の誕生

I．序

「生産能力は経営経済学的な思考の中心にある[1]」といわれる。これは、今日の生産能力理論の基礎を形成し、いまでもなお生産能力思考のパラダイムと目される理論を明らかにしたケルン（Kern, W.）の65歳を祝賀する記念論文集の編者の言である。それは、生産能力をめぐる問題が企業にとって決定的に重要であり、経営経済学がこの問題に取り組まなければならないということを明示している。ちなみに、この書物の副題は「経営経済学の根本問題」である。

なにゆえに生産能力に関する思考がかくも重要視されるのか。それは、今日の企業が「固定費問題（Fixkostenproblem）」の脅威に晒されているからに他ならない。固定費問題はいわゆる企業危機（Unternehmungskrise）を惹き起こし、これにうまく対処できなければ、企業は破滅するかも知れないのである。企業はかかる事態に対応するために、経営休止、人員削減、リストラクチャリングなどさまざまな方策の実行を企図するのである。

固定費問題は単なる原価（固定費）の補償の問題ではない。固定費問題に直面する企業にとって重要なことは、適切な生産能力の形成とそれの可及的大なる利用である。このように、固定費問題は生産能力問題（Kapazitätsproblem）として理解されねばならず、固定費問題との関連において生産能力に関する問

題を考察せざるを得ないのである。しかして、固定費問題・生産能力問題に関しては、さまざまな問題意識に基づいて研究が行われている。最近の業績としては、たとえば、固定費集約性 (Fixkostenintensität) の高まりと価格政策の関係を取り上げたポスマイアー (Possmeier, F.) の研究、固定費問題に対処するための戦略的固定費管理について考察したニンク (Nink, J.) の所説、生産能力の有効利用を給付プログラム計画によって実現することを主張するホウトマン (Houtmann, J.) の理論、自動車工業の生産能力問題を論じたクルカル (Krcal, H.-C.) の研究などがそれらである[2]。

シュナイダー (Schneider, D.) の指摘によると、生産能力に関する研究は、すでに17世紀のイタリアにおいて見られた[3]。セラ (Serra, A.) の研究[4]がそれである。また、ドイツの文献では、マイ (May, J. C.) やロイクス (Leuchs, J. W.) の研究が知られている[5]。このようなことを顧慮すると、生産能力理論は経営経済学よりも長い歴史を有しているかのように思える。しかしながら、生産能力の形成と利用に関する包括的研究を明らかにして、多くの研究の範例となるような所説を展開したのはケルンである。ケルンによって体系的な生産能力理論が初めて形成されたといっても過言ではない。それは1962年のことである。

ケルンの研究以前に本格的な生産能力研究の萌芽的なものはなかったか。もしあるとすれば、それは何に求められるか。本章においてはかかる問題について考察することにしたい。

II. 生産能力の概念

1. 固定費問題と生産能力理論

固定費問題は過剰能力に由来して生じる無効費用 (Leerkosten) が企業に大きな負担を課するという問題である[6]。大きな負担とは収益性(利益)と流動性の圧迫である。これらの圧迫は、全体原価に占める固定費の比率が高いほど、生産能力利用度 (Kapazitätsausnutzungsgrad) の低下が著しいほど大きく

なる。企業の最高の目標は利益の最大化すなわち可及的大なる収益性の達成であり、また、それの実現のための必要条件が十分な流動性による企業の存立確保である。したがって、無効費用によって収益性と流動性が圧迫されるということは看過できない事態であり、企業としてはこの問題を正しく認識し、それに適切に対応しなければならないのである。

固定費問題は、生産能力利用が生産能力を著しく下回るという状況に基づいて生起する[7]。すなわち、生産能力＞生産能力利用という関係が固定費問題発生の源泉である。それゆえ、企業は無効費用によって課せられる負担を回避・除去するために、生産能力と生産能力利用を均衡させるための方策を実施しなければならない。そのような方策は固定費管理（Fixkostenmanagement）[8]の範疇に属するのである。

生産能力と生産能力利用を均衡させるためには、生産能力利用を大きくする方策と生産能力を小さくする方策が考えられる。前者が固定費の利用管理、後者が固定費の発生管理である。

固定費の利用管理は、生産能力利用の増大を図ることによって均衡を達成せんとするもので、固定費の相対的な低減を志向する。この場合、基本的には強度による適応（intensitätsmäßige Anpassung）と時間的適応（zeitliche Anpassung）が行われる。それに対して、固定費の発生管理は、生産能力の縮小による均衡の達成を企図するもので、固定費の絶対的な低減を目指すのである。これに関しては、量的適応（quantitative Anpassung）が実行されることになる。固定費の利用管理に関わる固定費理論が生産能力理論であり、固定費の発生管理を対象としているのが固定費除去理論である。

2. 生産能力の概念（1）

ケルンの研究[9]は、一方ではメレロヴィッツやリーベル（Riebel, P.）の所説を受け継ぎながら、他方ではそれらに新たな内容を付加することによって問題をさらに掘り下げて考察し、独自の理論的展開を試みたものである。これに関して、シェーンフェルト（Schoenfeld, H. M. W.）はケルンが生産能力の問題に

関して深い考察を行い、操業度中心の思考では問題が決して解決されないと主張したことを高く評価している[10]。

ケルンは多くの文献を渉猟し、種々の生産能力概念を検討した結果、「生産能力とは、ある期間における―任意の種類、規模そして構造の―経済的あるいは技術的単位の給付能力（Leistungsvermögen）である[11]」と定義している。さらに、生産能力概念が本来的には技術の領域の概念であることから、これをコンデンサーの例に基づいて考察し、次のよう関係を得た。

$$\text{Kapazitanz} = \frac{\text{Kapazität/Zeit}}{\text{Potenzial/Zeit}}$$

このような技術的な概念内容が経営経済学的に翻訳されねばならない。すなわち、それぞれ、Kapazität/Zeit は時間単位あたりの生産能力、Potenzial/Zeit 時間単位あたりの可能な給付速度、Kapazitanz は生産能力断面（Kapazitätsquerschnitt）を意味する。したがって、1時間単位あたりの生産能力は次のように表され得るのである。

生産能力＝生産能力断面×可能な給付速度

生産能力断面とは操業可能性（Beschäftigungsmöglichkeit）のことで、それは、1時間単位（たとえば、時間、日、月、年）において1給付速度（たとえば、時間単位あたりの個数、メートル、キログラム）の場合に獲得され得る生産量を表す。したがって、それは、給付速度が1単位変化すれば、生産量が何単位変化するかということを明らかにする。この場合、操業可能性としての生産能力断面は、単なる生産手段や職場の数を表すのではなくて、それらを操業時間で表現するものである。

生産能力利用は、実際の操業と実際の給付速度の積であり、

生産能力利用＝実際の操業×実際の給付速度

となる。また、

$$\text{生産能力利用度} = \frac{\text{生産能力利用}}{\text{生産能力}}$$ であるから、

$$\text{生産能力利用度} = \frac{\text{実際の操業} \times \text{実際の給付速度}}{\text{操業可能性} \times \text{可能な給付速度}}$$

$$= \frac{\text{実際の操業}}{\text{操業可能性}} \times \frac{\text{実際の給付速度}}{\text{可能な給付速度}}$$

$$= \text{操業度} \times \text{給付度}$$

となる。

　以上のことから明らかなように、ケルンは、生産能力、生産能力利用、生産能力利用度を時間的に作用する「操業要因」と強度的に作用する「給付要因」によって説明しようとしたのである。このような考察様式は彼の研究全体にわたって貫かれている。たとえば、生産能力の非利用は種々の要因に還元されるが、それらも操業要因に基づく非利用（Beschäftigungsverlust）と給付要因に基づく非利用（Intensitätsverlust）に分けられる。そして、それぞれについて詳細なカタログが示されているのである。

　また、ケルンの研究は個別的考察をその特色としている。その意味でメロヴィッツ等の全体的考察と対照的なものになっている。すなわち、個々の生産単位のレベルで生産能力、生産能力利用および生産能力利用度を考察することが主張されているのである。また、生産能力の非利用についても同様である。このことは、グーテンベルク（Gutenberg, E.）の生産・原価理論を1つの契機として個別的考察方法が重視され始めたことと軌を一にしているといえよう。

　さらに、ケルンは管理の対象となる生産能力（＝利用可能な生産能力）と管理の対象とならない生産能力（＝利用不可能な生産能力）を峻別する。それに基づいて、前者すなわち利用可能な生産能力をできる限り利用するということが強調されているのである。

　以上のことから明らかなように、操業要因と給付要因による説明、個別的考察および利用可能な生産能力というコンセプトの提示ということがケルンの理論の特色である。その根底にあるのは、個々の生産単位に関して生産能力を厳密に把握し、利用可能な生産能力を確定し、きめ細かい管理を行うことによって準備された適切な生産能力をできるだけ利用するということへの徹底した志

向に他ならないのである。

3. 生産能力の概念 (2)

シュテフェン (Steffen, R.) は、生産能力および生産能力利用の算定を個々の潜在要素 (Potentialfaktor)[12] に関連させることが合目的的であると考えて、量的生産能力を「ある経営、経営部分あるいは生産要素によって一定期間において生産され得る（部分）生産物の数の最大値[13]」と定義している。質的生産能力とは「潜在要素によって実現され得る生産基本過程 (Produktionsvorgang) の種類[14]」と定義される。

生産基本過程とは、給付生産の基本的な部分過程であり、投入・産出関係が確認され得る最小の単位のことである。それは、ハイネン (Heinen, E.) によりC型生産関数の重要な基礎として構想されている基本結合 (Elementarkombination) とほぼ同じ概念である[15]。この生産基本過程という概念の導入は、ハイネンが行ったような生産過程細分化という意図に基づくものであり、より個別的で分析的な考察を可能にするものである[16]。そのことによって、生産能力のより詳細な管理が可能になり、現存の生産能力の利用が一層促進されることになるのである。上述のようにケルンは生産能力を操業要因と給付要因で説明したが、シュテフェンは、操業要因を投入される潜在要素の数と潜在要素投入時間（操業時間）に、給付要因を生産基本過程の反復回数と生産基本過程1回ごとの生産量にそれぞれ細分したのである。すなわち変数が4つになったのである。したがって、第1図のようになる。

第1図
生産能力＝生産能力断面×可能な給付速度

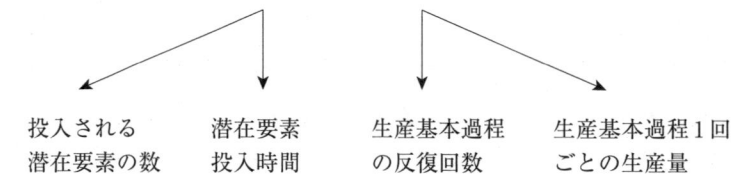

| 投入される潜在要素の数 | 潜在要素投入時間 | 生産基本過程の反復回数 | 生産基本過程1回ごとの生産量 |

第4章　本格的な生産能力理論の誕生　81

　このことによって、ケルンの場合よりもさらに詳細な考察ときめ細かい管理が可能になるのである。生産能力は第2図のように表されている。

第2図

潜在要素の量的生産能力	=	ある期間において潜在要素によって生産され得る特定種類の生産物（部分）の数の最大値		

	=	時間単位（たとえば時間、分）ごとに実現され得る特定種類の生産基本過程の数の最大値	・	生産基本過程の1回の遂行において生産され得る生産物（部分）の数の最大値	・	ある期間において有効な投入が行われ得る最大可能な時間単位
		I		II		III

＊ただし、この場合、1つの潜在要素が前提とされており、したがって、潜在要素の数は1である。
（出所　Steffen, R.: Produktions- und Kostentheorie, 4. Aufl., Stuttgart Berlin Köln 2002, S. 39.）

　また、コルステン（Corsten, H.）は基本的にはケルンの概念に依拠しながら、量的生産能力を量的給付能力として捉えている。そして、「企業の全体生産能力（Gesamtkapazität）は生産計画にとって適切な基礎を提供しない[17]」と述べて、時間的特殊化、空間的特殊化および機能的特殊化が行われなければならないことを強調している。彼の場合も個別的考察が行われているのである。そのことは、彼の量的生産能力の説明に如実に現れている[18]。コルステンは、同質的な経営手段が投入されている経営内的な部分領域たる生産単位の利用可能な量的生産能力（b_{effit}）を次のように説明している。コルステンの所説においても考察がより分析的になっていることが看取され得るのである。

$$b_{\text{effjt}} = b_{\text{querjt}} \cdot T_{jt} \cdot \lambda_{jt} \cdot \mu_{jt}$$

b_{querjt} ：期間 t における生産単位 j の生産能力断面[19]

T_{jt} ：期間 t における生産単位 j の投入時間

λ_{jt} ：期間 t における生産単位 j の強度

μ_{jt} ：期間 t における生産単位 j の利用度

さらに、シュテフェンやギュンター (Günther, H.-O.) も実際に利用可能な生産能力 (effektiv nutzbare Produktionskapazität) に言及している[20]。これは、ケルンの思考を受け継ぐものである。すなわち、生産能力利用を阻害する要因を事前的に把握し、利用可能な生産能力を確定し、それの可及的大なる利用が目指されるのである。これに関しても操業要因と給付要因が重要な意味をもっている。

Ⅲ．本格的な生産能力理論の生成

本章においては、生産能力利用という思考に明確に基礎づけられているものを本格的な生産能力理論とみなすことにする。したがって、①生産能力利用の程度を相対的な数値を用いて示していること、②その相対的な数値を複数の変数（少なくとも操業要因と給付要因）によって分析的に説明していること、③個別的考察[21]が行われていることがその特徴である。すでに述べたケルン、シュテフェン、コルステンの理論にはこれらの特徴が明確に看取され得るのである。また、ネープル (Nebl, Th.) の所説も同様の特質を示している[22]。かかる理論の先駆的業績について考えることにする。

生産能力利用を表現する指標として、操業度 (Beschäftigungsgrad) や生産能力利用度が知られている。操業度なる概念は1920年代の初頭から見られるが、「操業度の本質と概念を明らかにしようという努力はほとんど行われなかった[23]」のである。それで、操業度は、絶対的な経営給付を表す概念として用いられた。操業度が本来的に相対的な数値を意味することからすると、実に奇

妙なことであった。たとえば、シュマーレンバッハ (Schmalenbach, E.)、パイザー (Peiser, H.)、レーマン (Lehmann, M. R.)、ミュラー＝ベルンハルト (Müller-Bernhardt, H.) などの試みがそうである[24]。また、売上高、労働時間、製造賃金、注文量などによって操業度を表そうとした論者たちもいた[25]。

ケルンによると、操業度を相対的な数値として初めて明示したのはテル・ヴェーン (A. ter Vehn) の1925年の論文である[26]。しかし、その2年前に、すでにヴァルター (Walther, A.) が操業度を実際の操業と可能な操業の比として説明しているのである[27]。したがって、ヴァルターが操業度を相対的な数値として説明した最初の論者であるかもしれない。しかし、彼の見解が概念の混乱を収拾するきっかけとなったとはいえないというのが実情であった。このことは、その後の展開を一瞥すれば明白である。

「操業度の本質に関する研究において初めて重要な一歩を印した論者[28]」はファン・アウベル (Peter van Aubel) である。彼は、原価管理担当者 (Kostenmann) が本来の職能を果たそうとするならば、価格と数量に関する情報が与えられているだけでは十分ではなく、経営の作業状況に関わるような経営管理 (Betriebsführung) に関する情報が必要であると考えた。そのような情報は3つの指標に求められる[29]。

第1の指標は利用時間 (Nutzungszeit) である。それは実際に操業が行われた経営時間 (Betriebszeit) を標準時間 (Normalzeit) に関係づけたものである。標準時間は基本的には24時間×（総暦日数－日曜日・休日数）で表される。ただ、間断なく生産活動が行われるコークス製造工場、高炉、鉱山、ブリケット工場などの場合は日曜日・休日数は考慮に入れられない。実際の経営時間を Z_w、標準時間を Z_n とすると、

$$利用時間 = \frac{Z_w}{Z_n}$$

である。したがって、たとえば、経営時間が405時間、標準時間が648時間であるならば、利用時間は0.625あるいは62.5％である。利用時間が100％を下回るということは喪失時間 (Verlustzeit) が存在するということであり、この

ことが原価統制（Kostenkontrolle）にとって大きな意義がある。

しかし、この利用時間だけでは生産能力がどの程度利用されたかということは不明である。したがって、別の指標が必要である。それが給付度（Leistungsgrad）である。それは生産強度（Produktionsintensität）を表すもので、実際の平均的時間給付（L_w）と時間あたりの標準給付（L_n）の関係で示される。したがって、

$$給付度 = \frac{L_w}{L_n}$$

となる。たとえば、利用時間が62.5％の場合に、標準給付が50t／時間であり、実際給付が60t／時間であれば、給付度は1.2あるいは120％である。給付度の算定にとって、標準給付にとくに意味が与えられる。標準給付は生産物の種類ごとに算定され、それに基づいて原価最適（Kostenoptimum）が目指されるのである。

さらに、利用時間と給付度から「第3の重要な指標たる利用度（Nutzungsgrad）[30]」が算出される。それは次のように表される。

$$利用度 = 利用時間 \times 給付度 = \frac{Z_w}{Z_n} \cdot \frac{L_w}{L_n}$$

あるいは、

$$利用度 = \frac{実際の月間生産量}{標準の月間生産量}$$

これは生産能力利用度に他ならない。ファン・アウベルはこの利用度がきわめて有用な用具であると考えている。ただ、彼は利用度だけでは不十分で、利用時間と給付度に注目しなければならないことを強調している。けだし、利用時間と給付度が原因（独立変数）であって、利用度は単なる結果（従属変数）にすぎないからである。このことに関して、ファルターは、「ファン・アウベルの定式化について注目すべきことは、利用度が多かれ少なかれ大きな範囲において変数の性格を持つ4つの要素に依存させられるという事情である[31]」と述べている。そして、「利用度それ自体においてはもはや一義的に認識され得な

第4章　本格的な生産能力理論の誕生　85

い個々の要因が重なり合っている[32]」のである。このように、ファルターは、ファン・アウベルの所説に関してわれわれと同様の評価を与えているのである。

また、ファン・アウベルは、「他の2つの指標とともに、利用度はつねに非常に有用な補助手段である。これらの3つの指標は（最小の——引用者）単位原価（トン原価）を全力で追求する管理者（Prüfer）にとって警告シグナルである[33]」と述べている。彼の叙述の中に生産能力利用の増大による単位原価の低減という思考を明確に読み取ることができる。

ファン・アウベルの研究が明らかにされてから2年後に、より詳細な考察が試みられた。ヘルヴィヒ（Hellwig, A.）の研究[34]がそれである。

ヘルヴィヒは投下資本の効率的な利用を最も重視し、経済的な経営管理の基礎としての経営計算（Betriebsrechnung）を構想する。この経営計算は、期間計算としての簿記（Buchhaltung）、個数計算としての給付単位計算（Kalkulation）および経済性計算としての統計（Statistik）から成るのである[35]。第3の構成要素たる経済性計算は、経営の経済性要因、それらの相互関係、その収益に対する影響を明らかにするものである。そして、経済性要因として、操業度（Beschäftigungsgrad）、利用度（Nutzungsgrad）および強度（Intensitätsgrad）が考えられている。

操業度は経営手段と労働力の実際の利用と最適な利用の量的な比率を明らかにするもので、具体的には、利用可能な時間と経営時間（Betriebsstunde）の比によって示される。したがって、

$$操業度 = \frac{経営時間}{利用可能時間}$$

となる。しかしながら、このような経営管理の量的測定（Mengenmessung）のみでは不十分であり、さらに、質的測定（Qualitätsmessung）が行われなければならない。それで、第2の経済性要因として利用度が考えられることとなる。それは、純作業時間と経営時間の関係として定義され、次のように表される。

$$利用度 = \frac{純作業時間}{経営時間}$$

ヘルヴィヒはこの利用度をことのほか重視している[36]。そして、第3の経済性要因は強度または給付度（Leistungsgrad）である。それは作業時間あたりの実際の給付単位と最適な給付単位の商である。それゆえ、

$$給付度 = \frac{実際の給付単位／作業時間}{最適な給付単位／作業時間}$$

となる。

　ヘルヴィヒは上述の3つの経済性要因の積が総生産量を表すと述べているが、それは誤りである。彼のいう操業度×利用度×給付度は生産能力利用度を意味するのであるが、本人はそのことに気づいていないのである。彼は最後のところで誤謬を犯してしまった。しかしながら、ヘルヴィヒの研究において利用度の意義が強調されていることに注目したい[37]。

　以上において明らかなように、本格的な生産能力理論の第1と第2のメルクマールに符合する萌芽的なものが1920年代にすでにあったということを確認することができる。ちなみに、当時の生産能力理論の第2のメルクマールに影響されて、わが国の原価理論の嚆矢である池田英次郎教授の書物においては、「河床を流れる水の量は単に幾程の水量が河床に存するかと云ふことを測定したのでは充分ではない。河床を満たす水量のみならず流水の速さをも考慮に入れて何時間に幾何量であると云はなければならぬと同様に、生産の量は単なる企業を通過した製品の数ではなく、その通過の速さを考慮に入れ、一定期間内に如何ほどの生産をなしたかを測定せねばならぬ[38]」と述べておられる。

　本格的な生産能力理論の第3のメルクマールである個別的考察の必要性を強調しているのはヘンツェル（Henzel, F.）の研究[39]である。彼は操業度に関する認識論的な考察を行った後に、当該問題を考える際の対象として生産単位（Produktionseinheit）なる概念を形成した。彼は、「1つの工場の生産能力に関するあらゆる問題は、個々の部分経営の生産能力を前提としている[40]」と述べて、個別的考察の必要性を強調している。ヘンツェルによると、工場の生産諸

力(Produktivkräfte)は、直接的生産諸力(機械と労働者)および補助的生産諸力(機械と労働者)から成っている。このうち、直接的生産諸力は分割不可能な単位を形成する。それは、「製品あるいは販売可能な用役給付の直接的な生産のためのもの[41]」であり、生産のための最小の単位(＝投入・産出の最小単位)である。このような生産単位は、①単純生産単位、②機械集積、③労働者集団、④結合生産単位に細分され得る。これらが生産能力および生産能力利用の測定対象となるのである。そして、かかる生産単位に関して、①給付の行われる時間と②時間単位あたりの給付量が問題とされるのである。すなわち、「どのくらいの生産単位が活動しているかということだけではなくて、いかなる時間において、そして、いかなる給付強度で生産単位が活動するかということが重要なのである[42]」ということになる。ヘンツェルはファン・アウベルと同様の結論に到達しているのである。その意味では、ヘンツェルの研究はファン・アウベルのそれを超えるものではないかも知れない[43]。しかしながら、個別的考察の意義がきわめて明示的に主張されていることに注目したい。また、ヘンツェルほど明確な形で叙述してはいないが、ヘルヴィヒやヘアマンとマウリッツ等の研究は明らかに個別的考察を前提としている。したがって、この側面に関するケルン流の考察様式の萌芽的なものがすでに1920年代に存在していたと言えるのである。

Ⅳ. 生産能力理論と科学的管理

周知のように、ドイツに科学的管理法が紹介されたのは1900年代初めのことであった[44]。それがきっかけとなって、科学的管理の内容がドイツの企業において実践に移され、経営経済学とりわけ経営管理論に採り入れられるようになったのである。かかる事情については、たとえば、「経営管理(Betriebsführung)という言葉が少なくともドイツの学界で一般に使用されるようになったのは、今世紀初頭のテイラー(Taylor, Frederick Winslow)の科学的管理の導入に始まる[45]」といわれるとおりである。

アメリカの場合と同様に、ドイツにおいても科学的管理の導入・実践に関しては、工場における技師が大きな役割を果たした。そのための母体となったのが、ドイツ技師協会 (Verein Deutscher Ingenieure, VDI) と 19 世紀の終わりから各地に設立されていた工業大学 (technische Hochschule) であった。このあたりの事情を、井藤教授は、「シュレジンガーを始めとして多くの技師がドイツ技師協会と工科大学の双方の機関にまたがって活躍しており、彼らが生産技術や管理に関する教育と実践を両立させた意味は極めて大きい[46]」と述べている。その後、企業において科学的管理導入のさまざまな努力がなされたが、「第 1 次大戦前のテイラーシステムの導入は、……部分的なものであり、体系だって採用されたわけではなかった。しかも導入された事例も、電気工業や機械製造業といった産業を中心としたものだった[47]」というのが実情であった。そのような科学的管理導入の試みも、第 1 次大戦の勃発とともに下火になった。それが活発化したのは、「国家的規模で展開される能率向上運動としての[48]」合理化運動の時代であった。すなわち、「〈科学的管理運動〉は産業合理化推進機関と密接に結びつき、それらの諸機関の活動を通して〈運動〉の具体的成果を現すことになる[49]」のであった。

国民運動として展開された合理化運動の中心的な担い手はドイツ経済性本部 (Reichskuratorium für Wirtschaftlichkeit, RKW) であった[50]。RKW は 1921 年に VDI の中に創設された。また、1918 年に VDI の内部に経済的生産委員会 (Ausschuß für wirtschaftliche Fertigung, AWF) が設けられていたが、これが RKW の特別委員会とされた。さらに、1919 年に AWF の内部に実行機関としての時間研究委員会 (Ausschuß für Zeitstudien) が形成された。また、AWF に属する原価計算小委員会が経済的管理委員会 (Ausschuß für wirtschaftliche Verwaltung, AWV) へと衣替えをした。科学的管理に関する研究はこれらの諸機関によって推進されることになったのである。そして、統一的な時間研究を保証するような連合体が必要とされるに及んで[51]、VDI 内の機関であったドイツ金属工業家連盟 (Gesamtverband Deutscher Metallindustrieller, GDM) とドイツ経営技師共同研究会 (Arbeitsgemeinschaft Deutscher Betriebsingenieure,

ADB) によって1924年にドイツ作業時間測定委員会 (Reichsausschuß für Arbeitszeitermittlung, REFA) が設立され、後年これがドイツ作業時間研究委員会 (Reichsausschuß für Arbeitsstunden) となり、今日に至っている。

科学的管理の要諦は時間・動作研究 (time and motion study) とそれに基づく課業管理 (task management) であるが、まさに、それらに関する研究が上述の諸機関において行われ、その成果を実践に移すことが試みられたのである。このことが、当時の生産能力研究に大きな影響を与えることとなった。

すでに述べたように、本格的な生産能力理論の第2のメルクマールは、生産能力、生産能力利用および生産能力利用度を複数の変数で説明することである。複数の変数とは、多くの場合、操業要因と給付要因である。したがって、操業時間と操業時間単位あたりの給付量が管理の対象とされるのである。すなわち、単なる結果としての生産量ではなくて、原因としての操業要因と給付要因を事前的および事後的に管理することが考えられたのである。これに関して、とくに重要であると思われるのは給付度なる概念の発見である。すなわち、所与の利用可能時間（操業時間）において時間単位あたりの給付量を増加させることによる生産量の増加に着目されたのである。このことについて、ヘアマンとマウリッツは、「個々の経営手段が純粋の生産時間の間にいかなる給付を生み出したかということがわれわれの関心を呼び起こす[52]」と述べている。このような給付要因に関してまとまった叙述を最も早く行ったのは、シュタインタール (Steinthal, W.) であろう[53]。たとえば、「すでに1924年にシュタインタールは、学問的なレベルにおいて、……強度測定の問題を取り扱った[54]」といわれるとおりである。実際、シュタインタールの所論の中には、生産能力や生産能力利用に関する叙述は見られないが、ファン・アウベル等がそこから大きなヒントを得たということは間違いない。ファン・アウベルは、自ら主張している給付度の概念がシュタインタールのいう生産強度の概念に符合するということを明示している[55]。シュタインタールによると、工業における強度の測定は時間的な効率の問題に解答を与えるべきものであり、科学的経営管理 (wissenschaftliche Beriebsführung) の本質的な構成部分であるといえる[56]。こ

のことから明らかなように、本格的な生産能力理論の先駆的な業績に関しては、アメリカから導入された科学的管理法が大きな影響を与えたのであった。

「時間研究は経営合理化の出発点である[57]」といわれる。当該研究においては、なによりもまず、利用可能時間と純粋の給付時間（Leistungszeit）の乖離すなわち喪失時間あるいは無効時間（Leerzeit）の最小化が目指される[58]。このような意図が、時間度としての操業度の説明、また、ファン・アウベルのいう利用時間、ヘルヴィヒやヘアマンとマウリッツの主張する操業度ならびに利用度などの概念に反映しているのである。ファルターはこの問題を第3図のように示している。

ただ、時間管理としての操業管理には限界がある。1日24時間および1年365日というのが利用可能な時間の最大値であるからである。したがって、別の管理指標としての給付度を問題にせざるを得ないのである。それゆえ、操業要因とは別個の給付要因が注目されることとなったのである。操業要因と給付要因をさまざまな点で区別し、それぞれを管理することが重要なのである。

さらに、時間研究においては、一定の給付量を最小の時間で達成することが追求される（最小化原則）。それは、一定の時間単位において最大の給付を生産することを目指すこと（最大化原則）と同義である。両者はいわゆる双対関係

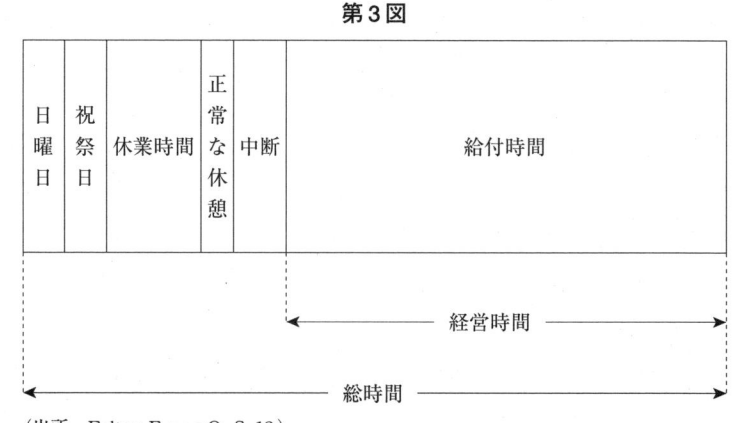

第3図

日曜日	祝祭日	休業時間	正常な休憩	中断	給付時間

経営時間

総時間

（出所　Falter, E. : a.a.O., S. 12.）

にある。最小の生産時間の達成を実現することは、まさしく、給付要因としての給付度をできるだけ高めるということに他ならない。

以上のことから明らかなように、時間研究は操業要因にとっても給付要因にとっても重要な意味をもっているのである。したがって、本格的な生産能力理論の第2のメルクマールは時間研究によって基礎づけられたということができる。

また、REFAによる作業時間研究の最大の課題は、標準作業量（Normalleistung）の設定であったが[59]、それは標準給付（Soll-Leistung）の算定である。これと実際給付（Ist-Leistung）の関係が問われるのである。いわゆる標準・実績・比較（Soll-Ist-Vergleich）である。このような思考が、生産能力利用度、操業度、給付度などの概念の形成を促すことになった。その結果、生産能力利用の程度が相対的な数値で表されることとなり、そのことが本格的な生産能力理論の第1のメルクマールとみなされ得るのである。ファン・アウベルは、計画、実行および統制の関係すなわち今日ではマネジメント・サイクルいわれていることの意義に言及し、標準と実績の比較にことのほか関心を寄せている[60]。さらに、ヘンツェルは、標準・実績・比較の基礎とされるべき標準操業について詳細に検討している[61]。

さらに、本章で述べたような科学的管理を基礎とした合理化を推進しようと思えば、当然のことながら、個々の現場や個々の経営手段を管理の対象とせざるを得ない。ファン・アウベルは明示的にはそのことに言及していないが、暗黙のうちに個別的考察が前提とされていることが窺える。ヘンツェル、ヘアマンとマウリッツ、ヘルヴィヒなどが分析的考察の必要性を繰り返し強調しているのもかかる事情に規定されているからである。本格的な生産能力理論の第3のメルクマールは、1920年代のドイツにおいてきわめて一般的な考察様式であった。

V. 結

　本格的な生産能力理論について考察してきた。すでに明らかなように、1920年代の半ば頃から、現在の生産能力理論の原型とみなされ得るさまざまな試みが見られ、そのような思考が今日に至るまで脈々と受け継がれているのである。
　上述のように、本格的な生産能力理論は生産能力利用という思考に基礎づけられており、3つのメルクマールによって特色づけられている。そのような考察様式を促進する直接的な契機となったのは、科学的管理のドイツへの導入である。とりわけ、時間研究の果たした役割は大きかった。科学的管理を中心とする合理化運動の一環としての生産性・経済性向上運動に規定されて生産能力利用ということが脚光を浴び、それが本格的な生産能力理論の形成を要請したのである。
　本章において言及したファン・アウベル、ヘルヴィヒ、ヘンツェル等の所論は既述の3つのメルクマールに符合する内容をもっている。しかしながら、ヘルヴィヒやヘンツェル、ヘアマンとマウリッツの所説には首肯しがたい点があり、そのままでは本格的な生産能力理論の嚆矢であるとはいえない。その点、ファン・アウベルの所論は注目に値する。それは本格的な生産能力理論の先駆的な業績としてきわめて重要である。ファルターも彼の研究を高く評価して、「ファン・アウベルの論述がこれまでほとんど顧みられなかったことは非常に不思議である[62]」と述べている。最近の文献においてしばしば生産能力利用度や操業度について不十分な説明が行われていることを想起するならば[63]、1920年代に本格的な生産能力理論のさきがけ的なものが存在していたということは注目すべきことである。
　1920年代半ばの本格的な生産能力理論の先駆的業績は、いずれもいわゆる相対的安定期の合理化景気を背景としたものであって、当然のことながら、生産能力の拡大とそれの有効利用のみに眼が向けられている。固定費問題に対処

するための1つの方策たる固定費の発生管理すなわち生産能力の縮小ということは考慮の外に置かれている。これは、ファルターの1928年の書物においても同様である。彼は、生産能力を拡大し、しかもいかに安定的な操業を維持するかということに関心を寄せ、そのための理論を展開せんとしたのである[64]。生産能力の縮小という問題が前面に出てくるのは、1929年の大恐慌以後のことである。相対的安定期における合理化の矛盾たる過剰能力の問題が顕在化したからである。合理化景気の真っ直中にあってそのような事態を予言したのはかのシュマーレンバッハであった。

1) Corsten, H., Köhler, R., Müller-Mehrbach, H., und Schröder, H.-H. (Hrsg.): Kapazitätsmessung, Kapazitätsgestaltung, Kapazitätsoptimierung — eine betriebswirtschaftliche Kernfrage —, Stuttgart 1992, Vorwort. 同様のことは、かつて、メレロヴィッツ (Mellerowicz, K.) やフパート (Huppert, W.) も指摘した。Vgl. Mellerowicz, K.: Allgemeine Betriebswirtschaftslehre, Ⅱ. Band, 9. Aufl., Berlin 1956, S. 41 f.; Huppert, W.: Größere Wirtschaftlichkeit durch Ausbau der Kapazitätsrechnung, Der Betrieb, 4. Jg. (1951), S. 193.
2) Possmeier, F.: Preispolitik bei hoher Fixkostenintensität, Köln 2000; Nink, J.: Strategisches Fixkostenmanagement, Göttingen 2002; Houtman, J.: Resevierung von Kapazitäten, Wiesbaden 2005; Krcal, H.-C.: Wege aus Kapazitätfalle in der Automobilindustrie, ZfbF, 57. Jg. (2005), S. 503 ff.
3) Schneider, D.: Geschichte der betriebswirtschaftlicher Theorie, München und Wien 1981, S. 290 f.; derselbe: Betriebswirtschaftslehre, Band 4 — Geschichte und Methoden der Wirtschaftswissenschaft, München 2001, S. 702.
4) Serra, A.: Breve trattato delle cavse che possono far abbondare li regni d'oro & argento dove non sono miniere, con applicatione al Regno di Napoli 1613. Vgl. auch Muhs, K.: Allgemeine Volkswirtschaftslehre, in: Die Handelshochschule — Die Wirtschaftshochschule, Bd. 13, Wiesbaden 1950, S, 257; Kürpick, H.: Die Lehre von den fixen Kosten, Köln und Opladen 1965, S. 20.
5) Schoenfeld, H. M. W.: Kapazitätskosten und ihre Behandlung in der Kostenrechnung — ein ungelöstes beriebswirtschaftliches Problem —, in: Corsten, H., Köhler, R., Müller-Mehrbach, H., und Schröder, H.-H. (Hrsg.): Kapazitätsmessung, Kapazitätsgestaltung, Kapazitätsoptimierung — eine betriebswirtschaftliche Kernfrage —, Stuttgart 1992, S. 196. Vgl. May, J. C.: Versuch einer allgemeinen Einleitung in die Handelswissenschaften, Zweyter Theil, Altona-Lübeck 1770, S. 421; Leuchs, J. W.: System des Handels, Contor der allgemeinen Handelszeitung, Nürnberg 1804, S. 29. Vgl. auch Kürpick, H.: a. a. O., S. 20 f.
6) 深山　明『ドイツ固定費理論』森山書店、2001年、21ページ以下を参照。

7）生産能力を完全利用するということは事実上不可能である。したがって、生産能力が利用される際の目標値あるいは基準値の設定が必要であり、実際にはこのような生産能力利用目標値の可及的大なる利用が目指されることとなるのである。これについては、深山　明、前掲書、31ページを参照。
8）固定費管理の重要性はかなり以前から指摘されているが、理論的に基礎づけられた固定費管理のコンセプトは欠如しているというのが実情である。Vgl. hierzu etwa Nink, J. : a. a. O., S. 3.
9）Kern, W. : Die Messung industrieller Fertigungskapazitäten und ihrer Ausnutzung, Köln und Opladen 1962.
10）Schönfeld, H. M. W. : a. a. O., S. 199.
11）Kern, W. : a. a. O., S. 27.　ケルンによるこの定義は今日の生産能力理論において絶えず引用され、考察の基礎とされている。
12）潜在要素としては物的潜在要素が前提とされており、人的潜在要素は除外されている。人的生産要素は生産能力利用の局面で考慮に入れられる。
13）Steffen, R. : Produktions- und Kostentheorie, 4. Aufl., Stuttgart Berlin Köln 2002, S. 39.
14）Steffen, R. : a. a. O., S. 40.
15）ハイネンは、①要素費消と技術的物理的給付の関係が確定できる、②技術的物理的給付と経済的給付の関係が確定できるという2つの条件を満たすような給付生産の最小の部分過程を基本結合とみなしている。Vgl. z. B. Heinen, E. : Betriebswirtschaftliche Kostenlehre, 6. Aufl., Wiesbaden 1983, S. 244 ff.
16）ヴォールトマン（Wohltmann, H.-W.）とロスキー（Roski, R.）も生産理論の細分化の傾向に言及している。Wohltmann, H.-W. und Roski, R. : Planungsmöglichkeiten in der betrieblichen Produktionsstrukturen, ZfB, 55. Jg.（1985）, S. 731.
17）Corsten, H. : Produktionswirtschaft, 10. Aufl., München Wien 2004, S. 10.
18）Corsten, H. : a. a. O., S. 12.
19）生産能力断面はケルンの用いている概念とは異なっていることに注意する必要がある。ここでは投入される経営手段の数を意味する。
20）Steffen, R. : a. a. O., S. 40 f. ; Günther, H.-O. : Produktionsmanagement, Berlin Heidelberg New York London Paris Tokyo Hong Kong Barcelona Budapest 1993, S. 66 ff.
21）個別的考察とは、企業全体あるいは経営全体を考察対象とするのではなくて、個々の職場や経営手段を考察対象とするものである。かつて、ハイネンは原価理論を総合的原価理論と分析的原価理論に区分し、後者の1つの特色を、経営の部分単位や活動領域を考察の対象とすることに求めた（Heinen, E. : a. a. O., S. 173 ff.）。個別的考察とはハイネンのいう分析的原価理論の考察様式と符合する。
22）Nebl, Th. : Produktionswirtschaft, 4. Aufl., München Wien 2001, S. 204 ff.
23）Falter, E. : Beschäftigungsgrad und Kosten, ZfHH, 22. Jg.（1929）, S. 179.
24）Schmalenbach, E. : Grundlagen der Selbstkostenrechnung und Preispolitik, 2. Aufl., Leipzig 1925, S. 20 ; Peiser H. : Der Einfluß des Beschäftigungsgrades auf die industrielle Kostenentwicklung, Berlin 1924, S. 2 f. ; Lehmann, M. R. : Die industrielle Kalkulation, Berlin 1925, S. 74 ; Müller-Bernhardt, H. : Industrielle Selbstkosten bei

schwankendem Beschäftigungsgrad, Berlin 1925, S. 2 f.
25) Schär, J. F. : Allgemeine Handelsbetriebslehre, 5. Aufl., Leipzig 1923, S. 168 ; Heidebroek, E. : Industriebetriebslehre, Berlin 1923, S. 190 f. ; Klemann, F. : Systematische Selbstkostenrechnung, Leipzig 1921, S. 108 ; Leitner, F. : Die Kontrolle, 3. Aufl., Frankfurt am Main 1923, S. 73 und S. 160.
26) A. ter Vehn : Zur Betriebskontrolle durch die Statistik der Wirtschaftsverbände, ZfB, 2. Jg.（1925), S. 382 ff. ; Kern, W. : a. a. O., S. 8.
27) Walther, A. : Grundzüge industrieller Kostenlehre, Zürich 1923, S. 14.
28) Falter, E. : a. a. O., S. 180. Vgl. auch Falter, E. : Die Beobachtung des betrieblichen Beschäftigungsgrades in Literatur und Praxis, Bergisch Gladbach 1928, S. 8.
29) P. van Aubel : Selbstkostenrechnung in Walzwerken und Hütten, in : Hermann, J. E. und P. van Aubel : Selbstkostenrechnung in Walzwerken und Hütten, Ergänzungzbände zur Zeitschrift für Handelswissenschaftliche Forschung, Leipzig 1926, S. 88 ff.
30) P. van Aubel : a. a. O., S. 89. ファン・アウベルは、「もし操業度について多くの異なる見解があるのでなければ、我々は利用度を操業度と称することができたのである」(P. van Aubel : a. a. O., S. 90) と述べている。この言葉は、当時の概念の混乱を如実に表している。
31) Falter, E. : Beschäftigungsgrad und Kosten, S. 180.
32) Falter, E. : a. a. O., S. 180.
33) P. van Aubel : a. a. O., S. 90
34) Hellwig, A. : Neue Wege wirtschaftlicher Betriebsführung, Berlin und Leipzig 1928.
35) Hellwig, A. : a. a. O., S. 78 ff.
36) Hellwig, A. : a. a. O., S. 12.
37) 実は、ファン・アウベルの研究が公にされたのと同じ年に、ヘアマンとマウリッツ (Hermann, J. E. und Mauritz, H.) が操業度と経営統制に関する論文を発表した。彼らは、ヘルヴィヒと同様に操業度概念をより分析的に考察し、操業度、利用度 (Ausnutzungsgrad) および給付度について述べている。それはヘルヴィヒの叙述とほぼ同じことを主張したものである。しかしながら、彼らは、それらの個々の要因を統合して生産能力利用度について明らかにするには至らなかったのである。Vgl. Hermann, J. E. und Mauritz, H. : Beschäftigungsgrad und Betriebskontrolle, ZfB, 3. Jg. (1926), S. 109 ff.
38) 池田英次郎『原価と操業率』日本評論社、1933年、21ページ。なお、この文献において、ファルターの所説が紹介されている。
39) Henzel, F. : Der Beschäftigungsgrad, ZfB, 5. Jg.（1928), S. 673 ff. und S. 721 ff. ハイネンは、ヴァルター、ヘンツェル、グーテンベルク（Gutenberg, E.) およびハイネンを分析的原価論者とみなしている。Vgl. Heinen, E. : a. a. O., S. 183.
40) Henzel, E. : a. a. O., S. 731.
41) Henzel, E. : a. a. O., S. 727.
42) Henzel, E. : a. a. O., S. 728.
43) Vgl. hierzu Falter, E. : a. a. O., S. 180.
44) テイラー（Taylor, F. W.) のことがドイツで知られるようになった契機は、1900 年にパ

リで開催された万国博覧会にベスレヘム製鋼会社 (The Bethlehem Steel Company) がテイラーの開発した高速度鋼を出品したことであるといわれる。
Vgl. Burchart, L. : Techinischer Fortschritt und sozialer Wandel, in : Treue, W. (Hrsg.) : Deutsche Technikgeschichte, Göttingen 1977, S. 70. また、テイラーのいくつかの書物が1900年代の初めに翻訳・紹介された。Wallichs, A. : Die Betriebsleitung, insbesondere der Werkstätten, Berlin 1909 ; Roesler, R. : Die Grundzüge wissenschaftlicher Betriebsführung, München und Berlin 1913. さらに、1920年にはTaylor-Zeitschrift なる雑誌が創刊された。

45) 吉田和夫『ドイツ経営経済学』森山書店、1982年、67ページ。
46) 井藤正信『ドイツ科学的管理発達史論』東京経済情報出版、2002年、49ページ。ちなみに、シュレジンガー (Schlesinger, G.) はドイツのテイラー (deutscher Taylor) といわれた。Vgl. Trieba, V. und Mentrup, U. : Entwicklung der Arbeitswissenschaft in Deutschland, München 1983, S. 79.
47) 金房広幸「ドイツにおけるテイラーシステム導入とREFA方式」『社会科学論集』第74・75号、1992年、139ページ。このこと関しては、ゼルハイム (Söllheim, F.) も同様のことを指摘している。Vgl. Söllheim, F. : Taylor-System für Deutschland, München und Berlin 1922, S. 148.
48) 井藤正信、前掲書、159ページ。
49) 井藤正信、前掲書、160ページ。
50) ブレイディ (Brady, R. A.) は、「RKWはドイツにおける科学的管理運動の中心的な調整の母体である」(Brady, R. A. : The Rationalization Movement in German Indutsry, California 1933, p. 51) と述べている。
51) 金房広幸、前掲稿、142ページ。
52) Hermann, J. E. und Mauritz, H. : a. a. O., S. 114.
53) Steinthal, W. : Intensitätsmessung in der Industrie, Berlin 1924.
54) Kern, W. : a. a. O., S. 16.
55) P. van Aubel : a. a. O., S. 89.
56) Steinthal, W. : a. a. O., S. 1.
57) Reichskuratorium für Wirtschaftlichkeit : Handbuch der Rationalisierung, Wien 1930, S. 256.
58) Reichskuratorium für Wirtschaftlichkeit : a. a. O., S. 283 ff. Vgl. auch Zeidler, F. : Der Kosteningenieur, Berlin 1929, S. 13 ff.
59) 井藤正信、前掲書、193ページ。
60) P. van Aubel : a. a. O., S. 90 ff.
61) Henzel, F. : a. a. O., S. 730 ff.
62) Falter, E. : a. a. O., S. 180.
63) Vgl. hierzu etwa Die Gabler Lexikon-Redaktion : Gabler Wirtschaftslexikon, 15. Aufl., Wiesbaden 2000, S. 404 f.
64) Falter, E. : Die Beobachtung des betrieblichen Beschäftigungsgrades in Literatur und Praxis, S. 21 ff.

第5章　企業生産縮小論の展開

Ⅰ．序

　第3章においても述べたように、企業危機は決して新しい現象ではなくて、今世紀の初頭から研究の対象とされていたのであるが[1]、当該問題に関する本格的な研究は、1920年代頃から始まり、多くの研究成果が明らかにされている。たとえば、ル・クートル（Le Coutre, W.）、ハーゼナック（Hasenack, W.）、イザーク（Isaac, A.）およびフレーゲ＝アルトホーフ（Flege-Althoff, F.）などの研究があげられる[2]。この頃の研究においては、国民経済学からの影響が顕著にみられ、危機を景気的な現象（konjunkturelles Phänomen）として捉える傾向が強かった。景気変動は、経営経済学者が一度は取り組むべき問題であると考えられ、それが当時の経営経済学の学問的傾向を規定することになったのである[3]。

　本章で検討しようとするフリッチェ（Fritzsche, W.）の研究[4]にも上述のような傾向がみられる。それは、彼がシュミット（Schmidt, F.）を祖とするフランクフルト学派に連なり、その影響を強く受けているからである。フリッチェの主たる問題意識は「市場状況に対する企業の適応」であって、その一環として生産縮小問題（Abbauproblem）が論じられているのである。

II. 企業生産縮小論の基礎

　フリッチェの師であるシュミットは、有機的企業観あるいは有機的経営観 (organische Unternehmungs- oder Betriebsauffassung) に基づく経営経済学の主唱者としてつとに有名である[5]。「企業は真空の空間内において活動するものではなく、市場経済の網の中に織り込まれている[6]」というシュミットの有名な言葉から理解され得るように、彼は、企業の問題を全体経済との関連において考察することの必要性を強調する。そして、シュミットの有機観の中心命題は、全体（＝全体経済）と個（＝企業）の調和の保持であった。これに関して、小島三郎教授は、「シュミットは、思想的にはまず伝統的にして単純なるかの全体と個体との関係に目を向け、個体の存在には全体が、また全体の存在には個体の存在が無視し得ないことをあらためて強調しているのである[7]」と述べておられる。しかるに、個別経済としての企業は、全体経済としての国民経済のために存在するのであって、国民経済の課題達成に対して貢献するような経済行為 (Wirtschaften) をその任務としている。そのような経済行為は、「消費者が価値増加 (Wertauftrieb) を望ましいと思う限り可能である[8]」のであって、国民経済にとって有用な企業のみが生産の源泉として存在を許されるといえる。したがって、「個々の企業は、それが存在している限り市場価値の絶対的支配下にある[9]」から、全体経済と企業の調和を達成するためには、全体経済の変動に対して、企業が一方的に適応させられねばならない。すなわち、「全体への個体の適応問題は、かかる適応を通じて全体の調和を保証するものであり、これら2つの問題は同一物の二面に過ぎない[10]」のである。個別経済たる企業は、さまざまな財を全体経済から受け入れ、それをより大なる価値を有する財に変換して全体経済に送り出す。そして、原価の発生を伴う財の流れと所得の流れが有機体としての企業を貫いている2つの流れなのである。したがって、全体経済における調和が保たれるために、原価と所得の平行 (Gleichlauf von Kosten und Einkommen) に基づく生産と消費の平行 (Gleichlauf von Produktion und Konsumtion)[11]が要求されるのである。それが実現している限り、経済における攪乱は生じない。

　原価と所得の平行は、流通等式（Verkehrsgleichung）の問題として定式化される[12]。所得は、①遂行された労働に対する報酬、②資本提供に対する報酬、③企業者利益（Unternehmergewinn）のための原価[13]という3つの形態で発生する。全体経済における生産と消費を均衡させるためには、これらの所得の合計と原価の総額が等しくなければならない。そのことによって、価値均衡が保たれるのである。したがって、
期間Ⅰの原価基金（Kostenfond）＝期間Ⅰの原価＝期間Ⅰの所得＝期間Ⅰの総生産物の価格＝期間Ⅱの原価基金＝期間Ⅱの原価＝期間Ⅱの所得＝期間Ⅱの総生産物の価格……
ということが要求されるのである。イザーク（Isaac, A.）は、物理学の法則をアナロジーとして用いて、これを「経済的エネルギー保存の法則（Gesetz von der Erhaltung der wirtschaftlichen Energie）[14]」と称している。フリッチェは、この原価と所得の平行を一応は首肯するが、後述のように自己資本利子に特別の意味を持たせているので、それを最後まで貫徹していないのである。

　一般に、企業維持として、名目的資本維持（nominelle Kapitalerhaltung）、実質資本維持（reale Kapitalerhaltung）、実体維持（Substanzerhaltung）および収益価値維持（Ertragswerterhaltung）が知られている。周知のように、シュミットが主張するのは、実体維持[15]の1つの類型としての相対的実体維持である。彼は、貨幣経済的考察様式とは異なる財経済的考察様式に立脚し、全体経済の生産の源泉としての企業財産の実体維持を考えていたのである。さらに、シュミットやフリッチェにとっては、全体経済の原価と所得の平行の流れに個々の企業のそれをいかに適応させるかということが重要な問題である。そのために構想されるのが、企業の相対的価値維持（relative Werterhaltung）である。それは、「企業が全体経済における平均価値および平均生産性の形成に比例して維持されねばならない[16]」ということを意味している。これは、経済変動が生起する場合に全体経済における企業の地位または重要性を維持すること

に他ならない。周知のように、シュミットにとっては、価格水準の変化による企業財産の消耗を回避することが重大な関心事である。したがって、企業の相対的価値維持は次の2つの内容を有するのである[17]。

① 所得水準の変化により価格水準が変化する場合は、企業の財産を実体的には絶対的に、価値的には相対的に維持すること。

② 全体経済における生産性の変化により価格水準が変化する場合は、企業の財産を実体的には相対的に、価値的には絶対的に維持すること。

①は、企業における価値均衡あるいは貸借対照表における価値均衡の問題であり、②は、経済における生産と消費の平行の問題である。そして、①および②を可能にするような計算尺度が求められることになるが、それが取引日の再調達価値なのである。とりわけ、②の問題は、全体経済における需要と個々の企業の保有する生産能力に関する問題であり、フリッチェの考える企業生産縮小問題にとって重要な意味をもっている。それゆえ、彼は、ことさらに市場経済における企業の位置づけに関心を示し、それを測定する尺度を求めんとしているのである。

ところで、シュミットは、企業（Unternehmung）と経営（Betrieb）の概念を区別せずに用いているが[18]、フリッチェは両概念を峻別するのである。これに関して、彼はメレロヴィッツ（Mellerowicz, K.）の見解を全面的に受け入れている[19]。すなわち、経営は技術的な構成体（technisches Gebilde）であって、経済的な構成体（wirtschaftliches Gebilde）に組み込まれることによって、その基礎を獲得する。そして、経済的な構成体としては、家計（Haushalt）、政府（öffentliche Verwaltung）、共同経済（Gemeinwirtschaft）および営利経済（Erwerbswirtschaft）が考えられている。そして、経営がいかなる経済的構成体に組み込まれるかということによって、経営が導かれねばならない精神（Geist）は異なるのである。フリッチェは現代の経済において営利経済的な経営が支配的であって、経営経済学が最も強くかかわってきた経営であることを強調した後に、「営利経済的な意味で管理される経営を企業と称することにしたい[20]」と述べている。したがって、企業と経営は、異なる領域に関する概念

である。すなわち、経営は技術の領域に属し、そこにおいては仕事遂行の技術（Technik der Werkverrichtung）が問題となり、経済性（Wirtschaftlichkeit）の原理に支配される。他方では、企業は経済の領域に属し、そこにおいては資本調達、市場関係および価格政策などのビジネス（Geschäft）が問題となり、収益性（Rentabilität）の原理に支配される。

したがって、経営を孤立的に考察することは、フリッチェにとっては意味がないのである。というのは、「経済的構成体が、市場関係を通して、経営がいかなる方向に向かわされなければならないか、どのくらい経営が機能しなければならないかということに関して、決定的に影響を与え得る[21]」からである。経済的に必要不可欠な生産縮小を決定し、それを実行することができるのは企業（管理者）だけである。

Ⅲ．生産縮小の概念

すでに述べたように、個別経済としての企業は、国民経済に貢献しなければならないのであるが、そのための経済行為を行うことによって利益を獲得している。すなわち、企業は、生産と消費の均衡を維持しながら生産活動をすることによって、報酬としての利益を得ているのである。フリッチェは、「企業の目標は何よりもまず利益である[22]」、「利益は企業者にとって経営行動に関する導きの糸であるべきである[23]」と述べて、企業が利益を目標として行動することを明示している。したがって、企業の経済行為も利益によって意味づけられることになる。このことは、上述の企業概念からも明らかであろう。また、シュミットは、最大収益の原則（Gesetz des maximalen Ertrags）が市場経済を支配しており、消費者も生産者も最大の収益を獲得せんと努力することを指摘している[24]。彼によると、企業は全体経済的な意義を有する取引活動を行うことの報酬としての利益を得るとともに、財務活動からも最大の利益を獲得しなければならないのである。これに関して、岩田　巌教授は、「企業の私経済的半面をもあわせて考慮するのが有機説の特色である[25]」と述べて、全体経済への

貢献と企業利益の追求という2つの側面が併存することを指摘しておられる。

　フリッチェの場合、企業が目標とすべき利益は正常利益（Normalgewinn）であって、それは資本投下によって平均的に得られる利益幅（Gewinnspanne）のことであり、限界収益（Grenzertrag）ともいわれる[26]。それは、自己資本に対する正常な利子である。そして、このような利益の確保が不可能であるような状態が過小収益性（Unterrentabilität）という概念で特色づけられるのである[27]。この過小収益性を克服するために生産縮小が行われる。したがって、生産縮小問題とは、「過小収益性を惹起するような市場変動に適応することによって、いかにして収益性を回復させるか」ということなのである。このような適応のための手段として、企業の生産縮小（Abbau der Unternehmung）と経営の生産縮小（Abbau des Betriebes）が行われるのである[28]。これらは、2つの主要適応方策（Hauptanpassungsmaßnahme）とみなされている。これら2種類の生産縮小形態は、上述の企業と経営の概念に照応している。企業の生産縮小は経営経済的な生産縮小（betriebswirtschaftlicher Abbau）といわれ、それの作用は資本的なものである。それに対して、経営の生産縮小は技術的な生産縮小（technischer Abbau）といわれ、それの作用は技術的なものである。

1. 経営経済的な生産縮小

　経営経済的な生産縮小は、企業の縮小（Verkleinern der Unternehmung）と考えられる。その効果をいかなる尺度でもって測定することができるか。フリッチェは、「資本と経営経済的な生産縮小の間には密接な関係がある[29]」と述べて、資本を尺度として用いる。したがって、「企業を縮小する」ということは「資本を縮小する」ということに他ならない。

　フリッチェは、シュミットにならって、資本の2つの形態を区別している。具体的な形態の資本たる実体的資本と抽象的な形態の資本たる名目的資本というのがそれらである[30]。そして、経営経済的な生産縮小の場合、名目的資本の縮小は実体的資本の縮小と結びつけられ、名目的資本の縮小を伴わない実体的資本の縮小は考えられない。

さらに、フリッチェは企業における生産能力と資本の関係を重視している。通常は、生産能力の拡大が投下資本の増大を必要とし、生産能力縮小が資本を解放するからである。それゆえ、経営経済的な生産縮小の効果は生産能力によっても測定されることになる。要するに、企業資本の量的な側面は生産能力によって測定され、価値的側面は投下資本額で測定されるのである。

かくして、経営経済的な生産縮小とは、「具体的および抽象的な形態における企業資本の市場構造に対する量的および価値的適応」として定義され得るのである。

2. 技術的な生産縮小

技術的な生産縮小の場合、実体的資本の縮小が名目的資本の縮小を伴わない。たとえば、生産設備や部分経営（Teilbetrieb）が売却され、その対価が当該企業内に留保され、新たな営業部門の開設、販売組織の強化、新たな生産物の生産、既存の生産物の生産増大などに用いられるのである。このように、技術的な生産縮小は生産転換（Produktionsumstellung）や新たな経営の構築と結びつけられるのである。

かくして、技術的な生産縮小はとは、「抽象的資本の縮小を伴わない実体的資本の一部または全部の適応」であるといえる。

フリッチェは、以上において明らかにされた2つの異なる生産縮小方策を第1図のように表わしている。

Ⅳ. 過小収益性と生産縮小の意義

すでに述べたように、企業の過小収益性が生産縮小の動因である。それゆえ、過小収益性の概念が明らかにされねばならない。いうまでもなく、収益性は資本と利益の関係を表現するものであるから、それぞれについていかなる数値を用いるかということが重要である。

第1図

A．経営経済的な生産縮小

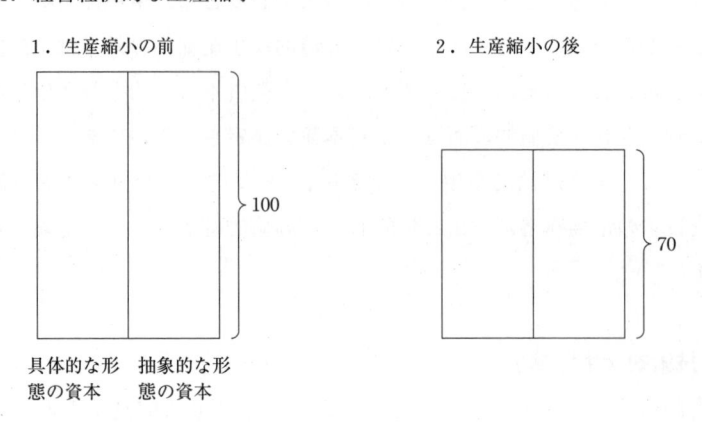

1．生産縮小の前　　　　　　　　2．生産縮小の後

100　　　　　　　　　　　　　　70

具体的な形　抽象的な形
態の資本　　態の資本

B．技術的な生産縮小

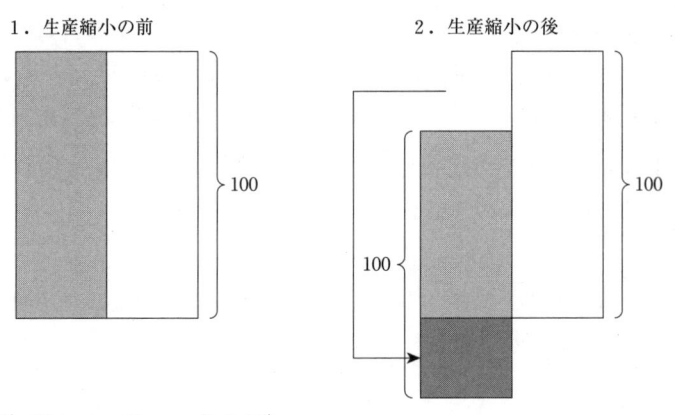

1．生産縮小の前　　　　　　　　2．生産縮小の後

100　　　　　　　　　　　　100

100

（出所　Firtzsche, W. : a. a. O., S. 17.）

　資本に関して、フリッチェは、ニックリッシュ（Nicklisch, H.）などとは異なり、自己資本を用いることを主張する[31]。その理由は、次のとおりである。まず、総資本は貸借対照表基準日（Bilanzstichtag）に関する数値であって、恣意的に変動させられ得る。それはある瞬間の偶然の姿であって、客観性を備えて

いないといえる。また、他人資本は、自己資本による利益獲得という目的に対する手段であって、他人資本に対する利子は原価の範疇に入れられるのである。したがって、収益性算定の基礎にされるのは、本源的資本（ursprüngliches Kapital）たる自己資本のみである。かつて、レーマン（Lehmann, M. R.）は、共同経済的収益性と私経済的収益性を区別した[32]。フリッチェの考える収益性は後者ときわめて類似的である。彼はレーマンから大きなヒントを得ているのである。

さらに、フリッチェは、有機的時価貸借対照表（organische Tagesbilanz）の構想とそれに基づく財産価値変動（Vermögenswertänderung）という考え方の導入を主張する。それによる財産価値変動勘定（Vermögenswertänderungskonto）あるいは価値修正勘定（Wertberichtigungskonto）は、自己資本と全く同等に存在し、価値変動という危険の担い手となる。そして、それは自己資本の修正要因となるのである。

利益に関しては、有機的損益計算（organische Erfolgsrechnung）に基づいて、取引利益と財産価値変動の峻別が要求される。すなわち、あらゆる原価財は取引日の調達時価で評価され、そのことによって企業者活動に還元され得る利益と市場に由来する利益が区別されることになる。そうでないと、フリッチェの考える資本維持の原則に反するのである。いわゆる架空利益（Scheingewinn）が分配される可能性があるからである。これに関して、シュミットも、「企業の利益は、企業財産の維持を超えて獲得されるものである[33]」、また、「利益の分配可能性が真の利益すなわち真の所得の最も重要なメルクマールに属する[34]」と述べている。そして、このような有機的利益に基づく計算が企業の収益性を正確に表わすのであり、「企業の適応可能性は有機的な損益計算の適用によって支援される[35]」のである。

フリッチェは、有機的利益を次のように細分している[36]。
① 販売財に基づく取引利益
② 資本利用に基づく取引利益
③ 他人資本による投機利益

④　自己資本による投機利益

　これらのうち、販売財に基づく純粋の取引利益の獲得が企業の主要目標である。それは本来の企業成果である。したがって、販売財に基づく取引利益が正常な収益性を保証しなければならないのである。その他の3種類の利益は本来の企業活動から得られるものではなく、企業者に対するプレミアム（Prämien für den Unternehmer）とみなされる。このように、有機的利益とそれの一部である販売財に基づく取引利益が峻別されるのである。生産縮小に関する考察に組み込まれるべきなのはもちろん後者だけである。過小収益性は、販売財に基づく取引利益に関してのみ問題とされなければならない。

　以上において示した利益は、通常の簿記で得られるものではない。それは、給付単位計算（Kalkulation）において算定される利益（販売財に基づく取引利益）であって、シュミットにならって経営利益（Betriebsgewinn）といわれる。この経営利益の算定に関して、いわゆる中性費用（neutraler Aufwand）のうちの経営給付と間接的な関係をもつものは原価とみなされる。また、シュマーレンバッハ（Schmalenbach, E.）にみられるような基本原価（Grundkosten）と付加原価（Zusatzkosten）の区別は行われず、すべてが原価の範疇に含められる。ただし、自己資本に対する利子は原価に算入されない[37]。すでに述べたように、企業が目標とするのは、投下資本に対する正常な利子の獲得である。もし、自己資本利子が原価とみなされるならば、正常な利子が獲得されている場合は、生産物の原価＝市場価格となり、給付単位計算において利益が発生しないことになる。

　フリッチェの所説において主張されている利益概念は、大略次のように示すことができる。

　まず、上述の経営利益は、純粋の経営利益（reiner Betriebsgewinn）と特殊利益（Sondergewinn）に細分される。後者は、たとえば販売活動に還元され得るような利益である。この広い意味での経営利益に企業者賃金（Unternehmerlohn）[38]を加えたものが企業利益（Unternehmungsgewinn）である。さらに、企業者の特別の給付に対する報酬である企業者利益

(Unternehmergewinn）がある。すでに述べた財務的利益（資本利用に基づく取引利益）や投機利益はその典型である。これらの利益は正常な収益性を超えて獲得され得るもので、それは競争者に対する当該企業の優秀性に還元されるのである。かくして、総利益（Gesamtgewinn）は、企業利益＋企業者利益ということになる。もちろん、状況によっては企業者利益は得られず、総利益＝企業利益ということも考えられる。

いうまでもなく、企業にとって重要なのは経営利益である。本来の企業活動の成果である経営利益が正常な利子をもたらさなければならないのである。なぜなら、「生産によって実現される価値増加だけで正常な利払い（Verzinsung）を資本に対して保証しなければならない[39]」からである。したがって、給付単位計算において利益を算出することが必要であり、市場価格－原価（自己資本利子を除く）＝正常利子という関係がきわめて重視されるのである。

このように、過小収益性は本来の企業活動に関して問題となるのであるから、収益性の構成要素の１つである自己資本もさらに限定されねばならない。フリッチェは取引自己資本（Umsatzeigenkapital）を用いることを要求している。

それゆえ、彼の考えている資本の収益性は、経営利益と取引自己資本の関係で表わされるのである。

以上のことから明らかなように、過小収益性として問題にされなければならないのは、本来の企業活動によって正常な利益が獲得できないという状況である。すなわち、経営利益が正常な利子の大きさに達しているか否かということが試金石となるのである。経営利益したがって販売財に基づく取引利益が正常利子を下回る場合、企業は非収益的（unrentabel）とみなされるのである。

過小収益性あるいは損失が発生した場合、企業は何らかの形でかかる事態に適応しなければならない。経営経済的な生産縮小および技術的な生産縮小は、そのための方策として位置づけられる。すなわち、それによって収益性の回復が目指されるのであるが、経営利益がその場合の指導規則（leitendes Gesetz）となるのである。

フリッチェによると、過小収益性に対処するための方策としての生産縮小なる構想は、1930年代においてはなかなか受け入れられなかった。というのは、企業者が近い将来における市場状況の改善を期待するからである。それは、「企業者楽天主義（Unternehmer-Optimismus）[40]」といわれる。しかしながら、見込みのない収益性の改善を期待することは、国民経済的にも経営経済的にも不合理である。したがって、企業者の課題は、単に市場状況の悪化を確認することではなくて、その原因を明らかにし、それが持続的なものであるか否かを見極め、適切な方策を実施することである。

過小収益性という状態が長期にわたるならば、株式所有者は株式を手放すことを躊躇しないであろう。それゆえ、「正常利益を得ようとする努力はこの形態の企業（＝株式会社——引用者）の生存に必要不可欠な要求である[41]」と考えられるのである。企業は自己資本出資者のために正常な利益を獲得しなければならない。それゆえ、自己資本利子に特別な意味が与えられるのである。この点に、生産縮小を遂行することの意義が明白に現われているといえよう。しかして、正常な利子が獲得され得ない場合に、生産縮小によってかかる事態に対処することがあらゆる企業に対して要求されることになるのである。

多くの場合において、過小収益性は、「資本の誤った管理（Falschlenkung von Kapital）[42]」の帰結である。資本の最善の利用による利益の獲得という目標の達成のために努力することは企業者の任務である。その一環として生産縮小なる方策が行われることの意味に注意しなければならない。フリッチェは、「純粋に経営経済学的に考えると、営利経済の最も重要な原理の一つが守られるということに大きな意義がある[43]」と述べている。

V. 生産縮小の本質と形態

フリッチェの研究の背景となっているのは、第1次大戦後のドイツにおけるインフレーション、合理化、大恐慌である。1920年代初めのインフレーションに規定されて、シュミットの所説が形成されたのは周知のとおりである。と

ころが、インフレーションとフリッチェの研究の関係はシュミットの学説に媒介されたものであって、その意味で、両者の関係は間接的である。フリッチェの研究に直接的な影響を及ぼしたのは、合理化とその帰結ならびに1920年代終わりからの大恐慌である。

1920年代の合理化は、経営の広範な機械化、大規模な投資、生産能力の拡大によって特色づけられる[44]。かつて、ドイツ経済性本部（Reichskuratorium für Wirtschaftlichkeit）は経営の生産性・経済性に導かれる技術的合理化（technische Rationalisierung）、企業の収益性を指導原理とする商的合理化（kommerzielle Rationalisierung）そして国民経済の繁栄を目標とする国民経済的合理化（volkswirtschaftliche Rationalisierung）を区別したが[45]、実際にドイツの合理化運動において推し進められたのは技術的合理化であった。その際、経済的な最適を無視して技術的な最適が追求された。すなわち、生産能力の利用可能性や販売可能性の追求といった経済的合理性（wirtschaftliche Vernunft）を考慮せずに合理化が遂行されたのである。このような技術的合理化の所産は膨大な利用されない生産能力すなわち過剰能力の形成であった[46]。この過剰能力が経済恐慌期において大きな負担を惹起したのである。したがって、フリッチェは、かかる合理化を「誤った合理化（Fehlrationalisierung）[47]」とみなしているのである。これは、まさしく上述の「資本の誤った管理」の帰結である。シュミットやフリッチェの目指す生産と消費の均衡は達成されていなかったのである。合理化は、少なくとも商的合理化として行われなければならなかったといえる。なお、国民経済的合理化に関しては、フリッチェは言及していない。

過剰能力は、「生産能力が生産能力利用を上回る状態」として端的に表わされるが、そのような場合、いわゆる固定費問題（Fixkostenproblem）[48]が生起するのである。この場合、固定費による利益の圧迫が問題になるのであるが、それは全体原価（Gesamtkosten）に占める固定費の割合が大きいほど顕著になる。フリッチェもこのことに関心を寄せ、原価構成の変化による弾力性の喪失を生産縮小の源泉としてきわめて重視している[49]。市場に対する企業の自動的

な適応システムが機能しなくなってしまったからである。したがって、自動的な適応可能性を喪失した企業を強制的に適応させる方策が希求されることになる。フリッチェの生産縮小論は、典型的な固定費問題を背景としているのである。

かくして、生産縮小は、合理化によって形成され、その後の経済恐慌において顕在化した過剰能力に基づく固定費問題に対処するために遂行される方策であるといえる。しかして、それは、「生産能力適応（Kapazitätsanpassung）によって企業に再び正常な収益をもたらすこと[50]」を目指す方策なのである。したがって、生産縮小は、固定費の発生管理の範疇に属するといえる[51]。

生産縮小の本質にかかわるもう1つの要因は、企業者の自律性である。すなわち、フリッチェは、生産縮小が他から強制されることのない自由意志に基づく方策（freiwillige Maßnahme））であることを強調し、「企業者によってのみ担われる経営方策である[52]」と述べている。もとより、企業は自由意志に基づいて行動するのであり、そのことは生産縮小の場合においても例外ではない。この点において、破産（Konkurs）の場合とは異なるのである。すなわち、破産手続きにおける一連の方策は、企業者の自由意志に基づいて行われるのではなく、強制されたものである。したがって、破産手続きの枠内で行われる企業財産の売却は、生産縮小の範疇に入れられず、単なる財務的な縮小（finanzielle Abrüstung）とみなされるのである。生産縮小の場合は、企業者には債務履行の余地が残されているからである。また、生産縮小に関しては、適時に方策を実行するという自由裁量の余地も看取され得るのである。それは意思決定の自由性に基づいている。1970年代にルートハルト（Rudhart, P. M.）が経営休止を特色づける要因として企業者の自律性あるいは意思決定の自由性を指摘したが[53]、同様のことがすでにフリッチェによって主張されていたのである。

フリッチェは、生産能力と生産能力利用の均衡すなわち生産可能性と販売可能性の均衡を達成させる方法として、①競争（Konkurrenzkampf）、②協調（Verständigung）、③企業者の主導（Unternehmerinitiativ）という3種類の可能性をあげている。これらのうち、競争は現存の生産能力の維持を前提とするの

で、生産縮小とは適合しない。また、協調には小さな成果しか期待できない。したがって、企業者の主導による生産縮小が重視されることになるのである。それは、「資本の誤った処理は、すべての場合において、損失なしには解消され得ない[54]」からであり、「必要な収益性を再び得るためには、強力な資本カット（Kapitalschnitt）が必要である[55]」からである。すなわち、過小収益性の状態を克服し、再び正常な収益性を達成するためには、抜本的な方策が実施されなければならず、強力な企業者の主導が必要となるのである。

1. 経営経済的な生産縮小の形態

経営経済的な生産縮小として、①清算（Liquidation）、②企業再生（Sanierung）が考えられる[56]。

清算とは、企業者の自由意思に基づく企業の解体ならびに債権者の要求を充足した上での持分所有者への企業財産の分配である。したがって、これは自由意志に基づかない破産とは区別されねばならない。清算は、獲得される利益が企業の存続を合理化し得ない場合に行われるのであり、その場合、企業において利用されている資本を他の目的のために用いることがより合理的なのである。それゆえ、清算の目標は、企業の存在を最も経済的に終わらせることである。それとの関連で、清算の行われるタイミングも重要である。それで、生産を全面的に停止し、一挙に企業の清算を行う全面的清算（Vollliquidation）、生産を続行しながら徐々に清算が行われる部分的清算（Abbauliquidation）のいずれかが選択されることになる。その決定の際には、清算により獲得され得る清算価値（Liquidationswert）が一定の役割を果たすのである。

企業再生は、資本の収益力をできるだけ回復させるという目的を追求する財務的方策と考えられている[57]。企業財産に投下されている資本は、必要な形態と規模で利用されねばならない。そのための方策が企業再生である。企業再生方策として、フリッチェは、純粋の企業再生（株式の併合や消却による資本減少）、新たな資金の補給による企業再生（新株発行による企業再生、追加払による企業再生）、および資本返還（Kapitalrückzahlung）を指摘している。ただし、

当然のことながら、新たな資金の補給による企業再生は経営経済的な生産縮小の範疇から除外される。そして、額面以下の価額での自己株式の買戻しによる資本返還が、経営経済的な生産縮小に最も適合するものと考えられている。その場合、株式の払い戻しを可能にするような資金が必要であり、そのために生産設備等が売却されねばならない。一般に、病んでいる企業を健康にする場合、財務技術的な方法だけでは問題は根本的に解決され得ず、過小収益性や損失の源泉を塞ぐことが必要である。それゆえ、生産設備等の価値的あるいは量的適応が不可避であるといえる。今日のM&Aの場合にも同様の現象がみられる。

2. 技術的な生産縮小の形態

技術的な生産縮小として、①生産転換 (Umstellung)、②生産集約 (Konzentration) が考えられる[58]。

生産転換とは、ある一定の生産過程における技術的組織の変更ではなくて、生産物の種類や生産方針の変更を意味するのである。この方策は、これまでの生産に用いられていた財産を別の目的のために転用するもので、実務においてきわめて頻繁にみられた。この場合、生産転換の前と後の収益性が比較されることを要するが、生産転換以前の投下資本に対する正常な収益性が達成されることは稀であったといわれる。しかし、新たな分野への迅速な生産転換によって特別利益 (Extragewinn) を得ることは可能であった。

生産集約の主たる目的は、原価低減、合理化（専門化、類型化、規格化）、同種同形の一定量生産などによる超過収益 (Mehrertrag) の獲得である。この生産集約は、過小収益性に苦しむ複数企業に関して、生産能力の適応を促すのである。したがって、きわめて多くの場合において、それは技術的な生産縮小に適合するのである。このような生産集約の個別的な類型として、合併 (Fusion)、利益共同体 (Interessengemeinschaft) があげられている。合併は、経営休止・売却 (Desinvestition) を不可避的に伴う。通常は、合併後の生産能力が完全利用され得ないほどに過剰となるからである。したがって、たとえば、一定の工

場部門が全面的あるいは部分的に売却されることを余儀なくされるのである。そして、その対価によって他の部門の取得または増強が行われることになる。さらに、利益共同体は、ほとんどの場合において、技術的な生産縮小のための方策とはみなされ得ないのであるが、専門化契約（Spezialisierungsvertrag）が締結される場合は技術的な生産縮小とみなされる。その際、一定の生産部門における操業が断念され、経営の部分的な縮小が行われ得るからである。

VI. 結

　かつて、グーテンベルク（Gutenberg, E.）は、第1次大戦後のドイツ企業の実践的要請に基づく3つの問題を指摘し、それらが経営経済学の主要問題領域を形成することを述べた[59]。3つの問題とは、①計算制度の問題、②原価の問題、③販売経済の問題である。これらの問題は、1920〜30年代のインフレーション、合理化、経済恐慌に規定されているのである。

　すでに明らかなように、本章で検討したフリッチェの企業生産縮小論は、まさしく上述の3つの問題を基礎づけている状況を背景として、過小収益性に苦しんでいた当時の企業の生産縮小問題を論じたものである。それゆえ、計算制度の問題としての有機的利益の計算、原価の問題としての固定費問題とそれに対する方策、販売経済の問題としての市場状況・販売可能性の考慮などがその主たる内容となっている。そして、市場状況に対する個々の企業の資本および生産能力の適応というコンセプトが最も重視されているのである。

　生産縮小は、自己資本出資者に対して正常な利子をもたらすための方策という性格を有する。もとより、企業の利益目標は、通常の生産活動によって達成されるべきものである。ところが、そのような生産活動によっては目標達成が困難である場合に、代替的な方策の1つとして生産縮小が行われるのである。したがって、生産縮小は、通常の生産活動と同様に、企業の目標達成のための手段であることに注意しなければならない。その場合、技術的な生産縮小だけでは目標が十分に達せられず、必然的に経営経済的な生産縮小が考慮に入れら

れねばならなかったのである。それほど当時の企業のおかれていた状況が厳しかったといえよう。それゆえ、フリッチェの研究テーマは「企業生産縮小論」となっているのである。

　本章の冒頭で述べたように、フリッチェはフランクフルト学派に連なる人であり、シュミットの学説に決定的に規定されている。彼の思考の根底には、つねに有機的企業観および資本の相対的実体維持の思想が横たわっているのである。その意味で、彼の研究は、シュミット的な考察様式の生産縮小問題への適用と考えられないでもない。しかしながら、企業と経営の概念の峻別に基づく2つの主要適応方策という発想、私的利益の獲得という企業の私経済的側面の強調、自己資本利子の重視など独自の内容も多くみられる。

　フリッチェは経営経済学の歴史においては無名の人であるが、われわれが彼の研究を評価するのは、彼の所説に今日の危機マネジメント論の萌芽的なものが明白にみられるからである。すなわち、グーテンベルク流の適応の問題、ルートハルトが指摘した休止のパラドックス（Stilllegungsparadox）の問題、企業危機の両面価値（Ambivalenz）の問題、固定費の比例費化の問題、経営休止・売却の問題、リストラクチャリングの問題などのような今日において議論の対象となっている問題の多くが何らかの形ですでに取り上げられているのである。しかも、それらが明確な問題意識に基づいて論じられている。フリッチェの生産縮小論を危機マネジメント論のさきがけとみなす所以である。

1) Vgl. z. B. Leist, E. : Die Sanierung von Aktiengesellschaften, Berlin 1905 ; Hilmer, E. : Wirtschaftliche Zusammenbrüche und ihre Abwehr, Leipzig 1914 ; Leitner, F. : Die Unternehmungsrisiken, Berlin 1915.
2) Le Coutre, W. : Krisenlehren für die Unternehmensführung, Das Geschäft, 3. Jg. (1926), S. 63 ff. ; Hasenack, W. : Unternehmertum und Wirtschaftslähmung, Berlin 1932 ; derselbe : Überwindung der Wirtschaftskrise und das deutschen Unternehmertum, ZfB, 2. Jg. (1932), S. 705 ff. ; Isaac, A. : Wirtschaftskrise und Wirtschaftsgesinnung, ZfB, 2. Jg. (1932), S. 385 ff. ; Flege-Althoff, F. : Die Notleitende Unternehmung, Stuttgart 1930.
3) 小島三郎『ドイツ経験主義経営経済学の研究』有斐閣、1965年、200ページ。また、吉田和夫『ドイツ経営経済学』森山書店、1982年、109ページ以下を参照。
4) Fritzsche, W. : Das Abbauproblem der Unternehmung, Düren-Rhld 1932.　寡聞の限り

では、わが国においてフリッチェの研究に言及した唯一の文献は次のものである。土岐政蔵『計算価格論』千倉書房、1953年、96ページ。

5) Vgl. Schmidt, F. : Der Wiederbeschaffungspreis des Umsatztages in Kalkulation und Volkswirtschaft, Berlin 1923 ; derselbe : Die organische Tageswertbilanz, 3. Aufl., Leipzig 1929 ; derselbe : Kalkulation und Preispolitik, Berlin 1930. なお、シュミットの学説については、たとえば、山下勝治『ドイツ会計学理論』巌松堂、1936年、岩田巌『利潤計算原理』同文館出版、1956年、325ページ以下、鈴木和蔵『新版経営維持の理論』森山書店、1979年、中村常次郎『ドイツ経営経済学』東京大学出版会、1982年、332ページ以下を参照。
6) Schmidt, F. : Die organische Tageswertbilanz, S. 1.
7) 小島三郎、前掲書、173ページ。
8) Fritzsche, W. : a. a. O., S. 1.
9) Schönpflug, F. : Betriebswirtschaftslehre, Stuttgart 1954, S. 325. 古林喜楽監訳、大橋昭一・奥田幸助訳『シェーンプルーク経営経済学』有斐閣、1970年、285ページ。
10) 鈴木和蔵、前掲書、6ページ。
11) シュミットは、①生産と消費の平行の原則、②企業維持の原則、③貸借対照表均衡の原則、④財産計算と損益計算の分離の原則という4つの有機体原則あるいは計算原理を提唱している。これに関しては、岩田　巌、前掲書、326ページ以下、中村常次郎、前掲書、379ページ以下を参照。
12) Schmidt, F. : Die Industriekonjunktur, ZfB, 4. Jg. (1927), S. 8 ff. ; Fritzsche, W. : a. a. O., S. 4 ff.
13) ③は等式を完成する役割を担っている。
14) Isaac, A. : Die Entwicklung der wissenschaftlichen Betriebswirtschaftslehre in Deutschland seit 1898, Berlin 1923, S. 173.
15) 実体維持の範疇に属するものとして、絶対的または再生産的実体維持 (absolute oder reproduktive Substanzerhaltung)、相対的実体維持 (relative Substanzerhaltung)、能力的実体維持 (qualifizierte Substanzerhaltung)、給付等価的実体維持 (leistungsäquivalente Substanzerhaltung)、発展適合的実体維持 (entwicklungsäquivalente Substanzerhaltung) などがある。これらに関しては、立花得雄『企業維持計算論』中央経済社、1984年、5ページ以下、中田　清『ドイツ実体維持会計論』同文館出版、1993年、53ページ以下、久保田秀樹『市場経済の展開と発生主義会計の変容』滋賀大学経済学部、1996年、165ページ以下を参照。
16) Schmidt, F. : Die organische Tageswertbilanz, S. 133.
17) Schmidt, F. : a. a. O., S. 127 ff. また、山下勝治、前掲書、221ページ以下、中村常次郎、前掲書、373ページ以下を参照。
18) Vgl. hierzu etwa Sieber, E. : Objekt und Betrachtungsweise der Betriebswirtschaftslehre, Leipzig 1931, S. 39 und S. 87. また、中村常次郎、前掲書、342ページをも参照。
19) Fritzsche, W. : a. a. O., S. 7 ff. 同様に、企業と経営の概念を厳しく区別する論者として、たとえば、ジークヴァルト (Siegwart. H.) があげられる。Vgl. Siegwart, H. : Der Einfluß von der fixen Kosten auf die Unternehmungspolitik, Zürich und St. Gallen

1959, S. 72. 深山　明「固定費と企業政策」『商学論究』第32巻3号、1985年、77ページ以下を参照。
20) Fritzsche, W. : a. a. O., S. 8.
21) Fritzsche, W. : a. a. O., S. 9.
22) Fritzsche, W. : a. a. O., S. 40.
23) Fritzsche, W. : a. a. O., S. 42.
24) Schmidt, F. : a. a. O., S. 8.
25) 岩田　巌、前掲書、339ページ。
26) Fritzsche, W. : a. a. O., S. 3 und S. 37. Vgl. auch Schmidt, F. : a. a. O., S. 50 ff.　フリッチェは、利益と収益を同義的に用いている。
27) Schmidt, F. : Industriekonjunktur — ein Rechenfehler!, ZfB, 4. Jg. (1927), S. 65 f. ; derselbe : Der Wiederbeschaffungspreis des Umsatztages in Kalkulation und Volkswirtschaft, S. 56.
28) Fritzsche, W. : a. a. O., S. 9 ff.
29) Fritzsche, W. : a. a. O., S. 12.
30) シュミットは、資本と財産を同義と解し、①実体的資本（Real-Kapital）と②抽象的資本（abstraktes Kapital）を考えている。①は貨幣および貨幣債権を包含する実体的な財の存在量であり、②は貨幣を含むすべての実体的な財の価値を抽象的貨幣単位で表わしたものである。いうまでもなく、シュミットにとっては、実体的資本がより本質的である。Vgl. Schmidt, F. : Die organische Tageswertbilanz, S. 51.
31) Fritzsche, W. : a. a. O., S. 39 ff.
32) 共同経済的収益性とは企業の財産収益（Vermögensertrag）と総資本の比であり、私経済的収益性とは企業成果（Unternehmungsertrag）と自己資本の比である。Lehmann, M. R. : Betrieb und Unternehmung und das Wesen ihrer Wirtschaftlichkeit, ZfB, 3. Jg. (1926), S. 57.
33) Schmidt, F. : a. a. O., S. 51.
34) Schmidt, F. : a. a. O., S. 221.
35) Fritzsche, W. : a. a. O., S. 45.
36) Fritzsche, W. : a. a. O., S. 45 ff.
シュミットは、利益を次のように分類している。
　1. 純粋の取引利益
　　a. 販売財に基づくもの
　　b. 資本利用に基づくもの
　2. 投機利益
　　a. 他人資本によるもの
　　b. 自己資本によるもの
　3. 全体企業の売却に基づく利益
37) シュミットの場合は、自己資本に対する利子は原価に算入され、それは資本の原価とみなされる（Schmidt, F. : Der Wiederbeschaffungspreis des Umsatztages in Kalkulation und Volkswirtschaft, S. 3.）。それゆえ、フリッチェとシュミットの所説における正常利

子の概念は、厳密にいうと異なるのである。このことに関しては、中野　勲『会計利益測定論』中央経済社、1971年、92ページを参照。
38) フリッチェは企業者賃金をそれほど重視していない。彼は、さまざまな計算例を示しているが、それらにおいて企業者賃金はほとんど考慮されていない。
39) Fritzsche, W. : a. a. O., S. 55.
40) Fritzsche, W. : a. a. O., S. 22.
41) Fritzsche, W. : a. a. O., S. 23.
42) Fritzsche, W. : a. a. O., S. 20.
43) Fritzsche, W. : a. a. O., S. 23.
44) Fritzsche, W. : a. a. O., S. 70. また、前川恭一・山崎敏夫『ドイツ合理化運動の研究』森山書店、1995年、57ページ以下を参照。
45) 前川恭一・山崎敏夫、前掲書、7ページ、吉田和夫「ゴットルとわが国経営学」海道進・吉田和夫・大橋昭一『現代ドイツ経営経済学』税務経理協会、1997年、178ページ以下を参照。
46) 吉田和夫『ドイツ合理化運動論』ミネルヴァ書房、1976年、136ページ以下。このような現象は自動車工業において顕著にみられた。Vgl. hierzu Wissel, P. : Kapitalfehlleitungen in der Automobilindustrie, ZfhF, 24. Jg. (1930), S. 8 f.
47) Fritzsche, W. : a. a. O., S. 72.
48) 固定費問題に関しては、深山　明『ドイツ固定費理論』森山書店、2001年、21ページ以下、深山　明『ドイツ経営補償計画論』森山書店、1995年、4ページ以下を参照。
49) たとえば、クライネ (Kleine, K.) は、この当時の原価構成の変化の問題について詳細な研究を行っている。Vgl. Kleine, K. : Die Verschiebung der fixen Kosten und proportionale Kosten in Textilbetrieben, ZfhF, 23. Jg. (1929), S. 241 ff. und S. 289 ff.
50) Fritzsche, W. : a. a. O., S. 73.
51) 固定費の管理に関しては、利用管理と発生管理がある。前者は固定費を利用の局面で管理することを意図するものであり、後者は固定費を発生の局面で管理することを意図するものである。この2種類の管理にかかわるのが固定費管理論である。それは固定費補償論とともに固定費理論を形成する。
52) Fritzsche, W. : a. a. O., S. 19.
53) Rudhart, P. M. : Stillegungsplanung, Wiesbaden 1978, S. 73 und S. 88. これに関しては、深山　明『ドイツ固定費理論』123ページを参照。
54) Fritzsche, W. : a. a. O., S. 76.
55) Fritzsche, W. : a. a. O., S. 74.
56) Fritzsche, W. : a. a. O., S. 77 ff.
57) 今日の危機マネジメントの一環として行われている企業再生はもう少し広い概念であって、企業を再び健全にするためのあらゆる方策を包含する。そのようなものとして、生産の合理化、マーケティングの改善、人的組織の変更などの組織的方策などが考えられる。
58) Fritzsche, W. : a. a. O., S. 111 ff.
59) Gutenberg, E. : Betriebswirtschaftslehre als Wissenschaft, Krefeld 1957, S. 14. これに

関しては、吉田和夫『ドイツの経営学』同文舘出版、1995年、200ページ以下を参照。

第6章　価格下限論の生成

I. 序

　価格限界（Preisgrenze）という問題がある。この問題は経営経済学において古くから議論の対象となってきたのであり、これまでに幾多の研究が明らかにされている[1]。

　価格限界とは、ある代替案が他の代替案よりも有利であることを明らかにする「分岐的数値（kritischer Wert）[2]」であって、それは販売市場および調達市場における価格政策的意思決定に関する「処理の基礎（Dispositionsgrundlage）[3]」である。この価格限界は、いくつかの基準に従って、さまざまなものに細分され得るのである。かかる基準としては、財の種類、目標設定、時間などが考えられる[4]。たとえば、財の種類によって、販売財に関する価格下限（Preisuntergrenze）と投入財に関する価格上限（Preisobergrenze）が、また、目標設定に従って、利益志向的価格限界、流動性志向的価格限界および売上高志向的価格限界（gewinn-, liquiditäts- und umsatzorientierte Preisgrenze）が、さらに、時間的な長さに基づいて、短期的価格限界、中期的価格限界および長期的価格限界（kurz-, mittel- und langfristige Preisgrenze）がそれぞれ区別されるのである。

　これまで多くの論者が取り上げてきたのは、利益志向的（原価志向的）および流動性志向的価格下限である。これが原価補償（Kostendeckung）の問題と

して考察されてきたのである。価格限界の1つの類型たる価格下限は、この価格を下回るとある代替案（たとえば、操業続行、注文の受け入れ）の有利性が失われるということを示す分岐的価格あるいは「限界価格（Grenzpreis）[5]」であり、換言すると、価格下限とはある代替案を実行する場合にそれを実行しない場合と同じ結果を招来する価格のことである。それゆえ、「価格下限の計画とは、……分岐的な数値を算定すること[6]」なのである。

価格下限論は、一元論（monitische Sicht）と多元論（pluralistische Sicht）に分けることができる[7]。前者は1つの観点（たとえば、原価あるいは流動性）から価格下限を考察するものであり、後者は複数の観点（たとえば、原価および流動性）から価格下限を考察するものである[8]。歴史的には、一元論から多元論への発展が見られた。それはもっぱら原価経済的側面にのみ注目する一元論が経営の現実に適合しなかったからであり、本格的な価格下限論の展開は多元論の勃興を待たねばならなかったといえる。

本格的な価格下限論の生成は1920年代のドイツにおいてみられる。とりわけシュルツ（Schulz, Carl-Ernst）の研究[9]は最初の体系的な価格下限論であって、それは今日においても基本文献の1つとみなされている[10]。彼の所説についてはこれまでにドイツおよび日本の研究者が取り上げている[11]。本章においては、それらの諸研究とは若干異なる問題意識に基づいて、シュルツの所説ならびに価格下限をめぐる問題について考察することにする。

Ⅱ．全部補償と部分補償

原価理論は原価管理の理論と原価補償の理論から成り立っている。しかして、企業の最高目標は利益の最大化であるので、原価は最終的には補償されることを要する。したがって、原価管理はそれ自体が目的ではない。管理のための管理はあり得ず、原価は補償するために管理されなければならないのである。したがって、「経営内的な最小問題たる費用論（＝原価理論―引用者）は、それ自体の考察からすすんで、それ自体を対外的、価値実現的な活動への関連

のうちで理解する必要がある[12]」といえる。杉本教授によると、補償（Deckung）なる概念はパイザー（Peisre, H.）によって初めて提唱されたが[13]、それは給付生産によって費消された生産要素の経済的価値を販売過程を通じて回収・補塡することを意味している。したがって、この問題は原価と価格に関する問題なのである[14]。

周知のように、原価補償に関しては、全部補償（Volldeckung od. totale Deckung）と部分補償（Teildeckung od. partielle Deckung）が区別され得る。全部補償とは、ある一定の給付の生産に関連して惹起される原価の全体が補償されることを意味する[15]。したがって、全体原価（Gesamtkosten）と売上高または平均原価と価格の対応関係が問題となるのである。この場合、平均原価計算（Durchschnitts-Kostenrechnung）に基づく考察が行われる[16]。かかる全部補償というコンセプトが有効でない場合が多い。このことに関して、溝口教授は、「全部補償政策の適用を無効にする根本的な条件はなにかといえば、それは社会的不況である[17]」と述べておられる。すなわち、景気後退期においては、市場価格が下落し、いかなる生産量に関しても平均原価を下回ることが考えられる。また、厳しい競争条件の下にある企業にとっては、景気の状態には関わりなく、原価の一部の補償を断念しなければならないこともあり得る[18]。このような事実に基づいて構想されるのが部分補償ならびにそれに伴う価格政策である。部分補償の場合、価格によって原価の一部を補償することが企図され、他の部分の補償は断念されるのである。モル（Moll, J.）は、このような部分補償の目的として、①操業の増大、②相対的利益（relativer Gewinn）の獲得をあげている[19]。前者は操業の調節の問題に関連し、それの実践的意義については評価が分かれている。後者は価格下限の確定の問題に関連し、それが部分補償の本質的な領域に属するものである点については多くの論者の見解は一致している。それゆえ、モルは、「もちろん、経済原理（ökonomisches Prinzip）は、絶対的に、経営のすべての状況に対して一義的に適用されるものではない。よい景気状態の時期には、可及的大なる利益を獲得することが要求されるが、不況期においては、同じ原理に基づいて、可及的小なる損失という公準あるいはヴ

ァルプ (Walb, E.) のいう相対的利益という公準が適用されるのである。したがって、上述の原理から派生する要求は、それぞれの経営の状況によって変化するのである[20]」と述べて、上で示した部分補償の第2の目的を強調しているのである。

　部分補償なる思考は、ドイツにおいては合理化運動の推進された前後の時期すなわち1920年代半ばに台頭し、若干の論者によってそれの実践への適用が主張されたのである。しかし、かかる思考の源泉は、ヴァルプやフォルムバウム (Vormbaum, H.) が指摘しているように[21]、19世紀末に出版されたシュトロウスベルク (Strousberg, B. H.) の論述[22]やメサーシュミット (Messerschmitt, A.) の研究[23]に求めることができる。とりわけ、ドイツの鉄道王 (Eisenbahnkönig) といわれたシュトロウスベルクは、部分補償政策の必要性をきわめて明示的に述べている[24]。

　シュトロウスベルクによると、1800年代終わりのイギリスの製造業者の考え方はドイツの製造業者の考え方と著しく異なっていた。イギリス人は、最も高い価格を希求するのであるが、最も低い価格の場合でも完全操業を実現しようとする。それゆえ、当時のイギリスで行われていた一般経費計算 (Genaral-Unkosten-Rechnung) はドイツにおけるそれとは非常に異なったものであった。すなわち、操業が行われるか否かにかかわらず発生する原価（＝固定費）は総原価計算 (Selbstkostenrechnung) には算入されず、そのような原価をすべての商品に負担させることは行われていなかった。そして、固定費部分を補償するためには、生産が行われるごとに発生する原価（＝変動費）を上回るどのくらいの売上高が必要であるかということが考えられた。そして、必要とされる売上高を実現するための販売量が獲得できない場合、また、価格が低い水準にある場合は、利益を獲得することができないが、損失を伴って操業が続けられる。そして、そのことによる犠牲が大きすぎるなら、経営は閉鎖されねばならないのである。それに対して、ドイツの工場主は、全く異なる原則に従っており、あらゆる製品に一般原価（＝固定費）の相応部分を負担させたのである。その結果、彼は他者との競争を不可能にするような大きな総原価を算出し

なければならないことがあった。この場合、生産量が減少すると、製品単位あたりの固定費負担が増大するという固定費の逓減効果（Degressionseffekt der fixen Kosten）の逆の作用が働くからである。シュトロウスベルクはこのような計算がとくに機械製造業の工場主によって行われていることを指摘し、きわめて不合理なものと考えていたのである。さらに、彼は、自らの鉄道事業展開の一環として実施されたゲルリッツ駅の建設に際しての事例も示している。

Ⅲ. 部分補償問題と価格下限論

すでに述べたように、部分補償が本格的に主張され始めたのは1920年代半ばのことであった。それは、パイザー、ヴァルプ、シュマーレンバッハ（Schmalenbach, E.）、ベステ（Beste, Th.）、レーマン（Lehmann, M. R.）、ミュラー＝ベルンハルト（Müller-Bernhardt, H.）、等の論述の中にみられるのである[25]。

周知のように、1923年11月16日のレンテンマルク（Rentenmark）の発行によって、第1次世界大戦後のインフレ政策の帰結としての通貨の全面的破綻をもたらした未曾有のインフレが終息させられた。いわゆる「レンテンマルクの奇跡」である。この通貨安定の後、ドイツ経済は、1924年の安定恐慌を経て、1925／26年の恐慌を迎えることとなった。そして、この時期に合理化運動の本格的な展開が要請されたのである。かかる状況に関して、注意すべきことは、1923年の時点において工業生産のかなりの減少がみられ[26]、相当な規模の過剰能力が存在していたことである[27]。このことに関して、モテク（Mottek, H.）らは、「重工業部門の生産能力は、1920年には約50％が利用されていたにすぎなかった[28]」、「1925年恐慌までは、鉄鋼業、機械製造業、圧延工場の大きな生産能力は利用されないままであった[29]」と述べている。また、1924年〜29年におけるドイツ工業全体の操業短縮率はその生産能力の35〜40％であったといわれている[30]。それゆえ、「（当時の）企業戦略は過剰設備の調整と価格支配におかれた[31]」のである。そして、このような状況は、消極的

合理化および積極的合理化（negative und positive Rationalisierung）という合理化運動の過程において一層悪化することとなるのである。大量生産による価格の引き下げ・需要の増加がもくろまれ、そのために生産能力の拡大が行われたからである[32]。「誤った合理化[33]」といわれる所以である。

ナウマン（Naumann, W.）は、このような経済危機（Wirtschaftskrise）を克服するためには、製造原価の低減ならびに過剰に投入されている生産設備の理性的な自己縮小（Selbstbeschränkung）が必要であることを指摘し、また、「ドイツの資本力と販売可能性に適応させられた基礎に基づいて、最も低い価格、そして競争可能な価格で生産することに成功する場合にのみ危機は克服され得る[34]」と述べている。

以上のような状況に規定されて部分補償政策の実施が提唱されたのである。とりわけ、ヴァルプの所説は当時の企業を悩ませていた問題を色濃く反映しているといえる。ヴァルプは、1924年の論文において、「克服すべき死んだような状況[35]」たる販売不振（Absatzstockung）の原因を価格が高すぎることに求めている[36]。当時の通念に従えば、財の価格は原価総額に基づいて設定されねばならず、生産原価を下回る価格で販売が行われてはならないと考えられていた。それは古典的な国民経済学の影響を受けた思考であった。ところが、現実には、原価したがって販売価格が高すぎて、買い手の期待する効用あるいは使用価値と適合せず、販売不振といわれる状況が生起したのであった。財の価格が給付単位計算（Kalkulation）によってではなく市場状況によって形成されるからである。ヴァルプは、かかる状況を克服するためには、原価の領域に眼を向けることが必要であると考えた。これに関して、彼は、「どこに梃子があてがわれ得るか。すなわち、経営に特別の損害を被らさずに、生産者による一時的な譲歩がどのくらい可能であるかという問題[37]」を明らかにせんとしたのである。彼によると、経営原価（Betriebskosten）の中で、比例費はつねに必ず補償されねばならないが、経営準備の原価として惹起される固定費はア・プリオリな損失（Verlust a priori）とみなされ得るのであって、それは価格設定においては弾力的な部分（elastisches Glied）を形成するのである[38]。すなわち、

「経営が比例費を超えて価格に含めて獲得するものの総額は、この損失の補償に対する貢献を意味する[39]」のである。したがって、短期的には固定費部分の補償を断念することによって、比例費という最低限度までは通常の総原価(Selbstkosten) を下回る価格で販売することができ、その結果、「相対的利益[40]」が得られるのである。このように固定費を特別扱いすることが販売不振の克服を可能にするのである。さらに、彼は、「この相対的利益は、簿記的に考えると少なく見積もられた損失である。それは売上がゼロの場合に生じるであろう損失を縮小するのである[41]」と述べている。このような価格政策の意義として、①操業を継続することによる職場の確保、②新たな需要者の獲得、③病んでいる経営とそれの回復手段の明確化が指摘されている[42]。ヴァルプは③の意義を最も重要視している。そして、「経営がその固定費を補償できないことを認識すると、固定費を減少させなければならない。多くのドイツの経営にとって、かかる縮小は生存するために必要であろう。われわれは、国内および国外での販売可能性に比して、過大な生産能力を有しているのである[43]」と述べて、過剰能力に苦しめられていた当時の企業の課題を明示している。しかしながら、部分補償政策の実施が提案されていたにもかかわらず、実践においてそれが採用されるには至っていなかったというのが実情であった。ミュラー＝ベルンハルト (Müller-Bernhardt, H.) が指摘しているとおりである[44]。

　部分補償政策を実施するための計算的な根拠を提供するのが価格下限である。すなわち、部分補償政策にとって価格下限の確定は不可欠なのである。また、価格下限を基礎づけているのが部分補償思考であるともいえる。その意味において、部分補償思考は価格下限論の生みの親である。すなわち、1920年代の半ば頃に部分補償ということが主張され始め、その思考を前提として価格下限なるコンセプトが形成されたのである。これに関して、久保田教授は、「部分補償を目的とした計算が顕著になったのは、欧州大戦後の特殊経済社会諸情勢のもとに於いてである。此時以来此種補償と関連した価格計算の1つとして価格最低限決定問題が台頭した[45]」と述べておられる。そして、全部補償に代わる部分補償の主張は原価の一部の補償の断念が適切であるか否かという

「部分補償の《ob》の問題」に関連するのであるが、価格下限はどのように原価の一部の補償を断念するかという「部分補償の《wie》の問題」と関連するのである。それゆえ、価格下限が議論されるためには、部分補償なる思考がすでに存在していることが不可欠であったといえる。

シュルツの研究が明らかにされる前に、シュマーレンバッハやファン・アウベル（P. van Aubel）等の研究[46]の中で価格下限が取り上げられている。しかし、それらは比例率（proportionaler Satz）の価格下限への適用の可否について述べているにすぎない。したがって、本格的な価格下限論の展開はシュルツの研究を待たねばならなかったのである。

IV. 比例率と価格下限

シュマーレンバッハは、比例費（proportionale Kosten）、固定費（fixe Kosten）、逓減費（degressive Kosten）および逓増費（progressive Kosten）という4つの原価範疇を類型化し、さらに、いわゆる数学的原価分解（mathematische Kostenauflösung）によって逓減費と逓増費を比例費部分と固定費部分に分解することを試みた。これは、1899年の論文以来一貫として展開されているテーマである[47]。

この数学的原価分解における中心的概念は比例率である。周知のように、比例率は、2つの生産量と原価の組合せから差額商として算出される。ベステは、これを「2つの操業度に対応する全体原価の差額を2つの操業度の間の生産量の単位に関係づけたものである[48]」と説明している。いま、生産量を x_1 および x_2、それに対応する原価を K_1 および K_2 とすると、比例率 p は次のようにして算出される。

$$p = \frac{K_1 - K_2}{x_1 - x_2}$$

この比例率をレーマン（Lehmann, M. R.）は原価増加率（Kostenzuwachs）[49]、ヘーバー（Heber, A.）は差額原価（Differenzkosten）[50]と称している。

第6章 価格下限論の生成

シュルツは、レーマンの原価式[51]を受け入れ、それに基づいて全体原価の経過を第1図、平均原価および比例率を第2図のように表していいる。

固定費　　　：$K = F$
不足比例費：$K = p' \cdot x + F'$
比例費　　　：$K = p$
超過比例費：$K = p'' \cdot x - F''$

超過比例的給付原価　：$k = \dfrac{F}{x}$

逓減的給付原価　　　：$k = p' + \dfrac{F'}{x}$

普遍的給付原価　　　：$k = p$

逓増的給付原価　　　：$k = p'' - \dfrac{F''}{x}$

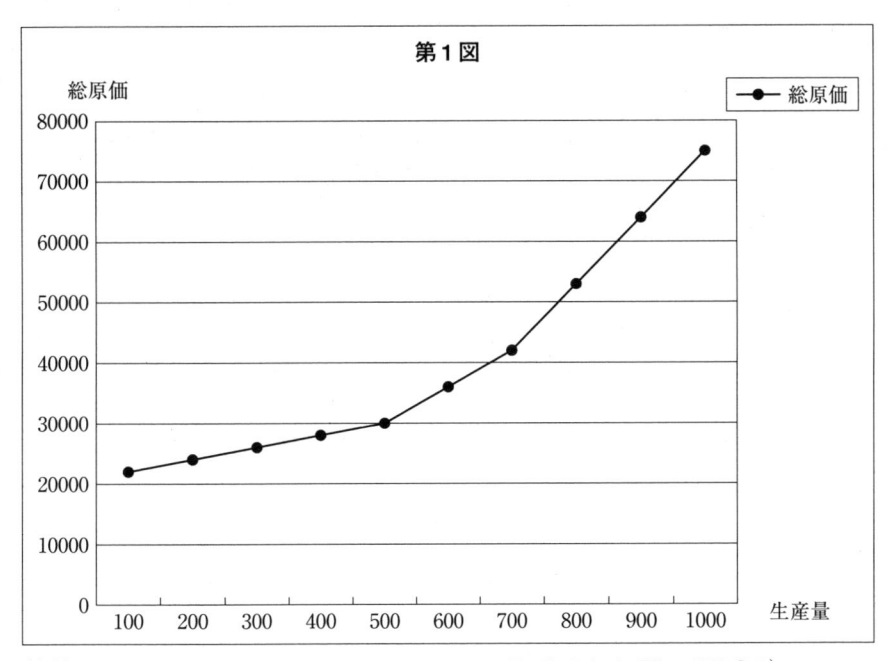

第1図

(出所　Schulz, C.-E.: Das Problem der Preisuntergrenze, Berlin Leipzig Wien 1928, S. 5.)

128

第2図

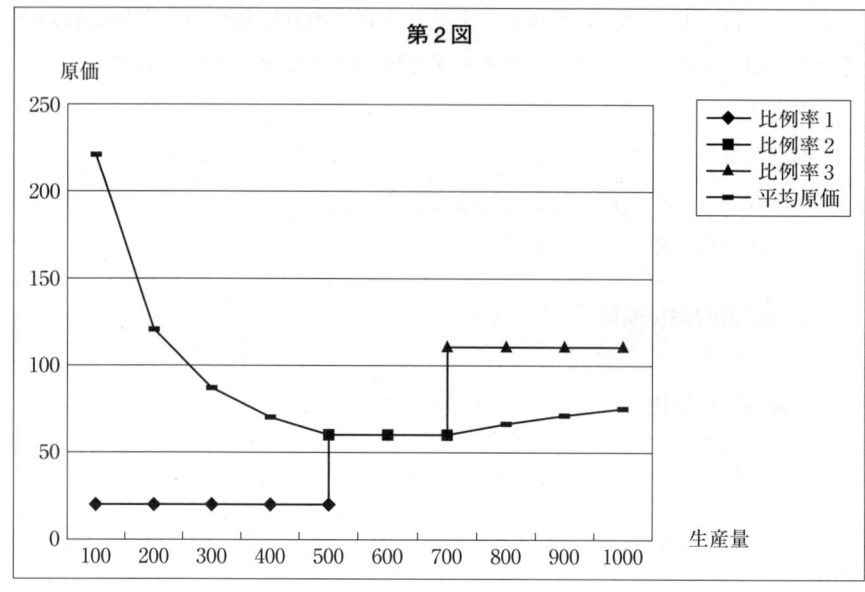

[グラフ: 原価と生産量の関係を示す。比例率1、比例率2、比例率3、平均原価]

(出所　Schulz, C.-E.: a. a. O., S. 8.)

$0 < x \leq 500$	$K = 20x + 20000$	$k = 20 + \dfrac{20000}{x}$
$500 < x \leq 700$	$K = 60x$	$k = 60$
$x > 700$	$K = 110x - 35000$	$k = 110 - \dfrac{35000}{x}$

　ところで、シュマーレンバッハは比例率を価格下限とみなした[52]。ファン・アウベルもこのことを支持している[53]。これに対して、シュルツは比例率の価格下限への適用を否定している。すなわち、彼は、特殊な状況の下でのみ比例率が価格下限として機能し得ることを指摘しているのである。すでに述べたように、価格下限は部分補償の問題領域に属し、部分補償のための用具としての意義を有するのである。したがって、第1図のような全体原価経過を前提とする場合、比例率を価格下限とすることによって部分補償が実現され得るのは不足操業の領域（$0 < x \leq 500$）においてである。ちなみに、$500 < x \leq 700$ および x

＞700の領域においては全部補償が実現する。また、シュマーレンバッハの想定していたような3次曲線の全体原価経過を前提とすると、比例率が価格下限としての機能を果たし得る領域はさらに限定されることになるのである。それは、平均変動費が最小となるような生産量と平均原価が最小となるような生産量の間の領域である[54]。したがって、それはまさしく「特殊な状況」であるといえる。

　さらに、シュルツは、比例率を価格下限とみなす論者の見解に対して、別の点おいても不満を覚えていた。それについて、彼は明示的には述べていないが、彼の思考は明白である。上述の（不足操業領域における）比例率に基づく価格が固定費部分を全く含んでいないからである。したがって、これを価格下限とするということは、きわめて限られた場合にしか妥当性を有さないのである。それは生産が行われないときにすべての固定費が回避不可能であるという特殊な場合である。通常はすべての固定費が回避不可能であるということはあり得ないからである。この点に関して、マレッツ（Maletz, J.）も同様のことを指摘し、「この価格にはなお固定費の一部が含まれていなければならない[55]」と述べている。

　また、経営休止決定（Betriebsstilllegungsentscheidung）の基礎としての価格下限の形成に関しては、経営休止が実施されることによって新たに発生する原価（たとえば休止原価）が考慮に入れられなければならない。このような思考は、すでにルンメル（Rummel, K.）の研究[56]に見られるのである。シュルツは、彼の所説をそれまでのものと比べて本質的により厳密であるとみなしており[57]、その影響を大いに受けている。

　以上のことから明らかなように、比例率が価格下限として機能し得るのはさまざまな意味において「特殊な状況」の下においてであるといわなければならない。

　シュルツは、比例率を価格下限に適用することの一般化を批判し、「この研究は、……シュマーレンバッハの比例率を価格下限として利用することの批判から生まれた[58]」と述べている。かくして、比例率に取って代わる価格下限が

提起されることとなった。それは、すべての操業領域において妥当性を有し、経営休止によって発生しなくなる原価と新たに発生する原価を考慮に入れる全く新たな本格的な価格下限である。

V. 新たな価格下限論の展開

1. 部分補償思考の提起

シュルツによる部分補償思考について確認しておくことにする。彼は、ドイツにおいては少し前までは全部補償思考が支配的であったということを指摘した後、全部補償に固執することが経済的思考に反するということを簡単な数値例で示している[59]。

いま、生産量（x）が600単位から900単位までの不足操業領域において、全体原価（K）は次のように表される（単位はM）。

$$K = 90x + 60000$$

したがって、$x_1 = 600$ のばあい、K = 114000M であり、平均原価（k）は190M である。また、$x_2 = 900$ の場合、K = 141000M であり、k = 156.67M である。

企業者が生産物を市場において販売し得る価格は165M である。しかし、彼は600単位しか販売することができない。その場合、k = 190M であるから、25M の損失が生じる。したがって、非収益的ではある。通念に従うと、経営休止が行われなければならない。しかし、生産物を160M で販売すると仮定する。そのことによって、新たに300単位の注文を獲得することができるからである。その結果、生産量は900単位となり、k = 156.67M に低下し、1単位あたり3.33M の利益を得ることができる。シュルツは、部分補償による操業増大効果を期待していたのである。

また、企業者の予想がはずれ、生産物を160M で販売したにもかかわらず、200単位しか新たな注文が得られなかったとすると、生産量は800単位であり、K = 132000M となり、k = 165M である。したがって、全体として4000M の損失が発生する。しかし、経営休止を実施した場合の損失は4000M よりも

大きいので[60]、彼は回避不可能な損失の大きな部分を補償することができる。したがって、彼は、全く生産を行わない場合と比べて、相対的により経済的に生産を行うことができるのである。なぜなら、固定費は、全く回避不可能であって、初めから損失とみなされるからである。これは価格が原価を補償しない場合に初めて発生するのではない。それゆえ、「価格政策の課題は、この損失を事後的に補償し、利益を獲得することである。それで、それ自体として存在する損失の一部分を補償することは、経営休止によってそれを全面的に顕在化させるよりも経済的である[61]」といえる。したがって、相対的利益の実現が志向されるのである。

以上から明らかなように、シュルツはモルの指摘した部分補償の2つの目的のいずれをも重視していたのである。

2. 実質的価格下限

シュルツによると、価格下限とは「生産物の価格を低減させることができる限界[62]」を意味する。これはそれ以上のことを意味しているわけではなく、それゆえに、相対的な概念なのである。ラフェーは、「価格下限の相対性を示し、さまざまな種類の価格下限を区別したことは、シュルツの大きな功績である[63]」と述べて、これを評価している。したがって、比例率を価格下限と同一視することは、価格下限が特定の状況の下でのみ妥当性を有する絶対的な概念となることを意味し、否定されねばならないのである

上述の如く、価格下限としてはさまざまなものが考えられるのであるが、シュルツは、「最も重要な価格下限は、疑いもなくいつ生産が経済的でなくなるかということを示すような価格下限である[64]」と述べて、いわゆる実質的価格下限（effektive Preisuntergrenze）を最も重視している。それは、「相対的に経済的な非経済性が絶対的な非経済性に変わる限界[65]」であって、いかなる価格を下回れば、経営休止がより経済的になるかということを明らかにするのである。

価格下限の確定の際に問題となるのは、操業続行の場合の損失と経営休止の

場合の損失（原価）の厳密な把握である[66]。両者の関係で価格下限が決まるからである。これに関して、シュルツはルンメルの所説[67]から大きなヒントを得ている。しかして、シュルツは、回避可能な固定費と回避不可能な固定費の峻別、操業再開原価の把握、時間的要因の編入を行ったのである[68]。

　まず、経営休止が行われる場合にも負担しなければならない原価[69]をヴァルプにならってア・プリオリな損失とみなし、これを休業によって惹起される原価（ST）と称している。そして、この大きさだけ平均原価曲線を平行移動させたところに価格下限があると考えている。したがって、「比例的な原価部分が価格下限を形成するのではなくて、価格下限が経営休業の場合の原価または損失によって決定されるのである[70]」ということが重要なのである。このことは、第3図のように表される。

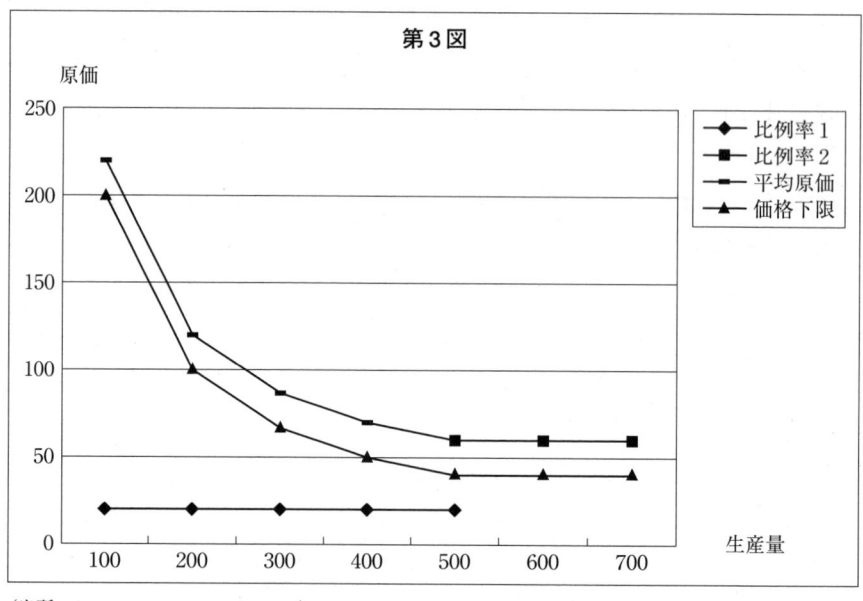

第3図

(出所　Schulz, C.-E.：a. a. O., S. 16.)

平均原価は、

$$k = p + \frac{F}{x}$$

であるから、価格下限は次のようになる。

$$価格下限 = p + \frac{F - 毎月のSt}{x}$$

経営休止が行われた後の操業再開原価は、1カ月後にa、それ以後は1カ月ごとにa′生じるものとする。したがって、mカ月の経営休止が行われた後に生じる操業再開原価（A）は次のようになる[71]。

$$A = a + a′m$$

さらに、固定的に発生する回避不可能な原価は1カ月ごとにstだけ生じるものとする。したがって、経営休止が行われる場合に負担されなければならない原価（St）は次のようになる。

$$St = st \cdot m + (a + a′m)$$

他方では、生産物単位あたりの販売価格をπ、生産量＝販売量とすると、不足操業の場合に企業が被る損失（v）は

$$v = m \cdot (p \cdot x + F - \pi x)$$

である。したがって、v＞Stとなる場合に、経営休止の実施がより経済的になる。

また、1カ月あたりの休業原価は、

$$\frac{St}{m} = st + \left(\frac{a}{m} + a′\right)$$

となるから、価格下限（PUG）は次のようになる。

$$PUG = p + \frac{F - st - \left(\frac{a}{m} + a′\right)}{x}$$

この式から、価格下限が予想される経営休業期間の長さに依存することが明らかである。価格下限は休業期間が予測される場合に初めて確定され得るのであ

る[72]。

　さらに、シュルツは、経営が長い期間にわたって全面的に休止させられるのではなくて、生産中断（Produktionsunterbrechung：たとえば、1週間のうち3日）を伴って操業が行われる場合に言及している[73]。かかる事態は、法律の規定や技術的および経済的な理由に基づいて、従業員の解雇や設備等の除去が不可能であることによって生起する。そのような場合、生産中断が実施されている場合に一定の固定費すなわち操業再開準備の原価（Kosten der Anlaufbereitschaft）を負担することによって、操業再開原価が節減されることがある。したがって、操業再開準備の原価は「固定費に転化させられた操業再開原価の部分[74]」といえる。それらを考慮に入れると生産中断がある一定の期間よりも短いなら、経営を維持し、操業再開準備の原価を負担する方がより経済的であることがわかる。しかしながら、そのことは、価格下限そのものには影響を及ぼさない[75]。他方では、経営の原価構成は価格下限に大きな影響を与える。すなわち、資本集約性が高まるほど休業原価が大きくなり、価格下限が相対的に下方にシフトさせられるからである。

3. その他の価格下限

　シュルツは、上述の実質的価格下限の他に差別的価格下限（differentielle Preisuntergrenze）、投機的価格下限（spekulative Preisuntergrenze）、計画的価格下限（planmäßige Preisuntergrenze）、財務経済的価格下限（finanzwirtschaftliche Preisuntergrenze）について述べている[76]。

　差別的価格下限は、操業を高めるための追加的な注文の獲得がいかなる価格で可能であるかということを明らかにする。追加的注文は新たに発生する原価増分を補償すればよいのであるから、それが価格下限となる。したがって、それは新しい固定費が発生しないという前提の下でのみ比例率と等しい。

　実質的価格下限は、不足操業領域において双曲線の経過となり、計画的操業領域（比例領域）において横軸と平行になる（第4図を参照）。この平行線を縦軸まで延長したものが投機的価格下限である。いま、価格が40Mであるとす

ると、250単位の生産量の場合は、絶対的に非経済的な生産となる。企業者が価格を引き下げて500単位の生産を達成し、相対的に経済的な生産の実現を企図することがある。しかし、その場合に、彼は投機的な価格下限を下回る価格を設定することはできない。なぜなら、これを下回る価格では、たとえ予測どおりに500単位の生産が達成されても、絶対的に非経済的な生産から脱却することができないからである。

　計画的な原価（計画操業の場合の比例率）の大きさで横軸に平行な線を引いたものが計画的価格下限を表現している（第4図を参照）。獲得可能な価格がこれを下回ると、企業者は、それが一過的な現象か構造的な現象かということを見極めなければならない。シュルツは、ドイツ企業の経験に基づいて、この計画

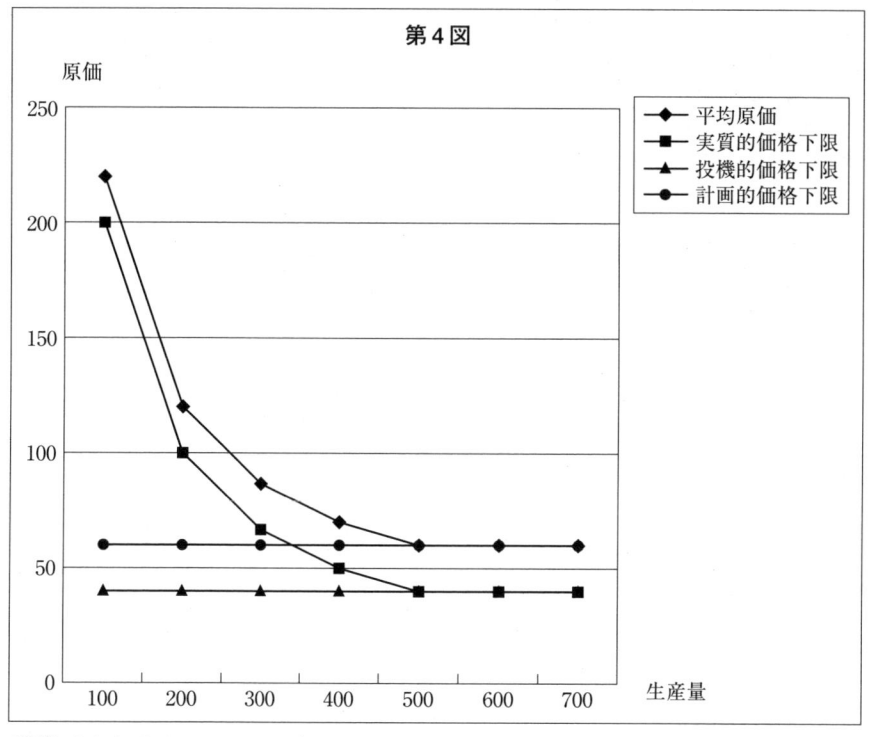

第4図

凡例：
- ◆ 平均原価
- ■ 実質的価格下限
- ▲ 投機的価格下限
- ● 計画的価格下限

（出所　Schulz, C.-E.：a. a. O., S. 28.）

的価格下限の重要性を強調している。そして、ドイツ企業の原価が他国の競争企業と比べてあまりにも高かったという事態が、あの合理化運動の契機となったことを指摘している。

さらに、シュルツによると財務経済的な価格下限とは、「それを下回ると経営資本の流動性が危うくされるような価格とはいかなる価格かという問いに答える[77]」ものである。かかる問題は、原価と支出の発生の時点が異なるゆえに生じるのである。それゆえ、差し迫って補償されねばならない原価とそうでない原価が区別されねばならない。クライネ（Kleine, K.）によると、原価のかかる区分はゲルトマッハーに由来する[78]。シュルツは、とりわけ自己資本利子や設備価値減少の原価（減価償却）などを問題にしている。それらが即座に支出を惹起するものでないからである。したがって、「生産物に関する価格は、経営資本の流動性に影響を及ぼすことなく、設備価値減少の原価および自己資本利子の原価の大きさだけ低減させられ得る[79]」のである。このような財務経済的な価格下限の問題に初めて言及したのがシュルツであり[80]、彼の思考は後に続く論者による議論の出発点となったのである[81]。

4. シュルツ価格下限論の評価

シュルツの研究に関して、ラフェーは、①価格下限の多面的な性格を明らかにしたこと、②考察に時間要素を導入したこと、③当該問題の財務経済的側面を取り上げたことを大きな功績とみなしている[82]。ラフェーはこれ以上のことを述べていないが、これを私見に基づいて補足すると次のようになる。

まず、シュルツが価格下限問題を多元論的に考察していることは注目に値する。すなわち、彼は、原価経済的価格下限（実質的価格下限、差別的価格下限、投機的価格下限、計画的価格下限）と財務経済的価格下限を明らかにしている。このことは重要である。価格下限については、固定費問題に悩まされている企業の経営休止決定の基準として機能することが期待されているからである。周知のように、固定費問題とは、過剰能力に由来する無効費用（Leerkosten）が企業の収益性と流動性を圧迫する問題である[83]。この問題は、収益性の側面

（原価の側面）と流動性の側面をもつ。したがって、シュルツとしては原価経済的価格下限に加えて財務経済的価格下限を考慮に入れざるを得なかったのである。

また、考察に時間的要因を導入していることは、素朴な形態であるが、最適休業期間の決定につながるものである。それは、「経営休止の《wie》の問題[84]」すなわち「いかにして経営休止を行うか」という経営休止決定の一部がすでに考えられていたことを意味する。

さらに、ラフェーは述べていないが、価格下限の構成要素の問題について指摘しておきたい。シュルツは、回避可能な原価と回避不可能な原価を峻別し、これらを価格下限算定の基礎としている。このような原価の回避可能性や固定費の除去可能性に関しては、すでにマレッツやルンメルが指摘している。しかし、彼らの場合は、かかる概念を単に指摘したり経営休止の際の負担を算定することが目的であった。したがって、原価の回避可能性・回避不可能性を価格下限の算定に編入し、これを利用しようとしたのはシュルツの功績である。また、広義の休止原価の一種としての操業再開原価が注目された。操業再開原価なる概念は、すでにルンメルによって用いられていた[85]。シュルツは、これを価格下限の問題に適用し、この原価種類に価格下限の算定における重要な地位が与えられている。このように、シュルツの研究においては、従来よりも厳密な価格下限の確定が試みられることとなった。

ただし、狭義の休止原価（操業停止原価）には言及されていない。さらに、除去不可能な固定費と休業原価の概念的な区分は不明瞭である。また、ラフェーはシュルツの所説の問題点として、次のような諸点を指摘している[86]。①妥当性が単数種類生産物企業（Einproduktunternehmung）または個々の販売財の孤立的な考察に限られる、②考察が原価志向的であって、販売の問題があまり考慮されていない、③在庫形成や販売が困難な生産物の問題が考えられていない、④価格下限が一時的休止という枠内でのみ展開されている。これら欠陥は、シュルツの所説を受け継いだシュミット（Schmidt, F.）やヘラウアー（Hellauer, J.）の価格下限論[87]においてその克服が試みられたのである。

VI. 結

　すでに明らかなように、シュルツの価格下限論は本格的な価格下限論のさきがけとみなされ得る。それは、彼が、部分補償思考に基づいて、回避可能な原価および回避不可能な原価ならびに操業再開原価を考慮に入れた価格下限の確定を提唱し、また、考察に時間的要因を編入し、さらには、財務経済的な価格下限にも言及しているからである。とくに、回避可能原価および回避不可能原価が認識される以前においては、価格下限は変動費あるいは比例率と単純に同一視されていたのである。しかして、シュルツによって固定費の一部の補償が価格下限の確定に際して意識されるようになったのであり、彼によって部分補償のための本格的な価格下限算定の道が拓かれたといえるのである。

　このような部分補償思考は1920年代半ば頃から強く主張されるようになった。それは、合理化運動およびその帰結としての大きな過剰能力の存在を背景としている。かかる状況がシュマーレンバッハの「ヴィーン講演」の基礎となったことは周知のことである。シュルツは、自らの研究が規定されている状況に関して、「通貨の安定が実現したときに、ドイツ経済に関して新たな回避不可能な危機の時代が始まった[88]」と述べている。かかる事態は全部補償政策によっては打開され得ず、固定費問題に悩まされていた企業は、固定費の一部を補償・回収することによって重い負担を緩和するために部分補償政策を実施しなければならなかったのである。それに関する１つの用具が価格下限なのである。

　過剰能力に由来する無効費用による収益性と流動性の圧迫は、価格低下と操業減少の両方かあるいは一方によりもたらされる。しかして、価格低下による作用は操業減少によって、また、操業減少による作用は価格低下によって増幅され得るのである。したがって、収益性と流動性の低下はすべて価格低下に還元することはできないのである。操業減少による収益性と流動性の低下をも視野に入れる必要がある。それゆえ、価格下限論のみでは問題の一部だけしか捉

えることはできないのである。1920年代には、ヴァルプなどが指摘しているように、高価格という事実があった。それは、生産能力利用の低下（操業減少）による原価の上昇に基づくものであった。つまり、操業減少→原価上昇→価格上昇→販売不振→操業減少→原価上昇→……という悪循環がみられたのである。したがって、生産能力利用の減少（操業減少）による収益性の低下という事態こそが問題であったといえる[89]。その意味では、価格下限の確定のみでは不十分であり、価格下限のほかに操業下限（Beschäftigungsuntergrenze）[90]が考えられねばならないのである。したがって、価格下限と操業下限を包含する売上高下限（Erlösuntergrenze）を意思決定の基準とすることが必要である。原価がそうであるように、売上高も価値的構成要素と量的構成要素から成るからである。このような売上高下限を経営休止決定の基準として用いることの必要性を主張したのはティーレ（Thiele, W.）であったが[91]、彼の研究が明らかにされたのは1937年のことである。

1) Vgl. hierzu z. B. Raffée, H. : Kurzfristige Preisuntergrenzen als betriebswirtschaftliches Problem, Köln und Opladen 1961 ; Reichmann, Th. : Kosten und Preisgrenzen, Wiesbaden 1973.
2) Engeleiter, H.-J. : Preisgrenzen in Beschaffung und Absatz, in : Kosiol, E. und Chmielewicz, K. und Schweizer, M. (Hrsg.) : Handwörterbuch des Rechnungswesens, 2. Aufl., Stuttgart 1981, Sp. 1368.
3) Schäfer, S. : Die Planung kurzfristiger Preisgrenzen im Absatz- und Beschaffungsbereich von Industrieunternehmen, Zeitschrift für Planung, 7. Jg. (1996), S. 151.
4) Engeleiter, H.-J. : a. a. O., Sp. 1368 ; Busse von Colbe, W. und Eisenführ, F. : Preisgrenzen, in : Kosiol, E. (Hrsg.) : Handwörterbuch des Rechnungswesens, Stuttgart 1970, Sp. 1424.
5) Listl, A. : Target Costing zur Ermittlung der Preisuntergrenze, Frankfurt am Main・Berlin・New York・Paris・Wien 1998, S. 65.
6) Schäfer, S. : a. a. O., S. 152.
7) Raffée, H. : a. a. O., S. 59.
8) 河野二男『原価計算と価格決定』中央経済社、1977年、57ページ。
9) Schulz,. C.-E. : Das Problem der Preisuntergrenzen und ihre Arten, Annalen der Betriebswirtschaft, 1. Band, (1927), S. 347 ff. ; derselbe : Das Problem der Preisuntergrenze bei technisch und kostenmäßig miteinander verflochtenen Betrieben, Betriebswirtschaftliche Rundschau, 4. Jg. (1927), S. 205 ff. ; derselbe : Das Problem der

Preisuntergrenze, Berlin Leipzig Wien 1928.
10) Listl, A. : a. a. O., S. 5.
11) Vgl. z.B. Kleine, K. : Preisuntergrenzen, ZfhF, 27. Jg. (1933), S. 461 ff. ; Moll, J. : Kosten-Kategorien und Kosten-Gesetz, Stuttgart 1934, S. 105 ff. ; Thiele, W. : Die Stillegung von Betrieben, Würzburg-Aumühle 1937, S. 33 ff. ; Tibi, E. : Kostenentwicklung und Preispolitik, Berlin 1937, S. 51 ff. ; Raffée, H. : Kurzfristige Preisuntergrenzen als betriebswirtschaftliches Problem, Köln und Opladen 1961, S. 62 ff. ; Moews, D. : Zur Aussagefähigkeit neuerer Kostenrechnungsverfahren, Berlin 1969, S. 135. ; Reichmann, Th. : Kosten und Preisgrenzen, Wiesbaden 1973, S. 15 ff. ; Listl, A. : a. a. O., S. 5 ff. また、次の文献を参照のこと。中西寅雄『経営費用論』千倉書房、1936年、265ページ以下、山城　章「最低価格について」『會計』第39巻第2号、1936年、275ページ以下、杉本秋男「価格最低限の研究」『會計』第39巻第2号、1936年、1ページ以下、第3号、48ページ以下、久保田音二郎「操業度と価格最低限との関係」『商学論究』第8号、1937年、122ページ以下、久保田音二郎『原価構成論』関西学院経営研究会、1938年、178ページ以下、山城　章『経営費用論』同文館、1949年、208ページ以下、河野二男、前掲書、59ページ以下。
12) 山城　章、前掲書、208ページ。
13) 杉本秋男、前掲稿、15ページ。Peiser, H. : Der Einfluß des Beschäftigungsgrades auf die industrielle Kostenentwicklung, Berlin 1924.
14) 溝口一雄『費用管理論』中央経済社、1961年、149ページ。
15) Vormbaum, H. : Preispolitik auf der Basis von Voll- oder Teilkosten, in : Deutschen Gesellschaft für Betriebswirtschaft (Hrsg.) : Wirtschafttlich führen-Wirtschaftlich investieren, Berlin 1960, S. 299.
16) Moll, J. : a. a. O., S. 92.
17) 溝口一雄、前掲書、169ページ。
18) Vgl. hierzu etwa Riedel, G. : Deckungsbeitragsrechnung als Controlling-Instrument, 6. Aufl., Stuttgart 1996, S. 21.
19) Moll, J. : a. a. O., S. 92.
20) Moll, J. : a. a. O., S. 91 f.
21) Vormbaum, H. : a. a. O., S. 299.
22) Strousberg, B. H. : Dr. Strousberg und sein Wirken, Berlin 1876. シュトロウスベルク (1823-1884) は、1823年に旧東プロイセンのナイデンブルクに生まれ、13歳の時にイギリスに渡り、さまざまな仕事に従事した。1855年にドイツに帰還した後は、ドイツの内外において、鉄道業、車両製造業、機関車製造業、製鉄業、鉱山業、不動産業、出版業などの経営に携わった。彼の叙述はこのようなイギリスおよびヨーロッパ大陸での実業家としての経験に根差しているものと思われる。なお、彼の自伝は、一橋大学附属図書館所蔵の「メンガー文庫」に収められている。
23) Messerschmitt, A. : Die Calkulation der Eisenconstructionen, Essen 1884. メサーシュミットの研究は、キュルピック (Kürpick, H.) が紹介している。Vgl. Kürpick, H. : Die Lehre von den fixen Kosten, Köln und Opladen 1965, S. 28.

24) Strousberg, B. H. : a. a. O., S. 413 f.
25) Peiser, H. a. a. O., S. 16 ff. ; Walb, E. : Absatzstockung und Preispolitik, Betriebswirtschaftliche Rundschau,1. Jg. (1924), S. 25 ff. ; Schmalenbach, E. : Grundlagen der Selbstkostenrechnung und Preispolitik, 2. Aufl., Leipzig 1925, S. 47 ff. ; Beste, Th. : Die Verrechnungspreise in der Selbstkostenrechnung industrieller Betriebe, Berlin 1924, S. 64 ; Lehmann, M. R. : Die industrielle Kalkulation, Wien 1925, S. 111 f. ; Müller-Bernhardt, H. : Industrielle Selbstkosten bei schwankenden Beshäftigugnsgrad, Berlin 1925, S. 23 ff. ; Walb, E. : Die Erfolgsrechnung privater und öffentlicher Betriebe, Berlin Wien 1926, S. 423 ff. ; Lehmann, M. R. : Über den Begriff und Aufgaben der Preiskalkulation, Betriebswirtschaftliche Rundschau, 3. Jg. (1926), S. 21 ff.
26) Vgl. hierzu Kuczynski, J. : Die Geschichte der Lage der Arbeiter unter Kapitalismus, Band 15, 2. Aufl., Berlin 1964, S. 53 ; Sommariva, A. and Tullio, G. : German Macroeconomic History 1880-1979, London et al. 1987, p. 167. また、吉田和夫『ドイツ企業経済学』ミネルヴァ書房、1968年、96ページ、住谷博紀「苦悶のマスデモクラシー」木谷　勤・望田幸男編著『ドイツ近代史』ミネルヴァ書房、1992年、110ページを参照。
27) Brady, R. A. : The Rationalization Movement in German Industry, Berkley 1933, p. 114. 吉田和夫『ドイツ合理化運動論』ミネルヴァ書房、1976年、136ページ以下。
28) Mottek, H. / Becker, W. / Schröter, A. : Wirtschaftsgeschichte Deutschlands, Band Ⅲ, 2. Aufl., Berlin 1975, S. 262.
29) Mottek, H. / Becker, W. / Schröter, A. : a. a. O., S. 263.
30) ファインガル著、小松一雄訳『独逸工業論』叢文閣、1936年、170-171ページ。吉田和夫、前掲書、96ページ。Vgl. auch Kuczynski, J. : Die Geschichte der Lage der Arbeiter unter dem Kapitalisums, Band 5, Berlin 1966, S. 198.
31) 古内博行「ドイツ」原　輝史・工藤　章『現代ヨーロッパ経済史』有斐閣、1996年、117ページ。
32) Rummel, K. : Erhöhung der Wirtschaftlichkeit in den technischen Betrieben der Großeisenindustrie, Düsseldorf 1926, S. 7 f.
33) Fritsche, W. : Das Abbauproblem der Unternehmung, Düren-Rhld 1932, S. 72. これに関しては、深山　明『危機マネジメント論のさきがけ』『産業経理』第57巻第4号、1998年、38ページおよび本書の第5章を参照。
34) Naumann, W. : Wie weit kann ein Unternehmen verlustfrei abgebaut werden?, Maschinenbau-Wirtschaft, 5. Jg. (1926), S. 227.
35) Walb, E. : Absatzstockung und Preispolitik, S. 25.
36) Walb, E. : a. a. O., S. 25 ff.
37) Walb, E. : Die Erfolgsrechnung privater und öffentlicher Betriebe, S. 426.
38) Walb, E. : Absatzstockung und Preispolitik, S. 26 ; derselbe : Die Erfolgsrechnung privater und öffentlicher Betriebe, S. 426.
39) Walb, E. : Absatzstockung und Preispolitik, S. 26.

40) Walb, E. : a. a. O., S. 26 ; derselbe : Die Erfolgsrechnung privater und öffentlicher Betriebe, S. 427.
41) Walb, E. : a. a. O., S. 427.
42) Walb, E. : Absatzstockung und Preispolitik, S. 26.
43) Walb, E. : a. a. O., S. 26.
44) Müller-Bernhardt, H. : a. a. O., S. 25.
45) 久保田音二郎、前掲書、179ページ。
46) Schmalenbach, E. : Grundlagen der Selbstkostenrechnung und Preispolitik, 2. Aufl., Leipzig 1925, S. 57 ; P. van Aubel : Selbstkostenrechnung in Walzwerken und Hütten, in : Hermann, J. E. und P. van Aubel : Selbstkostenrechnung in Walzwerken und Hütten, Leipzig 1926, S. 111 ff.
47) Vgl. Schmalenbach, E. : Buchführung und Kalkulation im Fabrikgeschäft, Duetche Metall-Industrie-Zeitung, 15. Jg. (1899), unveränderter Nachdruck, Leipzig 1928 ; derselbe : Selbstkostenrechnung I, ZfHF, 13. Jg. (1919), S. 257 ff. und S. 321 ff. ; derselbe : Grundlagen der Selbstkostenechnung und Preispolitik, 2. Aufl., Leipzig 1925 ; derselbe : Selbstkostenrechnung und Preispolitik, 6. Aufl., Leipzig 1934.
48) Beste, Th. : a. a. O., S. 61.
49) Lehmann, M.R. : Industrielle Kalkulation, S. 80 und S. 87.
50) Heber, A. : Kalkulation und Preisstellung bei wechselndem Beschäftigugnsgrad, Betriebswirtschaftliche Rundschau, 1. Jg. (1924/25), S. 255.
51) Lehmann, M. R. : a. a. O., S. 77 ; derselbe : Das Wesen der Verrechnungspreise in Kalkulation und Buchhaltung, Betriebswirtschaftliche Rundschau, 1. Jg. (1924/25), S. 224 ; derselbe : Grundsätzliche Bemerkung zur Frage der Abhängigkeit der Kosten vom Beschäftigungsgrad, Betriebswirtschaftliche Rundschau, 3. Jg. (1926), S. 147 f.
52) Schmalenbach, E. : Selbstkostenrechnung, ZfHF, 13. Jg. (1919), S. 321 ff.
53) P. van Aubel : a. a. O., S. 111.
54) 平均変動費曲線と平均原価曲線は、いずれも、その最低点で限界原価曲線と交わる。
55) Maletz, J. : Kostenauflösung, ZfHF, 20. Jg. (1926), S. 311.
56) Rummel, K. : a. a. O., S. 54 ff.
57) Schulz, C.-E. : a. a. O., S. 14.
58) Schulz, C.-E. : a. a. O., S. 3 f.
59) Schulz, C.-E. : a. a. O., S. 11 ff.
60) この場合、60000Mという固定費は回避不可能とみなされている。
61) Schulz, C.-E. : a. a. O., S. 12.
62) Schulz, C.-E. : a. a. O., S. 14.
63) Raffée, H. : a. a. O., S. 64.
64) Schulz, C.-E. : a. a. O., S. 15.
65) P. van Aubel : a. a. O., S. 111.
66) 一般に、経営休止決定の基準を形成するためには、①経営休止が行われることにより発生しなくなる原価（変動費、除去可能な固定費）、②経営休止が行われるにもかかわら

ず依然として発生する原価（除去不可能な固定費）、③経営休止が行われることにより新たに発生する原価（操業停止原価、休業原価、操業再開原価）を把握することが必要である。

67) Rummel, K. : a. a. O., S. 56.
68) Schulz, C.-E. : a. a. O., S. 15 ff.
69) これは、経営休止によって回避不可能な原価と経営休止によって新たに発生する原価を含むもので、休業原価と称されている。ただし、操業停止原価（狭義の休止原価）と休業原価は考慮されていない。
70) Schulz, C.-E. : a. a. O., S. 16.
71) この式はシュルツの説明と符合してない。ティビ（Tibi, E.）はシュルツが誤りを犯しているものとみなし、A = a + a′ (m−1) と表されるべきことを指摘している。Tibi, E. : a. a. O., S. 59 f.
72) Schulz, C.-E. : a. a. O., S. 18.
73) Schulz, C.-E. : a. a. O., S. 22 ff.
74) Schulz, C.-E. : a. a. O., S. 22.
75) Schulz, C.-E. : a. a. O., S. 24.
76) Schulz, C.-E. : a. a. O., S. 25 ff. ただし、財務経済的価格下限に関しては、シュルツは経営の流動性を維持するための価格下限（Preisuntergrenze für die Aufrechterhaltung der Liquidität des Betriebes）と称している。
77) Schulz, C.-E. : a. a. O., S. 30.
78) Kleine, K. : Preisuntergrenzen, ZfHF, 27. Jg.（1933）, S. 465.
79) Schulz, C.-E. : a. a. O., S. 32.
80) 河野二男、前掲書、165 ページ。
81) Raffée, H. : a. a. O., S. 148.
82) Raffée, H. : a. a. O., S. 73.
83) たとえば、深山　明「固定費と操業リスク」『同志社商学』第 51 巻第 3 号、2000 年、144 ページ以下を参照。
84) Vgl. hierzu Rudhalt, P. M. : Stillegungsplanung, Wiesbaden 1978, S. 20. また、深山　明『ドイツ固定費理論』森山書店、2001 年、125 ページ以下を参照。
85) Rummel, K. : a. a. O., S. 54 ff. ルンメルは一般的な全体原価関数に操業再開原価を編入している。
86) Raffée, H. : a. a. O., S. 74.
87) Schmidt, F. : Kalkulation und Preispolitik, Berlin-Wien 1930 ; Hellauer, J. : Kalkulation in Handel und Industrie, Berlin-Wien 1931.
88) Schulz, C.-E. : a. a. O., S. 3.
89) この悪循環に対しては、全部原価補償政策は全く無力であって、部分原価補償なる思考が必要とされたのである。
90) 操業下限とは、価格が一定の場合に操業がどこまで減少すると経営休止が相対的に有利になるかという限界を明らかにする。
91) Thiele, W. : Die Stillegung von Betrieben, Würzburg-Aumühle 1937. ティーレの研究

については、深山　明「経営休止論のさきがけ」『商学論究』第47巻第1号、1999年、97ページ以下および本書の第7章を参照。

第7章　経営休止論のさきがけ

I. 序

　企業はしばしば企業危機（Unternehmungskrise）に見舞われる。ドイツの企業も例外ではない。とくに1990年代以降のドイツにおいては、企業危機の深化傾向が顕著に見られる。このような状況に対処するために、ドイツの多くの企業では人員削減（Personalabbau）、経営休止（Betriebsstilllegung）などが実施されている。また、リストラクチャリング（Restrukturierung）の必要性が強調されることも多い。そのために必要な方策も必然的に経営休止を伴う。したがって、経営休止は現在の最も重要な企業方策の1つであるといえる。それは危機マネジメント（Krisenmanagement）の一環として実施される。

　企業危機あるいは危機マネジメントは今世紀の初頭から問題にされてきた[1]。しかし、経営経済学において本格的な研究が行われるようになったのは1920年代以降のことである。

　周知のように、1933年1月30日にヒトラー（Hitler, Adolf）を首相とするナチス政権が成立した。それ以後は、あらゆるものがその影響下におかれたのである。経営経済学も例外ではない。「（ナチス政権の下で―引用者）経営の統制が国民共同体の維持発展から実践的に要請され、経営学は経営理論として、この経営の統制を問題にせざるをえなくなったのである。実に、経営共同体の形成はまた同時に、経営の統制を経営学の課題として投げ与えることになったとい

うことができる[2]」、また、「ナチス革命とともに、一方ではナチス理論の経営経済学への適用が試みられるとともに、旧来の経営経済的理論のナチス的改革が強要される[3]」といわれるとおりである。この1930年代に、経営休止に関する多くの研究が明らかにされた。それらは、この領域に関する先駆的な研究であるが、ヴァイマル共和国およびナチス第3帝国の経済および経済政策に規定されて生起した固定費問題（Fixkostenproblem）に触発されたものである。かかる範疇に属するものとして、ティーレ（Thiele, W.）の経営休止論[4]がある。彼の研究は経営休止に関する体系的な経営経済学的研究の嚆矢であるといえるが、それは、彼の師であるゲルトマッハー（Geldmacher, E.）の基本思考を受け継ぎながら、ナチスによる経済政策およびその帰結を色濃く反映している。本章においては、ティーレの研究を中心にして、1930年代とりわけナチスの時代の経営休止問題について考察することにしたい。

II. 経営休止論の基礎

　ティーレは、経営（Betrieb）を職場（Arbeitstätte）、所得形成の場（Einkommensbildungsstätte）そして価値の担い手（Wertträger）として理解している[5]。そして、これらの経営の特性は、経営が活動している場合にのみ発揮され得るのである。したがって、経営休止は、職場および所得形成の場ならびに価値の喪失を意味することになる。それは国民経済に対して大きな損害をもたらすのである。というのは、ゲルトマッハーが考えているように、企業（＝経営）は国民経済における一分肢（ein Glied in der Volkswirtschaft）であるからである[6]。そして、企業あるいは経営は経営共同体（Betriebsgemeinschaft）として国民共同体（Volksgemeinschaft）に奉仕し、その目標達成のために貢献しなければならないのである。すなわち、経営は国民経済の組織的な基礎としての細胞である。したがって、経営休止はこの細胞の破壊を意味するのであるから、「休止を阻止することによってかかる不利益を回避することは焦眉の急なのである[7]」といえる。すなわち、「これらの細胞は、生活を与える心臓と

して維持されるために、あらゆる障害から守られねばならない[8]」のである。

ゲルトマッハーによると、企業という経済単位は、組織化された力の中心（organisierte Kraftzentrale）であって、そこでは、経済的な力の流入（Kraftzustrom）と力の流出（Kraftabfluß）が継続的に起こる[9]。そして、この力の流入は力の増加（Kraftmehrung）＝収益（Ertrag）として把握され、力の流出は力の犠牲（Kraftopfer）＝費消（Aufwand）として把握される。この収益と費消の差が成果（Erfolg）であるが、企業＝経営においては、プラスの成果すなわち利益（Gewinn）の獲得が目指されるのである。

ティーレの思考もゲルトマッハーのそれと同様で、経営において価値流入（Wertzufluß）と価値流出（Wertabfluß）の生じることが指摘されている。しかして、後者が前者を凌駕する場合が非収益的とみなされるのである。そのような状況を克服するために経営休止が行われることになる。しかしながら、彼は、別の要因が経営休止決定の際に考慮されるべきことを強調している。別の要因とは、経済の基本思想（Wirtschaftsgesinnung）すなわち経済を支配している精神（Wirtschaftbeherrschender Geist）である[10]。彼の見解は大略次のとおりである。

経済体制あるいは経済生活が、資本主義的あるいは個人主義的な精神に支配されているなら、経営休止の意思決定はもっぱら収益性を基準にして行われる。すなわち、上述したような意味で経営が非収益的ではなくても、経営休止を実行し、拘束されている経営資源を他の用途に利用することが合理的であるとみなされることがある。その際、たとえば、社会のために職場を維持することは資本主義的な企業者の意識の中にはない。したがって、国民経済の利益は考慮の外におかれたままである。

それに対して、経済体制および経済生活が公共利益（Gemeinnutz）に支配されている場合、最低限の収益性が達成されているなら、操業は続行されるであろう。経営は職場、所得形成の場そして価値の担い手であり続けることになる。

従来、経済的な危機を克服するためには、経済を本当に経済的な原理に従っ

て管理することが必要であると考えられてきた。「自由主義は経済の自立性に基づいている[11]」とみなされたからである。しかしながら、「自由主義的・資本主義的な経済体制の自己規制のメカニズムはもはや機能しない。とりわけ、この体制の核心（Kernpunkt）たる価格メカニズムならびに供給と需要の法則は、広範にその効力を喪失した[12]」といわれるような状態に陥ったのである。そのことは、過剰能力（Überkapazität）の形成ということの中に典型的に見られる。すなわち、経営が個別の利益を目指す企業管理者によって支配されるなら、「生産能力は大きく拡大され、その結果、市場はまもなく飽和状態になり、経営の給付能力はもはや完全には利用されない[13]」のである。このことに関して、フェーダー（Feder, G.）は、「われわれの経済経営の給付能力の絶え間ない増大は、世界市場の受け入れ可能性との持ち堪えられない矛盾に陥った[14]」と述べている。このような誤った政策が経営休止を招来するのである。このように、経済危機は個人主義的・資本主義的な精神に支配された体制それ自体によってもたらされるのであって、その克服のためには経済の基本思想を変えることしかないのである。すなわち、レッセ・フェール（laisser faire）、レッセ・パッセ（laisser passer）なる自由主義の原理は無意味であることが明白となったのである。そして、経済の管理は利己主義的な精神に支配された企業者に委ねられ得ないのである。したがって、「経済の指導者（Führer）には、経済的な束縛と利益追求から自由な人だけがなれる[15]」のであって、経済の管理は、もっぱら国家によって担われることになるのである。ティーレは、「純粋に実利的な考察様式すなわち自由主義の利己心は共同体思考に席を譲らなければならない。それによって、調整された経済を達成しようとする意志が確固たる地位を占めることができる。権力を備えている国家—国民共同体—は、経済の指導によって、長い間には、生産と消費の健全な調整に努力し、過度の生産能力拡大を阻止し、景気変動の調節を目指すことができる[16]」と述べている。このことから明らかなように、国家による経済の統制したがって企業の統制が志向されていたのである。まさしく、「公益は私益に優先する（Gemeinnutz vor Privatnutz）」というナチスの根本思考が根底に横たわっているのである。

Ⅲ. 経営休止と企業管理者

　ティーレは、国民経済の細胞たる経営の休止を惹起する3種類の原因を考えている。一般経済的原因（allgemeinwirtscaftliche Gründe）、経営的原因（betriebliche Gründe）および法的措置（gesetzliche Maßnahme）というのがそれらである。

　本章においては経営的原因のみについて考えることにしたい。経営的原因は、「誤った経営管理（fehlhafte Betriebsführung）[17]」すなわち「経営に流出入する諸力（Kräfte）の管理が誤っていることがある[18]」ということに還元され得るのである。したがって、これに関しては企業管理者の役割がきわめて大きいといえる。このように、企業管理者の機能が重視されるのは、ナチス固有の思考に基づいてる。この場合、企業あるいは経営は経営共同体として把握され、それは「国民共同体に根ざしている[19]」のである。このような経営共同体を構成するのは、経営指導者（Betriebsführer）としての企業管理者および従属者（Gefolgschaft）としての従業員である。そして、「経営共同体の構成要素たる経営指導者と従属者は、信頼（Vertrauen）と忠誠（Treue）によって、互いに結びつけられている[20]」のである。以上のことは、「国民労働秩序法[21]」（AOG）によって、「経営ニ於テハ企業者ハ経営指導者トシテ又職員及ビ労働者ハ従属者トシテ共ニ経営ノ目的ノ促進並ニ国民及ビ国家ノ共同利益ノタメニ働クモノトス」（第1条）と定められている。そして、この経営指導者は経営内の最高の指導者であって、一切の決定権および実行権を独占していたのである[22]。また、経営内の労資協調機関として、信任協議会（Vertrauensrat）の設置が定められた（AOG第5条）。それは、かつての経営協議会（Betriebsrat）に代わるものであったが、経営指導者の単なる諮問機関であり、なんら決定権をもっていなかった[23]。このように、企業管理者の支配的な権力が法律によって裏付けられていたのである。それゆえ、企業管理者の力はきわめて大きかったのであり、そのことが経営管理に大きな影響を及ぼしたことは想像に難くは

ないのである。経営休止の原因に関して、経営管理の誤りが経営的原因として重視される所以である。

経営的原因としては、①経営設立の場合の誤り、②経営拡大の場合の誤り、③継続的な経営活動における誤りが考えられている[24]。

① 経営設立の場合の誤り

技術革新あるいは景気高揚による需要増加を動因として、創業者活動の一環として新たに経営が設立される場合がある。その場合、後の経営休止を回避するために、需要の減少に対応できるような基礎が確立されていなければならない。というのは、需要が減少すると必然的に過剰能力が発生し、そのことにより惹起される無効費用（Leerkosten）が企業の収益性と流動性を圧迫するからである。すなわち、このような固定費問題を克服できるか否かということが問題となるのであり、それは経営指導者の意思決定に還元され得る。これに関して、起こり得る誤りとして、次のような問題が指摘されている。

a. 他人資本と自己資本の比率
b. 利用可能な資本の制約（Kapitaldeck）
c. 設備等の生産能力の調和
d. 固定資産と流動資産の関係
e. 立地選択

これらの問題について、簡単な数値例で説明がなされている。たとえば、dに関する数値例は次の如くである。

新たに設立された経営の開始貸借対照表（Eröffnungsbilanz）は次のとおりである。

固定資産	200000	自己資本	
			250000
流動資産	50000	他人資本	
	250000		250000

この経営の給付能力は1500単位である。その場合の製造原価は110000（固定費20000、比例費90000）であり、単位あたり原価は73である。それに対す

る市場価格は85であるから、生産能力が完全利用されるなら、利益を得ることができる。

　1500単位の生産のためには110000の流動資産が必要であるが、貸借対照表から明らかなように、流動資産は50000しかない。そのうち、20000は固定費のためのものであり、比例費のための流動資産は30000ということになる。上述のように、1500単位の生産には90000という比例費が必要であるので、生産は給付能力の$\frac{1}{3}$に制限されざるを得ないのである。それで、全体原価は50000（固定費20000＋比例費30000）、単位あたり原価は100（50000：500）となる。したがって、損失が発生する。流動資産が増加させられない限り、経営休止は回避され得ないのである。

　②　経営拡大の場合の誤り

　経営設立の場合と基本的には同様の問題がこの場合も生起し得る。すなわち、資本調達および需要増加の評価に関する誤りが問題となるのである。前者は自己資本と他人資本の比率の問題であり、後者は需要増加の持続性の問題である。後の問題に関してティーレは次のような例で説明している。

　加工業に属するある企業の給付能力は1000単位である。当該製品の販売価格は980と1000の間であった。そして、固定費は500000、単位あたりの比例費は500である。給付能力が完全利用される場合、単位あたりの原価は1000であり、損失が発生する（販売価格が980であるなら、総損失は20000）。この損失を解消させるために、生産能力が拡大された。その結果、給付能力は2000単位となり、固定費は800000となった。新たな給付能力が完全利用されるなら、単位あたりの原価は900である（1800000：2000）。しかしながら、予想に反して、1600単位の生産しか達成され得ず、単位あたりの原価は1000（1600000：1600）となり、損失はさらに増加することとなった（販売価格が980であれば総損失は32000）。それゆえ、この経営拡大には誤りがあったということになり、やがて経営休止を余儀なくされるのである。

　このように、経営拡大に関する誤りの多くは、生産能力が完全に利用されないことによる収益性と流動性の問題に逢着する。

③ 継続的な経営活動における誤り

この場合、誤りの源泉は経営管理の方式（Art）と誤った処理（Fehldisposition）にある。

さまざまな利益を代表する複数の人が管理する経営においては、職場および欲求充足財の創造の手段としての経営の利益ではなくて、各管理者が代表している個別的な利益を志向して管理が行われる。そのことのゆえに、経営の利益にならない決定が下されるのである。「もし経営の管理者（Leiter des Betriebes）が1人の真の指導者（ein wahrer Führer）であるならば[25]」、そのような事態は回避され得るであろう。真の経営指導者はあらゆる個別的利益から独立しており、責任を自覚しているからである。また、経営管理者の選任は、自然淘汰の過程（natürlicher Ausleseprozeß）に従って行われなければならない。最も有能な人が経営管理者になるべきだからである。さらに、経営管理が父親から子へと世襲される場合、大経営の管理が1人の管理者の手中にある場合にも危険が存在する。

以上のように、経営管理構造が適切でない場合、経営の利益に貢献しない決定が下されることがあり、それが経営休止を招来し得るのである。

ティーレは次のような例で誤った処理を説明している。

ある加工経営では、原材料費が総原価の約50％であった。そして、原材料価格が上昇傾向にあったので、企業管理者は4年分の原材料を購入することにした。その保管のためにより大きな貯蔵施設が必要となり、それの建設のために抵当権を設定して借り入れが行われねばならなかった。ところが、価格の上昇が止まり、長期にわたって同じ水準に留まった。それにもかかわらず、この企業は不動産抵当の借入金利子、減価償却、さらには、原材料に拘束されている資金の利子を負担しなければならないので、他の企業に比べて原材料費が著しく大きくなった。それは次のように計算される。

```
400t に対する原材料費        40000
毎年の必要量（100t）の原価   10000
```

第 7 章 経営休止論のさきがけ　153

借入金利子	10000 の 6%
第 1 年の利子	10000 の 4%
減価償却	10000 の 2%

したがって、1t あたりの原価は次のようになる。

仕入価格	100
借入金利子	6
第 1 年の利子	12
減価償却	2
	120

もしこのような購入をしなければ、1t あたりの原価は 100 である。

　もう 1 つの例は次のとおりである。

　ある企業は 305 で販売され得る製品を生産している。総原価は 300 である。

材料	100
賃金	100
原価付加	100（賃金の 100%）
総原価	300

　製品の価格が下落し、290 になった。そこで、それに対応するために、賃金を 10% 節減する機械が購入された。したがって、総原価は 280 となる。

材料	100
賃金	90
原価付加	90
総原価	280

　しかし、まもなく損失が発生する。賃金の 100% の原価付加という経験則が妥当しないということが忘れられていたのである。新たな機械の購入によって利子や減価償却が増加し、そのことが考慮されねばならないのである（原価付

加は賃金の110%)。したがって、正しい給付単位計算は次のようになる。

材料	100
賃金	90
原価付加	110
	300

かくして、損失が発生し、それが長期にわたるならば、経営休止が行われることになるのである。

Ⅳ. 休止原価と価格下限

1. 休 止 原 価

ティーレは、狭義の休止原価（Stillegungskosten i. e. S.)、休業原価 (Stillstandskosten) および操業再開原価（Anlaufkosten）という3つの原価グループが休止原価（Stillegungskosten）という集合概念の下にまとめられるということを明らかにしている[26]。それらは、操業停止、休業および操業再開という広義の休止遂行の諸局面に対応している[27]。

狭義の休止原価は、操業停止＝狭義の休止遂行によって惹起されるものであって、全休業期間において1回発生する。これは、経営およびその設備等の維持、資材および原材料の価値喪失からの保護、従業員に対する補償、契約違約金（Konventionalstrafe）の支払いなどに基づく。

休業原価は休業期間において発生する。シュマーレンバッハは固定費と休業原価を同一視した。それに対して、ティーレは、経営の活動によって生じる固定費と経営の存在によって生じる固定費、すなわち、いわゆる相対的固定費と絶対的固定費を峻別し、後者のみを休業原価とみなしている。したがって、休業原価は固定費よりも小さいということになる[28]。この意味での休業原価は経営休止が行われる場合の除去不可能な固定費（nicht abbaufähige Fixkosten）に相当する。しかし、他方では、経営休止によって惹起され休業期間の終了まで

発生する休業原価にも言及されている。このことは、当時の他の論者には見られない卓越した見解であるといえる。

　休業期間の終了後に経営が活動を再開する場合、通常の原価とともに別の原価が発生する。それが操業再開原価である。機械や材料などを利用できるような状態にするための原価、場合によっては必要となる大規模な清掃労働のための原価、労働者の養成および給付能力増大のための原価、信用の低下による利子の増加、顧客獲得のための原価などがある。これらは、計算的に把握され得ないことがあり、その場合は見積が行われなければならない。

　以上のような3種類の原価グループは、それぞれ経営構造と休業期間に影響されて、その全体が形成される。これらの3つのグループの合計が「総休止原価（Gesamtstillegungskosten）[29]」として把握され、休業期間に配賦される。それは価格下限（Preisuntergrenze）の計算には不可欠のものである。全体としての総休止原価および1期間あたりの総休止原価の算定について、ティーレは次のような例をあげている。

狭義の休止原価	1000
休業原価	
除去不可能な固定費	500
新たに生じる期間あたりの原価	100
操業再開原価	1000

したがって、総休止原価は次のようになる。

1期間	2600	期間あたり	2600
2期間	3200		1600
3期間	3800		1266.66
4期間	4400		1100
5期間	5000		1000
6期間	5600		933.33

7期間	6200	885.71
8期間	6800	850
9期間	7400	822.22
10期間	8000	800

　また、休止原価および操業再開原価が、各期間ごとに50ずつ増加するものと仮定すると、次のようになる。

1期間	期間あたり	2600	6期間	期間あたり	1016.66
2期間		1650	7期間		971.42
3期間		1333.33	8期間		937.50
4期間		1175	9期間		911.11
5期間		1080	10期間		890

2. 価　格　下　限

　経営休止の遂行はいかにして決定されるか。それは価格下限に基づいて決定される。すでに述べたように、ティーレは、経営において生じる価値流入と価値流出を考量して、後者が前者を上回る場合を非収益的とみなしている。しかし、そのことが直接的に経営休止の動因となるわけではない。経営休止によって回避され得ない原価および経営休止によって新たに発生させられる原価[30]が考慮されなければならないからである。したがって、経営休止の場合にも発生する原価を負担することが有利か、操業続行による損失を負担することが有利かということが問われるのであり、「経営の操業続行の合目的性が経営休止の合目的性と出会うところに1つの限界がある[31]」のである。かかる限界が価格下限に他ならない[32]。この価格下限の計算は、操業続行の場合に発生する原価ならびに経営休止の場合に発生する原価に基づいて行われる。このような価格下限としては、収益性価格下限（Rentabilitätspreisuntergrenze）と流動性価格下限（Liquiditätspreisuntergrenze）が考えられるのである[33]。

操業の続行は、操業による損失が休止原価よりも小さいかぎり合目的的である。したがって、ティーレは「収益性価格下限は、損失と休止原価が一致するところに求められなければならない[34]」と述べて、次の式を示している。

収益性価格下限＝比例費＋固定費－休止原価　　　　　　　　（第1式）

以上のような収益性価格下限だけで経営休止の決定を行うことはできない。さらに、別の基準が必要である。給付生産によって生産要素は費消されるのであるから、給付生産を継続するためには、費消された価値が補填されねばならない。ティーレは、このことを「取替え（Ersatz）[35]」とみなしている。

売上高が総原価よりも小さいなら、すべての生産要素の取替えは不可能である。したがって、費消された生産要素のいかなる部分が早急に取替えられねばならないかということが重要である。すなわち、「少なくとも即座の貨幣支出に結びつく原価が売上高によって補償されねばならない[36]」からである。ティーレは、減価償却および自己資本に対する利子を帳簿技術的原価（buchtechnische Kosten）と称して、即座の補償を要しないものとみなす。そして、「すぐに取替えることを要する財費消が全面的に補償されないほどに売上高が減少するならば、経営は、収益性価格下限に達するよりも前に、休止に移行しなければならない[37]」のである。この限界が流動性価格下限であり、それは、「即座の貨幣支出と結びつく原価を補償するために価格を下げることができる限界[38]」である。したがって、次のように表わされるのである。

流動性価格下限＝総原価－帳簿技術的原価　　　　　　　　　（第2式）

ところで、第1式および第2式で算出されるのは、それぞれ価格下限ではなくて、いわゆる売上高下限（Erlösuntergrenze）である。したがって、価格下限を得るためには、第1式および第2式の両辺を給付単位に関連づけることが必要である[39]。このようにティーレの説明においては、概念や思考などの混乱

が見られる。そこで、彼の思考を今日の理論的な観点から整理して説明することにしたい。

収益性および流動性の面で経営休止が合理的になる限界に達するという事態は、2つの原因に還元され得る。操業減少とか価格低下がそれらである。前者に関連する限界が操業下限（Beschäftigungsuntergrenze）であり、後者に関連するのが価格下限（Preisuntergrenze）である[40]。そして、それぞれが収益性および流動性と関連するのである。したがって、これらのことを整理すると次のようになる。

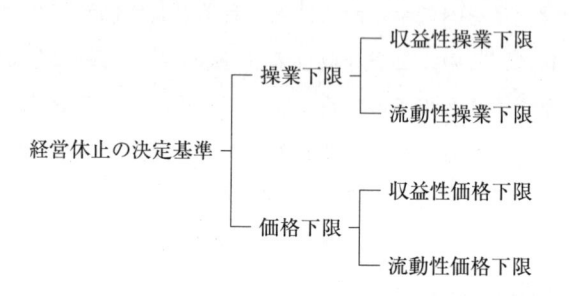

```
                      ┌─ 操業下限 ┬─ 収益性操業下限
                      │          └─ 流動性操業下限
経営休止の決定基準 ─┤
                      └─ 価格下限 ┬─ 収益性価格下限
                                 └─ 流動性価格下限
```

原価がそうであるように、売上高は価値的構成要素（給付単位あたり価格）と量的構成要素（販売量）から成り立っている。そのように考えると、操業下限は量的構成要素に関連しており、価格下限は価値的構成要素に関連するということが明らかである。

操業下限は、価格が一定の場合に、操業[41]がどこまで減少すると経営休止が有利になるかという限界を示す。したがって、無効費用による収益性と流動性の圧迫が考察の中心になる。他方、価格下限は、それぞれの操業の場合に、価格がどこまで低下すると経営休止が有利になるかという限界を示す。この場合、生産能力が完全に利用されているにもかかわらず経営休止が有利になることがあるといえる。

ティーレの用いている数値例からの推測に基づいて、総原価、売上高、休止原価、売上高下限および価格下限をそれぞれ生産量の関数として把握し[42]、表を作成すると、第1表のようになる。また。ティーレの示している図を修正し

第 1 表

生産・販売量	総原価	売上高	休止原価	収益性売上高下限	流動性売上高下限
1000	5500	1500	4000	1500	4500
2000	6000	3000	4000	2000	5000
3000	6500	4500	4000	2500	5500
4000	7000	6000	4000	3000	6000
5000	7500	7500	4000	3500	6500
6000	8000	9000	4000	4000	7000
7000	8500	10500	4000	4500	7500
8000	9000	12000	4000	5000	8000
9000	9500	13500	4000	5500	8500
10000	10000	15000	4000	6000	9000
11000	11000	16500	4000	7000	10000
12000	12000	18000	4000	8000	11000
13000	13500	19500	4000	9500	12500
14000	15000	21000	4000	11000	14000
15000	16500	22500	4000	12500	15500

て示すと、第 1 図および第 2 図のようになる。

　第 1 表、第 1 図および第 2 図から明らかであるように、収益性操業下限は、生産量・販売量 = 1000 単位のところにあり、その場合、総原価は 5500、売上高は 1500 である。そして、流動性操業下限は、生産量・販売量 = 4000 のところにあり、その場合、総原価は 7000、売上高は 6000 である。第 1 図と第 2 図から明らかなように、価格がもっと低い水準にまで低下するなら、収益性操業下限および流動性操業下限は右の方へすなわちより大きな生産量・販売量の方へシフトする。そして、価格が 1000 単位あたり 900（= 単位あたり 0.9）よりも小さくなれば、いかなる生産量・販売量においても流動性価格下限を上回ることはなく、さらに、価格が 1000 単位あたり 600（= 単位あたり 0.6）を下回るなら、すべての生産量・販売量において収益性価格下限を上回ることはあり得ないのである。

第1図

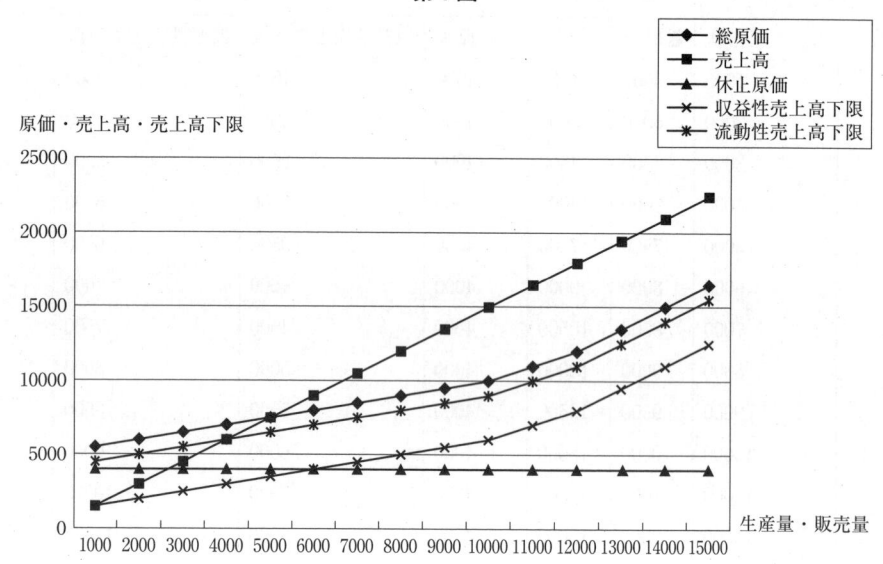

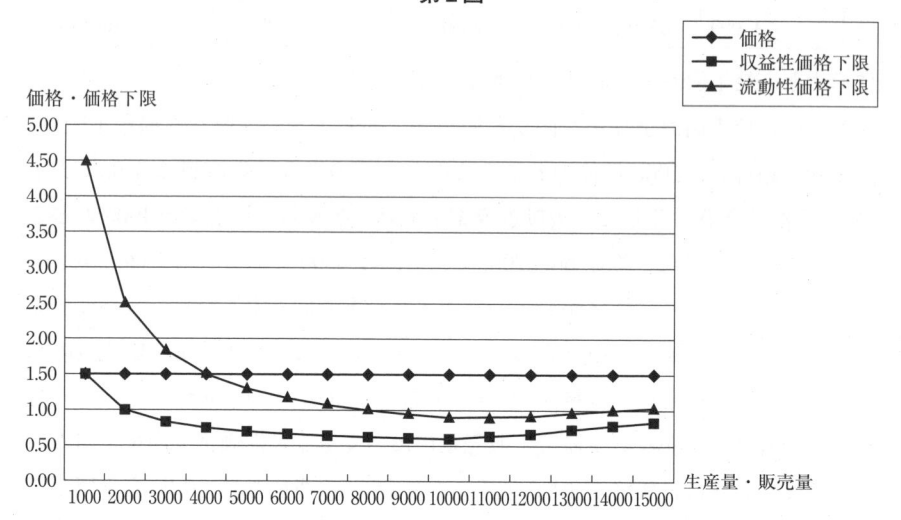

原価・売上高・売上高下限

凡例:
- ◆ 総原価
- ■ 売上高
- ▲ 休止原価
- ✕ 収益性売上高下限
- ※ 流動性売上高下限

横軸: 生産量・販売量

第2図

価格・価格下限

凡例:
- ◆ 価格
- ■ 収益性価格下限
- ▲ 流動性価格下限

横軸: 生産量・販売量

V. 経営休止と法的規制

1. 経営休止と国民労働秩序法

　すでに述べたように、ナチスの経済基本思想においては、国家は唯一の操縦者であり調整者である。したがって、「国家は経営休止をも規制した[43]」のである。その具体的な内容は、経営休止に基づく一定数以上の解雇の事前的な届け出を企業管理者に義務づけたことである。その目的は、「労働市場を保護すること、専横を排除すること、経営あるいは経営グループ（コンツェルン）には利益となるが国民の公共的福祉に反する休止を阻止すること[44]」である。このようなことを定めた命令として、「休止命令（Stillegungsverordnung）[45]」があったが、これらは AOG 第65条の規定によって廃止され、同法第20条により取って代わられたのである。

　AOG によって、労働管理官（Treuhänder der Arbeit）の制度が定められた。この労働管理官は、1933年5月19日の「労働管理官法[46]」によって過渡的な制度として制定されていたが、AOG によって恒久的な制度とされたのである。AOG 第18条の規定に従って、全国が14の経済区（Wirtschaftsbezirk）[47]あるいは管理官地域（Treuhänderbezirk）に分けられ、各経済区に1人の労働管理官が任命され、地域的な労働問題に対処することになった[48]。労働管理官は国の公務員（Reichsbeamte）であるから、州政府に拘束されず、「国政府の規律あるいは指令に拘束される[49]」のである。この制度は、「ナチス労働統制機構のうちで最も重要な意義を持っている[50]」のであって、国家の企業経営に対する介入はこの労働管理官の権限を通じて行われたのである[51]。

　AOG 第20条によると、企業管理者は、一定人数以上の解雇を伴う経営休止を実施する場合には、あらかじめ文書によって労働管理官に届け出なければならない。一定人数以上とは、①従業員100名未満の経営の場合は10名以上、②従業員100名以上の経営の場合は50名以上または従業員数の10％以上である。そして、届け出が行われた日から4週間は実施禁止期間（Sperrzeit）であ

って、解雇を行うことはできない。ただし、労働管理官はこの実施禁止期間を短縮したり、2ヶ月まで延長する権限をもっている。また、この実施禁止期間が経過した後4週間以内に解雇が行われないときは、届け出がなかったものとみなされる。そして、実施禁止期間の間においては、労働管理官の許可を得て、1週間あたり24時間までの操業短縮が行われ得たのである。このような一連の手続きにより、「労働管理官は適切な措置によって解雇を阻止しようとする[52]」のである。

　ティーレも指摘しているように、労働管理官は経営休止または解雇を禁止する権限を与えられていない。彼は、「解雇を阻止する可能性を発見するために、それぞれの個別のケースについて精査し、原因を調べる[53]」のである。しかし、そのことが経営休止＝解雇の阻止要因として作用したものと思われる。ティーレは、ラインラント経済区で1934年10月1日から1935年9月30日までの1年間に届けられた経営休止＝解雇について、次のような情報を示している。

実行された解雇	40.67%
阻止された解雇	41.66%
審査中の解雇	17.67%
届けられた解雇	100.00%

2. 若干の事例

　ティーレは、実例を提示することによって、労働管理官の機能に光を当てようとしている[54]。それらのうち、ここでは2つの事例を示すことにする。ただし、守秘義務という理由から、企業名は匿名となっており、数字などは少々加工されている。

［事例1］
　菓子製造企業で準備金をもってしてもカバーできない損失が発生した。収益

性の回復は困難であると判断され、最終的経営休止＝すべての従業員の解雇が届けられた。ところが、あるコンツェルンがこの企業の買収を画策している。ただし、買収が行われた後は、競争上の理由から、やはり生産を休止し、従業員を解雇する予定であった。そこで、労働管理官は経営休止・売却および解雇を禁じることはできないが、別の方策を模索することにした。彼は、当該企業の再生（Sanierung）の可能性について、経営指導者、出資者および銀行と折衝した結果、彼らの同意と協力を得ることができた。

1935年の上半期の状況は次のとおりであった。

変動費	
カカオ	43000
ミルクおよび生クリーム	19000
砂糖	9000
シロップ	6100
賃金（社会的負担を含む）	42300
石炭、電力、水、包装材料など	2400
	121800
固定費	59700
	181500
売上高	161500
損失	20000

生産されたのは、チョコレート、プラリーヌおよびボンボンであった。総原価からは損失の源泉を特定することができないので、製品ごとの計算を行うことが必要である。しかしながら、この企業では、計算制度が整備されておらず、帳簿からはそれは不可能であった。そこで、専門家の協力を得て、また、見積の部分をも含みながら、次のような表が明らかにされ、損失の原因が突き止められた。

第2表

	チョコレート	プラリーヌ	ボンボン	合計
比例費	54200	29100	38500	121800
固定費	22000	9000	28700	59700
総原価	76200	38100	67200	181500
売上高	85100	40800	36200	162100
利益	8900	2100	-31000	-20000

　ボンボン部門では、非常に高価であまり有用でない機械が用いられており、生産能力の利用度は27％であった。それに対して、他の部門の生産能力は80％以上が利用されていた。そこで、ボンボンの生産を断念することの効果が考えられた。その結果、ボンボン部門の固定費のうち約18000が休止によって除去されることが判明した。さらに、10700という固定費は他の2つの部門に負担転嫁させることが可能であった。それによって、11000という新たな利益が得られるからである。かかる方策によって、全体的な経営休止とボンボン部門で雇用されていた従業員の解雇は回避されたのである。

[事例2]
　褐炭の鉱山を所有している企業が、埋蔵石炭を掘り尽くしたので、約300人の従業員を擁する鉱山の休止を届け出た。この鉱山は、1年前に現在の所有者によって100万マルクで取得された[55]。

　経営休止の必然性について労働管理官による調査が行われ、次のことが明らかになった。この鉱山の操業を約6年間維持するに十分な石炭はまだ存在していた。ただし、それは質が劣悪で、高品質の石炭を50％混合することによってのみブリケットにすることができる。ところが、高品質の石炭の埋蔵地域には州道が通っており、家が建っている。したがって、この石炭を採掘するには、新たな別の道路を建設し、家を買収しなければならない。それには5年という時間が必要である。しかも、石炭の埋蔵量は少なく、わずか2年で掘り尽

くされるであろうということがわかった。すなわち、2年間の操業のために、5年間の経営休止が必要なのである。それによって、420000tのブリケットが生産される。原価構成は次の如くである。

表土層の除去	3600000
坑道の建設	950000
ブリケット工場	1100000
その他の原価	450000
鉱山の買収価格	1000000
	7100000

tあたりの原価は16.90マルクである。なお、休止原価は次のようになる。

鉱山の買収価格	1000000
山崩れおよび滑落防止のための原価	90000
その他の費用	30000
	1020000

したがって、収益性売上高下限は6080000マルクであり、収益性価格下限は14.476マルクである。したがって、tあたり14.476マルク以上の価格が得られる場合にのみ操業続行は合目的的である。しかし、ブリケットの価格は9.50マルクにすぎない。経営休止＝解雇は回避され得なかったのである。

Ⅵ．結

　以上、ティーレの所説を手がかりとして、1930年代の経営休止理論および経営休止問題について考えてきた。すでに述べたように、1930年代には経営休止に関する多くの研究が見られる。しかし、それらの多くは個別的な問題を

論じるにとどまっており、体系的な研究ということになると、それほど多くのものがあるわけではない。その意味において、フリッチェ（Fritsche, W.）による研究[56]や本章で取り上げたティーレの所説は数少ない体系的な研究であって、重要なものであるといえる。これに関して、ルートハルト（Rudhart, P. M.）は、「経営経済学的な観点の下で休止問題を包括的かつ体系的に論究しようとしている若干の研究が見られる。……これらの研究は、重視する点は異なっているが、主として休止概念、休止原因、個々の休止種類、実践的な遂行の問題ならびに休止原価そして一部は休止売上高を取り上げている[57]」と述べて、これらに高い評価を与えている。事実、ティーレはルートハルトが挙げている問題のほとんどすべてに言及しておりきわめて包括的な考察を行っている。ただ、フリッチェの研究とティーレの研究は、少し趣を異にしている。前者が、どちらかといえば全体経済から個別経済を考えているのに対し、後者は個別経済から全体経済を考える傾向が強い。したがって、フリッチェの所説は全体的な枠組みを提示するにとどまっているのであるが、ティーレの研究は経営休止問題の中身にまで踏み込んだ考察を行っているといえよう。ただ、ティーレの見解は、彼の師であるゲルトマッハーがそうであったように[58]、ナチスの経済思想に強く規定されており、その影響が随所に見られる。この時代の多くの研究の場合と同様に、ティーレの研究も時代の制約から自由ではなかったのである。まさしく、「社会的、歴史的制約をそとにして科学はありえない[59]」のである。

　すでに明らかなように、ティーレの研究においては、企業管理者の職能がきわめて重視されている。したがって、その意味で、経営休止は誤った経営管理の帰結であるとみなされるのである。これは、この時代の多くの論者たちの「資本の誤った管理（Kapitalfehlleitung）」という理論的な問題意識と軌を一にしている。ナチスの思考に強く規定されたものであるとはいえ、彼が企業管理者の意思決定問題を重要視していることに注目したい。

　さらに、彼の思考の根底には、過剰能力に基づく無効費用による収益性と流動性の圧迫の問題がつねに横たわっている。このことは注目に値するといえ

る。もっとも、無効費用なる概念はまだ存在せず、彼は「本来の経営活動と関係がない全く非生産的な原価（vollkommen unproduktive Kosten）[60]」と表現している。ちなみに、無効費用という概念が経営経済学の文献の中に登場するのは、1939年のブレット（Bredt, O.）の論文[61]以降のことである。

　また、彼の価格下限と操業下限の説明には、当時の企業の苦悩がよく現れている。すでに述べたように、価格下限は、一定の操業を前提として、価格によって利益が確保できるか否かという基準を明らかにする。しかして、それは生産の領域での問題ではなく、非生産的な適応の問題領域に属する。しかしながら、ティーレの眼前にあった企業はかかる非生産的な適応だけで問題が解決できるような状況の中にはおかれていなかったのである。広範な国民経済規模でのカルテル形成によって、生産が厳しく制限されていたからである。生産制限が行われる場合、参加企業の利益を確保するためには、価格が高水準に維持されなければならない。すなわち、そうすることによって、操業下限をより小さい水準に下げることが必然なのである。その意味で、価格カルテルと生産制限カルテルは密接に関連しているのである。ところが、ナチス経済政策の一環としての物価統制によって一部の例外を除いて価格を引き上げることが不可能となった。したがって、価格引き上げを伴わない生産制限が行われざるを得なかったのであり、その結果、操業下限という問題が前面に出て来ることとなった。それゆえ、生産的適応の一形態たる経営休止が重要な問題であったのである。すなわち、固定費の単なる補償ではなく、固定費の管理による固定費問題の解決が目指されなければならなかったのである。

　ティーレの研究は、1920年代の合理化運動の帰結（＝生産能力の著しい拡大）ならびにナチス政権によるカルテル政策（＝厳しい生産制限）により招来された慢性的過剰能力に基づく固定費問題を背景としたものである。そして、彼の所説が経営休止に関する理論、制度および実態を取り上げていることを評価したい。もちろん、彼の考察はナチスの経済思想に強く制約されている。また、理論的にも不十分な点が散見される。この研究が約70年前のものであることを思えばそれはやむを得ないことである。以上のようなことは差し引くとして

も、このような包括的な考察様式は今日の研究においても稀にしか見られないのである。彼の研究は、現在のわれわれにとっても示唆に富んでいるといえる。

1) Vgl. hierzu Krystek, U. : Unternehmungskrisen, Wiesbaden 1987, S. 2 ; Linde, F. : Krisenmanagemnet, Berlin 1994, S. 8.
2) 吉田和夫『ドイツの経営学』同文舘出版、1995年、31ページ。
3) 大橋昭一「ドイツにおける経営学の発展」古林喜楽、三戸　公編『経営経済学本質論』中央経済社、1970年、166ページ。
4) Thiele, W. : Die Stillegung von Betrieben, Würzburg-Aumühle 1937.
5) Thiele, W. : a. a. O., S. 1 ff.　ティーレは経営と企業を概念的に区別していない。
6) Geldmacher, E. : Wirtschaftsunruhe und Bilanz, Berlin 1923.　これに関して、彼の思考はシュミット（Schmidt, F.）のそれと類似している。ゲルトマッハーの企業観については、岩田　巌『利潤計算原理』同文舘出版、1956年、362ページ以下、中野　勲『会計利益測定論』中央経済社、1971年、75ページ、菊谷正人『企業実体維持会計論』同文舘出版、1991年、28ページ以下を参照。
7) Thiele, W. : a. a. O., S. 1.
8) Thiele, W. : a. a. O., S. 5.
9) Geldmacher, E. : a. a. O., S. 1 ff.
10) Thiele, W. : a. a. O., S. 1 ff. Vgl. auch o. V. : Nationalsozialistische Wirtschaftslehre, Die nationale Wirtschaft, 2. Jg.（1934）, S. 342 ff.
11) o. V. : a. a. O., S. 344.
12) o. V. : Nationalwirtschaftliche Wirtschaftslehre, S. 342.　シュマーレンバッハ（Schmalenbach, E.）も有名なヴィーン講演で、「現代の経済は自動的に生産と消費を一致させ、経済的な均衡を創出する治療薬を奪われてしまった」（Schmalenbach, E. : Die Betriebswirtschaftslehre an der Schwelle der neuen Wirtschaftsfassung, ZfhF, 22. Jg.（1928）, S. 245）と述べている。Vgl. auch Block, J. : Die Wirtschaftspolitik in der Weltwirtschaftskrise 1929 bis 1932 im Urteil der Nationalsozialisten, Frankfurt am Main・Berlin・Bern・New York・Paris・Wien 1997, S. 41.
13) Thiele, w. : a. a. O., S. 3.
14) Feder, G. : Wirschaftsführung im dritten Reich, Oldenburg 1934, S. 25.
15) Feder, G. : a. a. O., S. 28.　また、フェーダーは、「国家は経済という帝国における規制者、操縦者、受託者そして調整者でなければならない」（Feder, G. : a. a. O., S. 27）と述べている。
16) Thiele, W. : a. a. O., S. 17.
17) Thiele, W. : a. a. O., S. 18.
18) Thiele, W. : a. a. O., S. 5.
19) Nicklisch, H. : Betriebsgemeinschaft, in : Nicklisch, H.（Hrsg.）: Handwörterbuch der Betriebswirtschaft, 2. Aufl., 1. Band, Stuttgart 1938, Sp. 774.

20) Nicklisch, H. : a. a. O., Sp. 775.
21) 「国民の労働の秩序に関する法律（Gesetz zur Ordnung der nationalen Arbeit vom 20. 1. 1934)」(RGBl. I , S. 45 ff.)
22) 小島精一『ナチス新統制経済読本』千倉書房、1938年、86ページ、小島精一『企業統制論』千倉書房、1939年、297ページ。
23) 小島精一『ナチス新統制経済読本』86ページ、東亜経済調査局編『ナチスの経済政策』東亜経済調査局、1935年、58ページ、菊池春雄『ナチス労務動員体制研究』東洋書館、1941年、56ページ、村瀬興雄『ドイツ現代史』第9版、東京大学出版会、1975年、319ページ。
24) Thiele, W. : a. a. O., S. 17 ff.
25) Thiele, W. : a. a. O., S. 24.
26) Thiele, W. : a. a. O., S. 44 ff. ハーゼナック（Hasenack, W.）も休止原価(Stillsetzungskosten)、休業原価(Stillstandskosten)および操業再開原価(Wiederanlaufkosten)を指摘している（Hasenack, W. : Stillegung, in : Nicklisch, H. (Hrsg.) : Handwörterbuch der Betriebswirtschaft, 2. Aufl., 2. Bd., Stuttgart 1939, Sp. 1759)。
27) Vgl. hierzu Rudhart, P. M. : Stillegungsplanung, Wiesbaden 1978, S. 71 f. また、深山明『西ドイツ固定費理論』森山書店、1987年、142ページ以下を参照。
28) Thiele, W. : a. a. O., S. 45.
29) Thiele, W. : a. a. O., S. 49. これには除去不可能な固定費が含まれているので、この意味での総休止原価は厳密にいうと経営休止によって惹起されたものとはいえない。しかし、ティーレはこれを価格下限の計算に利用しようとしているため、除去不可能な固定費を除外することはできなかったといえる。
30) すでに述べたように、ティーレはこれらの2種類の原価を合わせて（総）休止原価と読んでいる。
31) Thiele, W. : a. a. O., S. 33.
32) ハーゼナックはこれを休止開始点（Stillegungsschwelle）と称している（Hasenack, W. : a. a. O., Sp. 1758)。
33) Thiele, W. : a. a. O., S. 37 ff. これは固定費問題についての2つの側面に関連している。
34) Thiele, W. : a. a. O., S. 36.
35) Thiele, W. : a. a. O., S. 41.
36) Thiele, W. : a. a. O., S. 41.
37) Thiele, W. : a. a. O., S. 42.
38) Thiele, W. : a. a. O., S. 42.
39) 価格下限＝売上高下限：給付単位
40) Thiele, W. : a. a. O., S. 37 ff.
41) この場合、操業＝生産量＝販売量とみなされている。
42) 生産量＝販売量　　：x
　　売上高　　　　　：$U = 1.5x$
　　総原価　　　　　：$K = 0.5x + 5000 (0 < x < 10000)$

$$K = x \quad (10000 < x < 12000)$$
$$K = 1.5x - 6000 \, (x > 12000)$$

休止原価　　　　：Sk＝4000
帳簿技術的原価　：Bk＝1000
収益性売上高下限：Reug＝K－4000
流動性売上高下限：Leug＝K－1000

43) Thiele, W. : a. a. O., S. 53.
44) Thiele, W. : a. a. O., S. 53.
45) 「経営の解体および休止に対する措置に関する命令（Verordnung betreffend Maßnahmen gegenüber Betriebsabbrüchen und Stillegungen vom 8. 11. 1920)」（RGBl. S. 1901)、および「経営休止および操業短縮に関する命令（Verordnung über Betriebsstillegung und Arbeitsstreckung vom 15. 10. 1923)」（RGBl. Ⅰ, S. 983)
46) 「労働管理官に関する法律（Gesetz über Treuhänder der Arbeit vom 19. 5. 1933)」
47) 14の経済区とは、ポムメルン、東プロイセン、シュレジエン、ブランデンブルク、ヴェストファーレン、ラインラント、ヘッセン、中部ドイツ、ザクセン、バイエルン、南西ドイツ、ザール地方であって、ヴェストファーレンと南西ドイツ以外にはそれぞれ経済会議所（Wirtschaftskammer）が設置された。
48) 労働管理官に関しては、たとえば、次の文献を参照。東亜経済調査局編、前掲書、52ページ、小島精一、前掲書、116ページ以下、小島精一『企業統制論』298ページ、美濃部亮吉『独裁制下のドイツ経済』福田書房、1935年、117ページ以下. Vgl. auch Schmelter, F. : Reichstreuhänder der Arbeit, Nicklisch, H.（Hrsg.）: Handwörterbuch der Betriebswirtschaft, 2. Aufl., 2. Band, Stuttgart 1939, Sp. 1426 ff.
49) 東亜経済調査局編、前掲書、61ページ。
50) 小島精一『ナチス新統制経済読本』116ページ。
51) 塚本　健『ナチス経済』東京大学出版会、1964年、271ページ。
52) Schmelter, F. : a. a. O., Sp. 1426.
53) Thiele, W. : a. a. O., S. 57.
54) Thiele, W. : a. a. O., S. 60 ff.
55) この取得は、鉱山の操業のためではなく、自社に割り当てられるシンジケート比率の確保のためであった。
56) Fritsche, W. : Das Abbauproblem der Unternehmung, Düren-Rhld 1933. フリッチェの研究に関しては、深山　明「危機マネジメント論のさきがけ」『産業経理』第57巻第4号、1998年、29ページ以下および本書の第5章を参照。
57) Rudhart, P. M. : Stillegungsplanung, Wiesbaden 1978, S. 13. また、深山　明、前掲書、137ページ以下を参照。
58) Forrester, D. A. R. : Schmalenbach and After, Glasgow 1977, p. 13. 林　良治訳『シュマーレンバッハの研究』晃洋書房、1982年、36ページ。
59) 池内信行『経営経済学史』理想社、1949年、189ページ。
60) Thiele, W. : a. a. O., S. 21.
61) Bredt, O. : Der endgültige Ansatz der Planung, Technik und Wirtschaft, 32. Jg.（1939),

S. 219 ff. und S. 249 ff.

第３部　危機マネジメントの理論

第8章　企業危機と危機マネジメント論

I. 序

　理論的な危機マネジメント論を構築するためには、危機マネジメント（Krisenmanagement）に関する学史的な考察が不可避であるという問題意識から、第Ⅱ部において、危機マネジメントについての「先駆的研究」が検討された。それを通じて、危機マネジメント論の源流が明確になった。また、かなり早い時期から固定費問題の解明への努力が見られること、さらには、この問題に対する体系的な考察がすでに試みられていたことなどが明らかにされた。これらの諸研究の内容に今日の危機マネジメント論の本質が現れているということができる。

　1970年代の後半以降のドイツにおいては、経済の不振を背景として企業危機が深化し、それらのことに規定されて、実践においては危機マネジメントが緊急を要する問題となった。また、企業倒産の急増に対応するために、倒産法および倒産手続きの抜本的な改正のための作業も開始されていた。

　このような実践における危機マネジメントに対する要請の高まりと軌を一にして、1980年頃から危機マネジメントに関する幾多の研究が明らかにされるようになった。ところが、それらの研究の多くは実務家やコンサルタントの手によるものである。また、危機マネジメントが、ある意味において、未だ啓蒙の域を出ていないということもあって、確固とした理論的基礎をもつものが少

ないというのが実情であった。最近になってようやく理論的水準の高い研究も見られるようになり、従来とは発想を異にする研究も現れ始めたが、危機マネジメント論はまだまだ発展途上にあると言わなければならない。また、危機マネジメントが必ずしも体系的に叙述されていないということも事実である。理論的な基礎の上に構築された体系的な危機マネジメント論形成の必要性を痛感する所以である。

危機マネジメントに関する先駆的な研究の検討を通じて確認されたことが、本章の論述の出発点となる。以下においては、まず、それらの諸点を明示し、その後の考察の基とすることにしたい。

II. 危機マネジメント論の考察様式

1. 価値の流れの問題

経営学の2つの主要な問題領域として、「価値の流れの問題」と「人と人の関係の問題」があることは周知のことである。前者は「原価の問題」であり、後者は「組織の問題」である。したがって、経営学は「原価理論」と「組織理論」を中心として発展してきたのである。ところが、これらの問題は、並列的な関係にあるのではない。いうまでもなく、企業の目標は利益の最大化であり、原価は利益のマイナスの構成要素であるから、その意味において、「原価の問題」は企業にとって本質的な問題であるといえよう。また、組織は企業目標達成のための手段であるとみなされ得る。それゆえ、「原価の問題」と「組織の問題」の間には目的と手段の関係が存するのである。

危機マネジメントに関する先駆的な研究を鳥瞰すると、取り上げられている問題はほとんど価値の流れ＝原価の問題であって、原価理論的な考察が支配的である。それは、企業危機の諸問題が、収益性と流動性の問題として発現するからである。寡聞の限りでは、当該問題を組織の問題として展開した論者はいない。このことは、企業にとって原価の問題がより本質的であることの帰結である。したがって、さまざまな現象を考察する場合、それらは最終的には原価

の問題に還元されなければならないのである。

2. 固定費問題の解明

たとえば、クライネ（Kleine, K.）は、基本的な概念の考察から出発し、ドイツの繊維企業に関する綿密な調査を行った。そして、それに基づいて固定費問題の解明が試みられている。その論述には明らかなミスや誤りが散見され得るのであるが、1920年代においてこのような論究が見られることは注目に値する。

他の論者においては、必ずしも明示的な形で固定費問題が意識されているわけではないけれども、論述されていることはそのほとんどが固定費問題に対処するための方策に関わっている。このことは、意識的であると否とにかかわらず、固定費問題の克服・解消ということがつねに目指されていたということを暗示しているのである。

3. 生産能力縮小（固定費の発生管理）

固定費問題に対処するための適応方式の2つの類型として、生産的適応と非生産的適応が考えられることは前述のとおりであるが、1920～1930年代の研究において、非生産的適応を取り上げたものはない[1]。もっぱら生産的適応に眼が向けられているのである。とりわけ、生産能力縮小（固定費の発生管理）が主として経営休止（Betriebsstilllegung）の問題として論究されている。したがって、企業の置かれている状況への対応としては、固定費の発生管理が中心になるのである。それは、かかる方策を発想しなければならないほどの深刻な事態が企業の危機的な状況として理解されていたということを暗示している。それに対して、固定費の利用管理は、むしろ好調な経済状態を背景として取り上げられ、生産能力の拡大とそれの最大利用ということが問題とされているのである。

このように当該問題領域においては、固定費の発生管理が前面に出てくるのであるが、そのことは固定費の利用管理が重要性を失ったということを意味す

るのではない。そのことはすでに述べたとおりである。固定費の発生管理がもっぱら取り上げられているということは、取りも直さず、利用管理（生産能力の最大利用）の前提となる発生管理（適切な生産能力の形成）が注目されているということなのである。適切な生産能力の形成とそれの最大利用はつねに重要である。そして、最終的には、固定費の補償ということが不可避であるということに注意しなければならない。

Ⅲ. 危機と企業危機

1. 危機の概念

危機（Krise）という概念は、個人の危機から世界全体の危機にまで及ぶ広い意味で用いられ、きわめて多様な内容をもっている。Krise という語は、ギリシア語の Krisis に語源をもち、16世紀以後にドイツ語で用いられるようになったのである[2]。この概念は医学の用語として初めて用いられた。それは病気の極期（Höhepunkt）および変わり目（Wendepunkt）を表し、また、患者の回復と死に関する意思決定状況を意味した。さらに、法律学においては、正当（Recht）と不当（Unrecht）が、そして、神学においては、救済（Heil）と劫罰（Verdamnis）が問題とされた。その後、18世紀になって、フランス語の概念たる crise の影響を受け、重要で困難な状況すなわち窮地の意味で用いられるようになり、危機という概念は意思決定あるいは転換点として定義された。このように、危機は展開の転換点を意味するのであり、機会（Chance）と危険（Gefahr）を伴うのである[3]。したがって、危機を特色づける「意思決定状況の本質的なメルクマールは展開可能性（Entwicklungsmöglichkeit）の極端な両面価値（Ambivalenz）である[4]」といえる。このことは企業危機を理解する上できわめて重要である。

2. 企業危機の概念

企業危機に対する取り組みが経営経済学の本格的な研究と同じくらいの歴史

を有するといっても過言ではないということについては、すでに述べたとおりである。しかしながら、初期の研究の多くは、国民経済学的な研究の影響を受け、危機をもっぱら景気に規定される現象（konjunktuelles Phänomen）とみなしていた。たとえば、ハーゼナック（Hasenack, W.）やイサーク（Issac, A.）の研究がその典型である[5]。また、「健康な経営（der gesunde Betrieb）」と「病気の経営（der kranke Betrieb）」という発想に基づき、危機を「病気の過程」の一部分として捉えようとしたフレーゲ＝アルトホフ（Flege-Althoff, F.）の研究[6]のようなものも存在した。さらに、ル・クートル（Le Coutre, W.）は、企業の危機について論じ、企業管理のための危機論（Krisenlehre）を展開しようとした[7]。

近年においては、企業危機に関する研究は、支配的な企業目標と関連づけられることが多く、また、成果獲得ポテンシャルのような戦略的な要因が重視されている。以下においては、この点に着目しながら、企業危機について論述することにする。

企業危機は、「異常事態が発生するとき、あるいは、設定された目標が達成されないとき[8]」に認識される。すなわち、企業の支配的な目標の達成が困難であるという事態が企業危機を象徴するのである。無効費用による収益性と流動性の圧迫は企業の最上位の目標たる利益目標と企業活動の制約条件ないし必要条件たる流動性目標の達成が阻害されるという状況を招来する。したがって、それはまさしく企業危機の第１次的なメルクマールであり、企業危機発生の直接的な源泉であるとみなすことができる。

企業危機はさらに４つの第２次的なメルクマールにより特色づけられている[9]。①予想されない事態である、②企業の存在が脅かされる、③対処するための時間が逼迫している、④原因がきわめて多様である、というのがそれらである。すなわち、企業危機とは、支配的な目標の達成が困難となるような事態であるが、それは予想されなかった事態であり、企業の存在を危うくする。さらに、かかる事態に対処する方策を講ずるために利用できる時間が十分に与えられておらず、また、企業危機とその原因の間の因果関係が一義的ではないの

である。

　以上のように特色づけられる企業危機は突如として生起するわけではない。たとえば、「企業危機は一夜にして発生するのではなくて、多年にわたる前史があるかのようなゆっくりとしたプロセスとして発生する[10]」、また、「企業危機は、実は、環境条件の変化と企業管理者の失敗が平行的に起こるような長年にわたるプロセスである[11]」といわれるとおりである。したがって、企業危機という現象を1つのプロセスとして把握し、それを構成するいくつかの局面を区分して、それぞれの特質を考察する必要がある。

　一般に、企業危機は、①潜在的な企業危機（potenzielle Unternehmungskrise）、潜伏的な企業危機（latente Unternehmungskrise）、③顕在的／支配可能な企業危機（akute/beherrschbare Unternehmungskrise）および④顕在的／支配不可能な企業危機（akute/nicht beherrschbare Unternehmungskrise）という4つの局面に分けられ得る[12]。

　まず、潜在的な企業危機（第1局面）は、生起し得るが未だ現実のものとなっていない企業危機を表している。この場合、通常の方法で知覚され得る危機の症状はない。そして、企業の状態は正常であり、それはいわば準正常状態（Quasi-Normalzustand）といわれる。企業にとっては、このような潜在的な企業危機を早期に認識し、それに戦略的に対処することが重要である。

　次に、潜伏的な企業危機（第2局面）は、すでに生起しているが未だベールで覆い隠されているが如き企業危機あるいは高い確率でまもなく症状が現れる企業危機ということによって特色づけられる。企業危機症状の早期認識の必要性は、第1局面に比べてやや小さくなる。しかしながら、適切な方法により企業危機の症状を早期に認識することができれば、有効な方策を講ずることができるのである。

　さらに、顕在的／支配可能な企業危機（第3局面）においては、企業危機はすでに顕在化しており、破壊的な影響が直接的に知覚され得る。したがって、危機症状の早期認識ということはもはや意味をもたないのである。しかし、この局面の危機は、危機克服ために利用可能な資源を動員し、危機克服ポテンシ

ャルを高めることによって、克服される可能性がある。この局面は１つの転換点を含み、それは、危機に対処するための方策が功を奏し、その結果としての企業再生が実現され得るか否かということの分かれ目を意味するのである。したがって、かかる転換点に照応する時点において倒産が生起し得るのである。また、倒産後の企業の再生可能性を考慮すると第２の転換点が存在することに注意する必要がある。

そして、顕在的／支配可能な企業危機を支配し、これを克服することができなければ、企業危機は顕在的／支配不可能な企業危機（第４局面）という最終局面に移行する。この段階では、企業の支配的目標の達成はもはや不可能であり、遅かれ早かれ倒産手続きが開始されることになる。

以上の４つの諸局面の内容を規定するものとして、それぞれ異なる種類の企業危機が対応している[13]。すなわち、第１局面＝戦略危機（Strategiekrise）、第２局面＝成果危機（Erfolgskrise）、第３局面＝成果危機および流動性危機（Liquiditätskrise）、第４局面＝清算（Liquidation）ということになる。①戦略危機の場合、マーケットシェアあるいはノウハウ面での優位性のような成果獲得ポンシャルの構築と利用が阻害され、②成果危機の場合は、利益目標あるい売上高目標のような成果目標の達成が困難になり、③流動性危機の場合は、流動性の維持が危うくされ、企業全体の存在が危険にさらされることになる。④第４局面では、清算が不可避であるが、その際、債権者の要求が充足されないという事態が生じ得るのである。

多くの論者がプロセスとしての企業危機の経過を図示することを試みてる。それらは、いずれも企業危機のプロセスを４つの局面で説明しており、質的に異なるものではない。ここでは、ドライヤー（Dreyer, A.）やビルカー（Birker, K.）等が提示している図[14]の不十分な点を修正して示しておく（第１図を参照）。

ただ、すべての企業危機が上述の４つの局面のすべてを経過するとは限らないのである。たとえば、突然に第２局面あるいは第３局面から危機が始まることもある。さらに、当面の危機症状が一時的に克服されたとしても、危機の原

第1図

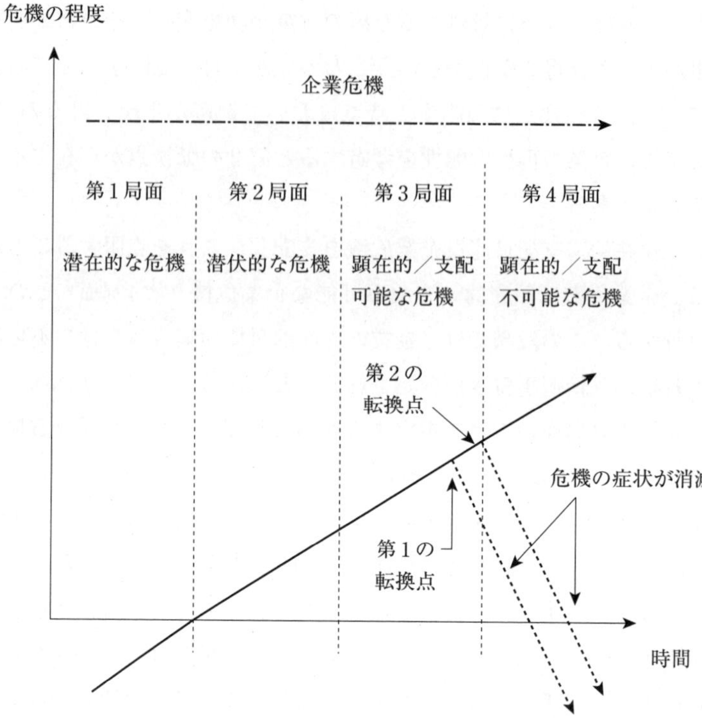
危機の程度
企業危機
第1局面
第2局面
第3局面
第4局面
潜在的な危機
潜伏的な危機
顕在的／支配
可能な危機
顕在的／支配
不可能な危機
第2の
転換点
危機の症状が消滅
第1の
転換点
時間

因が完全に除去されていないために、再び危機プロセスが始まることもある。かつて、ミュラー（Müller, R.）は、第1局面から始まる企業危機（タイプA)、第2局面から始まる企業危機（タイプB)、第3局面から始まる企業危機（タイプC）の発生頻度を調べ、それぞれが全体の約60％、約30％、約10％を占めることを指摘した[15)]。

以上において述べたように、企業危機は1つのプロセスとして把握されるのであるが、このプロセスのそれぞれの局面に関して、クリューシュテーク（Krystek, U.）は次のような説明を行っている。それは、企業危機の早期認識の必要性、回避・克服の必要性、回避・克服ポテンシャル、知覚ポテンシャルによって企業危機のプロセスが特色づけられている（第2図)。

第2図

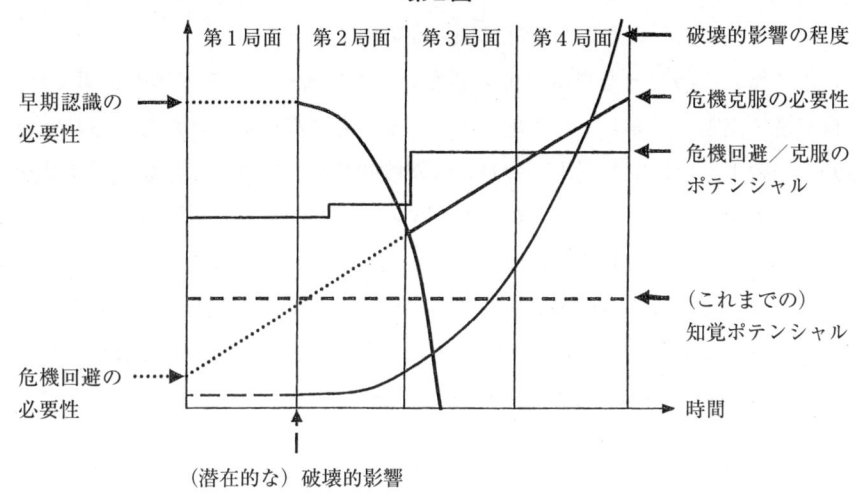

(出所　Krystek, U.: a. a. O., S. 48.)

　第1局面においては、企業危機は未だ発生していない。したがって、危機の症状も知覚できず、明示的な形では企業危機の早期認識の必要性はない。しかし、この段階で潜在的な危機を認識することができ、戦略的に有用な方策を実施することができれば、有利に事を運ぶことができよう。次に、第2局面は潜伏的企業危機の状態であるが、この場合、危機の破壊的影響は知覚ポテンシャルの下方にあり、通常の手段では認識され得ないのである。しかし、この段階では危機の早期認識の必要性は大きく、企業危機を可及的早く認識し、それに対処することが強く望まれるのである。さらに、第3局面においては、企業危機が顕在化し、それのもたらす破壊的な影響も徐々に大きくなる。しかし、この段階の企業危機は支配可能であり、それゆえ、企業危機克服の必要性が高まるのである。しかして、企業危機克服のために利用可能な資源が動員され、その結果、企業危機克服ポテンシャルは高められることになる。そして、第4局面においては、危機の破壊的な影響が危機克服ポテンシャルを上回るようになり、危機は支配可能ではない。企業は倒産へと向かうことになるのである。
　以上のことは一種の理念型として理解されるべきである。個々の具体的なケ

ースにおいては、それぞれの固有の事情が考慮に入れられなければならず、必ずしも上で描かれたようになるとは限らないのである。

　ここでは、次のことを指摘しておきたい。クリューシュテークの説明では、危機回避・克服ポテンシャルは危機の進行とともに高まることが想定されているが、そのような仮定と現実との整合性が吟味されなければならない。なぜなら、危機の深まりとともに、それが低下することも考えられるからである。とりわけ、このことは人的資源に関して妥当性をもつ。すなわち、少なくとも企業危機が顕在化すると、企業危機の克服に貢献し得る有能な人材が当該企業内にとどまらずに、企業外へと流出することが考えられる。このような事態をテップファー（Töpfer, A.）は内部的な衰弱（innere Auszehrung）とみなしている[16]。

Ⅳ. 企業危機の原因

　企業危機はそれのもたらす症状によって知覚・認識され得る。そのような企業危機を回避・克服するためには、企業危機を発生せしめた原因に対処することが不可避である。このことに関して、シュライエッグ（Schreyögg, G.）は、「危機の効果的な克服は、危機原因と原因間関係の体系的な分析を前提とする[17]」と述べている。しかしながら、企業危機とその原因の間の因果関係は、多重的かつ多段階的であることが知られている。したがって。この因果関係を解明することは容易なことではない。しかしながら、危機マネジメントによって効果的に企業危機を回避・克服するためには、少なくとも基本的な因果関係が明らかにされていなければならない。それゆえ、多くの場合、さまざまな危機原因を同時的に考察することを断念して、いわゆる孤立的な考察が行われるのである。

　企業危機は、直接的には、獲得され得る利益の著しい減少と手元流動資金の逼迫によって惹き起こされる。したがって、収益性状況と流動性状況の悪化が企業危機の直接的原因である。このように、企業危機が収益性と流動性の問題

であることは明白であるが、かかる直接的原因を惹起するいわば間接的原因およびそれのもたらす作用はきわめて多様である。

　企業危機の原因に関しては、すでに、フレーゲ＝アルトホフやフィントアイゼン（Findeisen, F.）の研究において言及されている。それは1930年代のことである。しかしながら、その後においてかかる研究の進展は見られなかった。すなわち、「実践的な意義が大きいにもかかわらず、この領域の研究は、何十年もの間、経営経済学において中断されたままであった[18]」というのが実情である。企業危機の原因に再び関心が示されるようになったのは、近年において危機マネジメントの研究が見られるようになった1970年代の後半以降のことである。最近、多くの論者によって多様な企業危機の原因が指摘されている。しかしながら、彼らによって企業危機の原因として指摘されているのはそのほとんどが間接的な原因であって、直接的原因に言及している論者はきわめて少ない。

　企業危機の原因に関する研究としては、量的な原因研究（quantitative Ursachenforschung）と質的な原因研究（qualitative Ursachenforschung）が知られている[19]。

　前者は、たとえば、企業の属する産業部門、企業の法律形態、企業規模、企業年齢、資本金、売上高などの統計的に得られるデータを手懸かりとして、企業危機の原因についての示唆を与えようとすることを目的としている。しかしながら、かかるアプローチによって相関関係や企業危機の状況は明らかにされるが、因果関係は解明され得ないのである。

　質的な危機原因の研究は、さまざまな要因と企業危機の間の因果関係を明らかにせんとしている。そのために、経営者、コンサルタント、倒産管財人などからの情報、営業報告書や経済紙（誌）などの分析結果が利用され、経験に基づいて一般的妥当性をもつような危機原因の究明が目指されるのである。このような質的な危機原因の研究の嚆矢は、フレーゲ＝アルトホフの研究[20]である。彼は、1925年〜1929年の間に「病気」とみなされた180の株式会社について、聞き取り調査の実施、営業報告書および破産記録の分析に基づいて考察

し、企業内の原因と企業外の原因を峻別したのである[21]。彼の研究がその後において進展させられなかったことは、すでに述べたとおりである。

　質的な危機原因に関する研究においては、通常、外生的な危機原因（exdogene Krisenursache）と内生的な危機原因（endogene Krisenursache）が区別される。それは、フレーゲ＝アルトホフによってはじめて指摘された[22]。

　外生的な危機原因は、企業外で発生する危機原因であって、一般に、企業環境における構造的変化や景気に規定される変化、また、さまざまな領域における非連続的でこれまでのトレンドに従わないような展開などである。それらは、企業の外側から企業に影響を及ぼすので、企業（管理者）によるコントロールの範囲外にあり、操作不可能な変数である。しかしながら、基本的に予見可能な危機原因は企業（管理者）の責任領域に含まれるといえる。

　外生的危機原因について、キーム（Kihm, A.）は、ビルカー（Birker, K.）、ベッケンフェルデ（Böckenförde, B.）、ヘス（Hess, H.）らの論述の検討を通じて、第1表のように体系化して示している[23]。

　内生的な危機原因は、企業内で発生する危機原因である。それは企業（管理者）の操作し得る変数である。なぜなら、企業管理の主たる責務は、適切な計画策定、コントロールおよび統制によって、それらの変数に影響を及ぼすこと、あるいは、企業をそのような変数に適応させることであると考えられるからである[24]。それゆえ、内生的な危機原因の研究における支配的な要因は「管理の誤り（Führungsfehler）[25]」なのである。このことを最も強調しているのは、今日の危機マネジメント研究において中心的な役割を果たしている研究者の1人であるハウシルト（Hauschild, J.）であり、彼は「ミスマネジメント（Mismanagement）」という概念を用いており[26]、戦略危機のことを「ミスマネジメント危機（Mismanagementkrise）」と称しているのである。ハウシルトをはじめとするキールの大学における研究者グループは、1992～2001年に発生した企業危機の無作為抽出調査で得られた53企業の事例に基づいて、企業危機の原因に関する詳細なカタログを提示している（第2表参照）。ただし、彼らの調査研究において明らかにされているのは、内生的な危機原因のみであ

って、外生的な危機原因については言及されていない。

第1表

関連領域	外生的な危機原因
全体経済	景気変動／景気後退 グローバリゼーション 実質購買力の低下 天災 高い利子水準 為替相場変動
政策と社会	国家による景気政策の変化 通貨政策的方策 関税政策的方策 租税および社会保障費の増加 環境保全に対する要求の高まり 輸出禁止／製造禁止 政治危機／軍事的紛争 高水準の賃金契約
競争構造	競争 新たな供給者の出現 独占的地位の喪失 参入障壁の緩和 価格引き下げ競争 産業部門の過剰能力 産業部門を超える協力／統合の増加 製品 新しい技術 製品ライフサイクルと開発期間の短縮化 代替的製品
市場パートナー	調達面 極端な供給者依存 ストライキや倒産などによる供給停止 原材料の逼迫と価格高騰 販売面 極端な顧客依存 ストライキや倒産などによる販売停止 ニーズの消滅 購買行動の変化 過度の季節変動 市場飽和

(出所　Kihm, A.：a. a. O., S. 57 f.)

外生的原因と内生的原因として示された個々の原因の作用は必ずしも孤立化され得ないということが顧慮されなければならない。すなわち、企業危機を発生させる原因を1つの要因だけに還元することが容易ではないということが考えられるのである。したがって、個々の原因が共に作用することによって企業危機が惹き起こされ得るということに留意する必要がある。このことに関して、ビルカーは、「企業内的な作用と企業外的な作用が同時に問題となる。まさしく、企業内的な意思決定と環境に規定される展開が相俟って危機を招来するように思われる[27]」と述べている。

　このように、企業危機を生じさせる間接的原因として外生的原因と内生的原因は区別されるのであるが、企業に対してそれらの及ぼす影響は利益の減少と流動資金の逼迫という問題、すなわち、直接的原因たる収益性と流動性の圧迫という問題として発現するのである。企業危機はこのような直接的原因によって発生させられるのである。

　多くの論者が企業危機の原因に関して論述しているが、ほとんどの場合、間接的原因の列挙にとどまっており、「価値の流れの問題」として企業危機が生起するということが明示されていないのである。このことが、理論的かつ体系的な危機マネジメント理論の形成を妨げている一因であるといっても過言ではない。ハウシルトはこのことを意識している数少ない研究者の1人である。彼は、企業危機が収益性と流動性の問題であることを明確にし、「現行の活動を変更することなく継続するならば、その存在が危うくなり、倒産手続きが開始されなければならないという場合に、企業は危機に見舞われているのである。そのようなことは、財務計画策定および成果計画策定から察知することができる[28]」と述べている。しかも、その際に財務の問題がより重視されている。ハウシルトの叙述はまさしく正鵠を射た指摘であるといえよう。

　しかしながら、ハウシルトの企業危機原因論も十全なものであるとはいえない。企業危機の原因としては内生的原因のみ挙げており、外生的原因については全く言及していないのである。上述のように、外生的原因と内生的原因の協同作用があることは事実であるが、だからといって外生的原因の影響が看過さ

第2表

危機セグメント	危機原因	危機セグメント	危機原因
人的原因 （企業者、支配的経営者）	・経験不足 ・浪費、投機 ・管理の欠陥 　―権威主義的な集権化 　―意思決定の弱さ 　―協調不足 　―不十分な統制 ・家族問題 ・病気、死亡	成果経済的危機原因	販売 ・製品／プログラム 　―時代遅れとなった製品技術 　―過度に高い・過度に低い製品の品質 　―無意識的なポートフォリオ 　―自家競争 ・価格 　―高すぎる／低すぎる 　―スライドさせられない 　―価値の保存ができない ・販売経路 　―過度に強い／過度に弱い拘束 　―突然的な変更 投資 ・研究開発活動 　―多すぎる／少なすぎる 　――面的／多面的 　―過少な／過多な統制 ・投資対象 　―製品・市場・関連の欠如 　―未知のテラリウム／未経験 　―あまりにも小さい自由（強制投資） ・投資規模 　―販売との調整欠如 　―大きすぎる／小さすぎる 　―過度に（非）連続的 ・投資時点 　―早すぎる（技術的な能力という点で） 　―遅すぎる（技術的な能力という点で） 生産およびロジスティクス ・生産技術 　―時代遅れ／過度に革新的 ・生産規模 　―販売機会を考えると小さすぎる 　―他の成果経済的機能とうまく調整されていない ・生産伸縮性の欠如 ・立地 　―集中しすぎ／分散しすぎ 調達 ・過多の／過少の調達量 ・高すぎる／低すぎる品質 ・供給者 　―多すぎる／少なすぎる 　―過度に革新的／時代遅れ ・価格／通貨 　―高すぎる入庫価格 　―価値保存ができない
制度的原因 （企業、企業体制）	戦略 ・無批判的な内部的肥大化 ・性急な外部的成長 ・強いパートナーとの過度に緊密な結びつき 法律形態 ・税制上の不利 ・不明確な権利継承 各種団体 ・弱いパートナー ・団体参画者の強すぎる／弱すぎる自律性 組織 ・多すぎる／少なすぎる階層 ・合目的的でない専門化 ・組織化の程度 情報 ・計画策定システムおよび統制システムの欠陥 ・不十分な情報・コミュニケーション技術 労使関係 ・ストライキ／ロックアウト ・操業妨害、サボタージュ		
財務経済的危機原因	・予期されなかった収入不足 　―債務の不履行 　―顧客による支払いの遅れ 　―信用の取り消しおよび不承認 　―流動性準備の無機能化 ・収入と支出の調整不足 ・予期されなかった支出の発生 　―信用の減額 　―計画されていなかった支払義務		

（出所　Hauschild, J.: Entwicklungen in der Krisenforschung, in: Hutzschenreuter, T. / Griess-Nega, T. (Hrsg.): Krisenmanagement, Wiesbaden 2006, S. 32.）

れてはならない。そして、すべてをミスマネジメントの問題として説明することによって、かえってミスマネジメントの意義を不明確にすることになってしまうのではないか。

くり返しになるが、企業危機の原因としては、直接的原因と間接的原因が峻別されるべきで、また、間接的原因は外生的なものと内生的なものがあると考えるべきである。このことが理論的かつ体系的な危機マネジメント論の形成にとって不可欠であると考えられるのである。

なお、次のことに言及しておきたい。企業危機の間接的原因は外生的原因と内生的原因に分けられるが、厳密に考えると3つのカテゴリーが峻別され得るのである。すなわち、①純粋の外生的原因、②純粋の内生的原因、③外生的・内生的原因というのがそれらである。外生的・内生的原因というのは、本来的には外生的原因であり、それに対応することが企業管理者による管理の範囲内にあるにもかかわらず、それにうまく対応できずに企業危機の原因となるものである。

V. 危機マネジメント

1. 企業危機と危機マネジメント

危機マネジメントは、元来は政治の領域での概念であった。それは1962年のいわゆるキューバ危機との関連で用いられ、それは危機克服(Krisenbewältigug) という目標を達成するための意思決定過程とみなされていた。このような概念が経営学の領域において用いられるようになったのは1970年代以降のことであった。

危機マネジメントは、企業危機という事態に対処するためのマネジメントであるが、その具体的な内容は「企業危機の回避」と「企業危機の克服」である。すでに述べたように、企業危機は、企業の支配的な目標の達成を困難にし、企業の存続を危うくするような事態である。したがって、危機マネジメントは、かかる事態を認識・回避・克服するためのマネジメントであるといえ

る。このように危機マネジメントの概念を広く解釈するならば、それは、上述の潜在的な企業危機、潜伏的な企業危機、顕在的／支配可能な企業危機および顕在的／支配不可能な企業危機という企業危機のすべての局面に関連することになる。

　クリューシュテークは、能動的な危機マネジメント（aktives Krisenmanagement）と反応的な危機マネジメント（reaktives Krisenmanagement）を区別し、前者を先取的危機マネジメント（antizipatives Krisenmanagement）と予防的危機マネジメント（präventives Krisenmanagement）に、後者を反発的危機マネジメント（repulsives Krisenmanagement）と清算的危機マネジメント（liquidatives Krisenmanagement）にそれぞれ細分し、それらを企業危機の４つの局面に関連づけている[29]。それらの間の関係は次の如くである。

1. 能動的な危機マネジメント
   ①先取的危機マネジメント　⟶　潜在的な企業危機
   ②予防的危機マネジメント　⟶　潜伏的な企業危機
2. 反応的な危機マネジメント
   ③反発的危機マネジメント　⟶　顕在的／支配可能な企業危機
   ④清算的危機マネジメント　⟶　顕在的／支配不可能な企業危機

　先取的危機マネジメントは、潜在的な企業危機（戦略危機）に対処するためのものであり、内容的には戦略的危機マネジメント（狭義）である。それは、企業の成果獲得ポテンシャルをいわゆる浸食過程から守り、企業の維持に必要な成果獲得ポテンシャルの開発を阻害する要因を除去することを目的とする。具体的には、ⓐ企業の存続を保障しないまたは危うくする製品／市場セグメントからの撤退（通常は生産能力削減が行われる―撤退戦略）、ⓑ市場浸透の改善および原価低減プログラムのための方策によって再び魅力的になる活動領域での残存（操業続行戦略）、ⓒ適切な多角化政策、協同政策、買収政策による将来性のある製品／市場セグメントへの参入（攻撃的戦略または構造転換戦略）のよう

なさまざまな行動可能性がある。

　予防的危機マネジメントは、潜伏的な企業危機（成果危機）に対するものであって、その内容は成果目標達成を保障する危機マネジメントである。それは、収益性目標および売上高目標が達成できないという事態の回避を第1の目的とするが、その回避が可能でない場合は、企業の存続を長期にわたって保障するような収益状況の改善を行うことが課題とされなければならない。また、その間に発生した売上高の喪失や損失は何らかの形で埋め合わされることを要するのである。成果危機を克服するためには、生産、販売、研究開発、さらには、コントローリング／計算制度などすべての領域における原価削減方策、需要刺激方策が必要である。

　反発的危機マネジメントの対象は顕在的／支配可能な企業危機（成果危機、流動性危機）であって、成果目標達成を保障する危機マネジメントに加えて、企業存続の必要条件たる流動性目標の達成を保障するような危機マネジメントが行われなければならない。したがって、この段階での危機マネジメントは債務超過（Überschuldung）と支払い不能（Zahlungsunfähigkeit）を阻止することを目的とするのである。したがって、この局面にまで至ると、基本的には倒産を回避するためのマネジメントが行われなければならないが、それは倒産はしたがなお再生可能な企業に関するマネジメントをも含むのである。債務超過や支払い不能に陥った後も、なお企業（部分）の存続が目指されることがあるからである。

　清算的危機マネジメントは顕在的／支配不可能な企業危機（清算）に対処するためのもので、倒産手続きの範囲内において行われる。したがってそれは清算のための危機マネジメントである。

　以上のような4種類の危機マネジメントに関しては、それぞれ戦略的なものと戦術的なものが含まれ、それらは戦略的危機マネジメント（strategisches Krisenmanagement）および戦術的危機マネジメント（operatives Krisenmanagement）と称される。企業危機と危機マネジメントの関係は第3図のように表すことができる。

第8章 企業危機と危機マネジメント論 193

第3図

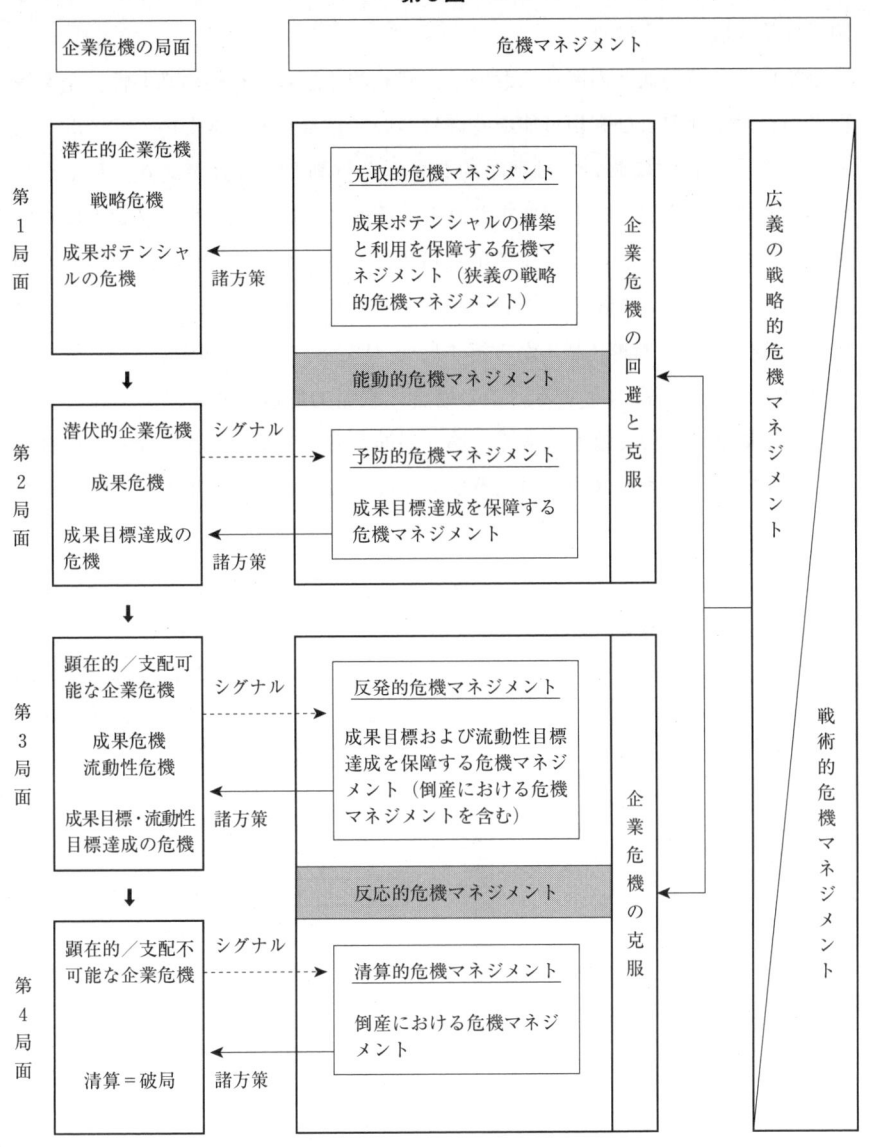

企業危機の局面	危機マネジメント		

第1局面
- 潜在的企業危機
- 戦略危機
- 成果ポテンシャルの危機

← 諸方策 —

先取的危機マネジメント
成果ポテンシャルの構築と利用を保障する危機マネジメント(狭義の戦略的危機マネジメント)

能動的危機マネジメント

第2局面
- 潜伏的企業危機
- 成果危機
- 成果目標達成の危機

シグナル ---→
← 諸方策 —

予防的危機マネジメント
成果目標達成を保障する危機マネジメント

企業危機の回避と克服

第3局面
- 顕在的/支配可能な企業危機
- 成果危機
- 流動性危機
- 成果目標・流動性目標達成の危機

シグナル ---→
← 諸方策 —

反発的危機マネジメント
成果目標および流動性目標達成を保障する危機マネジメント(倒産における危機マネジメントを含む)

反応的危機マネジメント

第4局面
- 顕在的/支配不可能な企業危機
- 清算=破局

シグナル ---→
← 諸方策 —

清算的危機マネジメント
倒産における危機マネジメント

企業危機の克服

広義の戦略的危機マネジメント

戦術的危機マネジメント

また、企業危機の原因、企業危機、危機マネジメントのサイバネティックな関係は第4図のようになる。

企業危機の諸局面との関係において、戦略的な思考と行動の必要性、企業管理者の行動余地および利用可能な時間について言及しておきたい。

今日の企業経営においては戦略的な思考と行動が不可欠であり、したがって、戦略的なマネジメントが要求される。そのことは危機マネジメントについても同様である。それゆえ、戦略的危機マネジメント（広義）の重要性が看過されてはならないのである。企業危機が、上述のような理念型どおりに、第1局面（潜在的危機、戦略危機）から第4局面（顕在的／支配不可能な危機）へというプロセスを辿るものとする。この場合、戦略的危機マネジメントの必要性は、第1局面において最も大きく、第4局面において最も小さくなる。それゆえ、戦術的危機マネジメントの比重は第1局面において最も小さく、第4局面

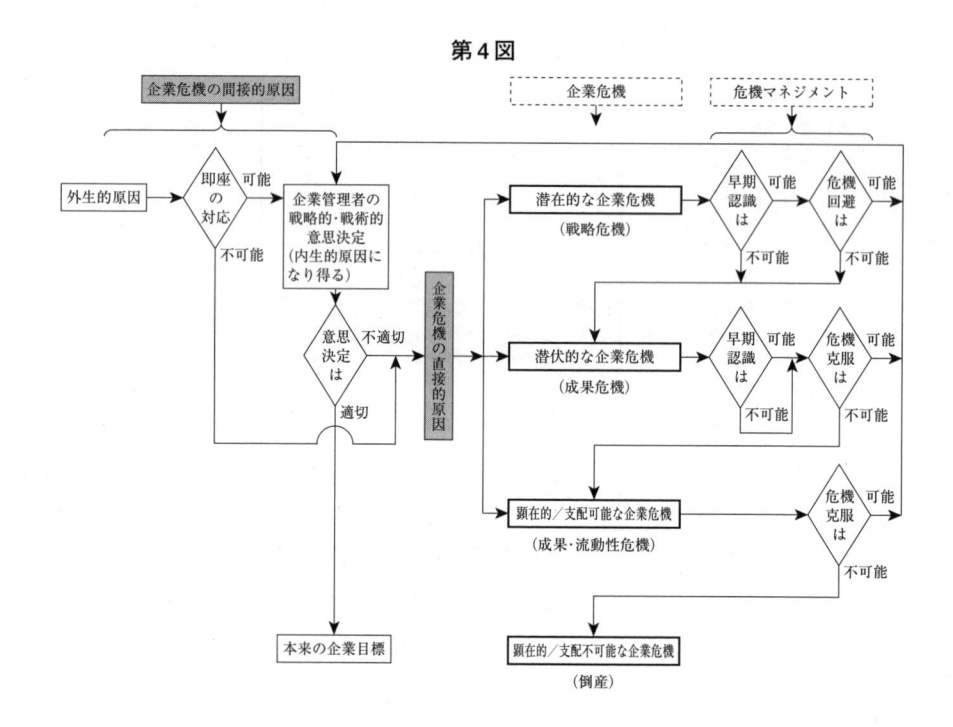

第4図

において最も大きくなるのである。

　また、企業管理者に許される行動余地は、第1局面で最も大きいのであり、それだけ戦略危機の克服可能性が高いといえる。そして、第2局面、第3局面へと移行するにつれて、許容される行動余地は小さくなり、最終局面に至ると、それはゼロに近くなるのである。

　さらに、危機マネジメントのために利用され得る時間が逼迫していることが、企業危機を特色づける第2次的なメルクマールであることはすでに指摘したとおりである。そうではあるけれども、第1局面においてはまだ余裕があり、利用可能な時間は比較的多いのである。ところが、それは、企業危機が第2局面を経て顕在化するに従って、小さくなる。そして、第4局面においては、ついには時間的な余裕はほとんどなくなるのである。

　以上のことから明らかなように、戦略的危機マネジメント（広義）の必要性、企業管理者の行動余地および危機マネジメントのための利用可能な時間という3つの要因の間には一定の関係が見られるのである。

2. 危機マネジメントとリスク・マネジメント

　危機マネジメントとリスク・マネジメントはしばしば混同される。そのことはリスク（risk；Risiko）の概念およびリスク・マネジメントの概念の多義性と不明確性に起因するといっても過言ではない。また、これらの2つマネジメントの守備範囲の錯綜が問題の理解を一層困難にしている。それゆえ、本章で取り上げられている危機マネジメントをより明確にするために、2つのマネジメント概念の内容的な異同について簡単に言及することにしたい。

　危機マネジメントに関しては多くの論者が述べているが、それらの内容にそれほど大きな相違はない。ほとんどの論者において、一致した理解が看取され得る。すなわち、「危機マネジメントとは企業危機を回避・克服するためのマネジメントである」というのがそれである。

　それに対して、リスク・マネジメントについては、きわめて多様な見解が見られる。しかして、リスク・マネジメントはリスクとマネジメントを結合した

ものであるから[30]、それの基礎的な部分としてリスク概念はとりわけ重要である。ところが、リスクの概念はさまざまに解釈・説明されており、統一的な理解は存在しない。たとえば、「経営経済学において、リスク概念の統一的な定義は見られない[31]」、あるいは、「リスクの概念は、経営経済学の文献において、さまざまな意味で用いられている[32]」と言われるとおりである。このような状況が混乱を増幅しているのである。

　リスクを発生確率と損失の規模という要因によって説明しようとする論者が多く見られる[33]。その意味において、リスクはこれらの2つの要因の積すなわち期待損失として表される。したがって、リスク・マネジメントは、発生確率を下げ、損失を減少させることによってリスクを小さくするマネジメントということになる。このリスクという概念は、将来において起こる結果が確率的に決まると考える世界でのみ意味をもつものであるから[34]、リスク・マネジメントも「確率の世界」を離れることができないのである。それゆえ、リスク・マネジメントの対象は未だ発生していない事態（企業危機）ということになる。この点で、それは危機マネジメントとは根本的に異なるのである。

　危機マネジメントは、本来的にはすでに発生した企業危機に対処するためのマネジメントであり、それは本質的に「因果関係の世界」の マネジメントである。したがって、危機マネジメントに関しては、顕在的な企業危機に対処するためのマネジメントということがその姿を最もよく表しているのである[35]。また、すでに発生してるが、危機の症状が未だ顕在化していない潜伏的な企業危機も危機マネジメントの守備範囲にあるものと考えられる。

　潜在的な企業危機すなわち戦略危機に対するマネジメントをどのように考えるかということが問題である。この危機は未だ発生してないのであるから、上述の理由により、本来はリスク・マネジメントの対象領域であると言えるかもしれない。しかしながら、発生するか否かということが分からない企業危機とそのまま放置すれば確実に発生すると思われる企業危機とは、同じく未だ発生していない危機ではあるが、その意味が全く異なる。両者は区別されて然るべきであろう。とりわけ後者の場合、原因の存在が明白であって、企業危機の発

生が確実に予想され得るのであるから、それは因果関係の範疇に属するものと考えられる。

以上から明らかなように、企業危機の諸局面でリスク・マネジメントの対象となるのは、発生が不確定的な潜在的な企業危機である。それに対して、危機マネジメントの対象となるのは、発生がほとんど確実な潜在的な企業危機、潜伏的な企業危機および顕在的な企業危機ということになる。要するに、危機マネジメントとリスク・マネジメントは、因果関係の世界のマネジメントか確率の世界のマネジメントかということによって峻別されなければならないのである[36]。

VI. 3次元危機マネジメント

1. 多 重 危 機

異なる原因に基づく複数の企業危機が同時的に発生することがある。それは「危機における危機(Krise in Krise)[37]」といわれる状況を意味するのであって、多重危機(Mehrfachkrise)あるいは複合危機(multiple Krise)と称されている[38]。

フュルスト(Fürst, R. A.)等によれば、「複数の危機が同時的に影響を及ぼすこと[39]」が多重危機ないし複合的危機として把握される。したがって、重要なことは個々の危機の間に存在するそれらの相互依存関係である。それは第5図のとおりである。

複数の危機の及ぼす影響は個々の危機のもたらす影響の総和と等しくない。個々の危機の間にはいわばシナジー効果が存することに注意しなければならない。このような企業危機に対処するための危機マネジメントが求められる所以である。

2. 3次元危機マネジメントの概念

複合的な企業危機を回避・克服するための危機マネジメントが3次元危機マ

第5図

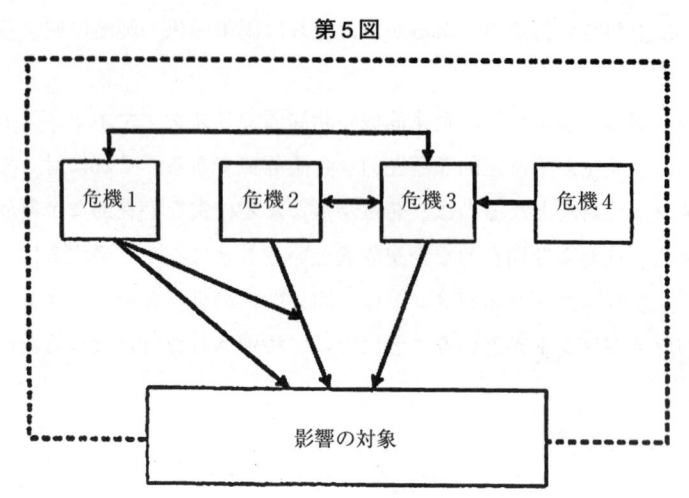

(出所　Fürst, R. A., Sattelberger, Th. und Heil, O. P.: a. a. O., S. 54.)

ネジメント（3D-Krisenmanagement）であって、その場合、「危機における危機の克服（Bewältigung von Krise in Krise）[40]」が目指されるのである。このような構想が、フュルスト等によって提唱されている。

　3次元危機マネジメントとは、「多重危機を認識し（identifizieren）、評価し（evaluieren）、克服する（bewältigen）マネジメント」のことである[41]。それは、多重危機あるいは複合的な企業危機を克服するために、利用可能な諸資源を効率的に投入し、効果的な方策を実行するための基礎となるコンセプトである。

　このような目標を与えられた危機マネジメントにおいて考慮に入れられるべき3つの次元とは、原因（Ursache）、影響（Wirkung）および相互作用効果（Interaktionseffekt）である（第6図）。

　フュルスト等によると、これらの3つの次元のうちでこれまでの危機マネジメントにおいて、中心的な地位を占めていたのは影響であった。原因は、考慮されていないか、あるいは、少なくとも十全には考慮されておらず、相互作用効果に光を当てるという発想は皆無であったと言っても過言ではない。

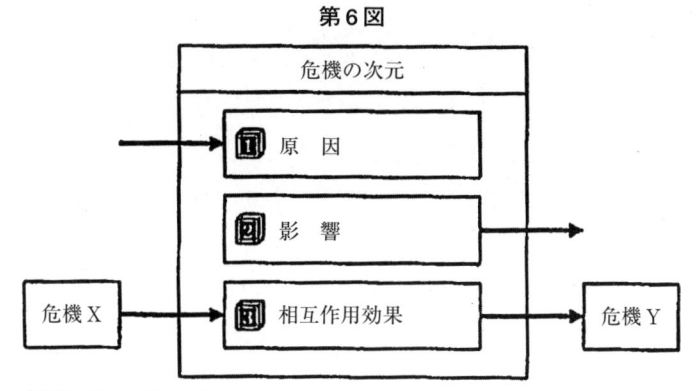

第 8 章　企業危機と危機マネジメント論　*199*

第 6 図

```
         ┌─────────────────────────┐
         │      危機の次元          │
         │  ┌───────────────────┐  │
      ──→│  │ 1  原　因         │  │
         │  └───────────────────┘  │
         │  ┌───────────────────┐  │
         │  │ 2  影　響         │  │──→
         │  └───────────────────┘  │
  ┌────┐ │  ┌───────────────────┐  │ ┌────┐
  │危機X│─→│  │ 3  相互作用効果  │  │→│危機Y│
  └────┘ │  └───────────────────┘  │ └────┘
         └─────────────────────────┘
```

（出所　Fürst, R. A., Sattelberger, Th. und Heil, O. P. : a. a. O., S. 55.）

　企業危機発生の原因についてこれまであまり取り上げられなかったということは、フュルスト等の指摘を待つまでもなく、きわめて奇妙で不十分なことであったと言わざるを得ない。なぜならば、すでに生起していてその影響が顕在化している企業危機を克服するための危機マネジメントにおいては、企業危機のもたらす影響に対処することはもちろん重要であるが、対症療法ではないより根源的な方策を実行するためには原因を問題にせざるを得ないからである。また、影響の顕在化していない企業危機（潜伏的な企業危機）に関しても然りである。まして、未だ発生していない潜在的な企業危機の回避ということになると、原因を十分に考慮して、それを前提とした方策を講ずることしか対処をするための方途はないのである。したがって、危機マネジメントの次元に原因を入れることはきわめて当然のことであって、もしこれが考察に編入されていないというのであれば、それは危機マネジメントとしては致命的な欠陥であると言わなければならない。危機マネジメントがどこまでも因果関係の範疇に属するからである。このような危機マネジメント論の状況は、これまで企業危機発生の客観的なメカニズムが明確にされていなかったことの帰結であると言えよう。

　他方で、相互作用効果については、伝統的な危機マネジメント論においては等閑に付されていた。しかしながら、上述のように、多重危機という事態の発生を前提とすると、相互作用効果を危機マネジメントおいて考慮せざるを得な

いのである。

　相互作用効果は、一方向的な場合もあるが、双方向的な場合や多方向的な場合もある。また、相互作用においてシナジー効果が見られる。したがって、多重危機といわれるような状況を前提とするならば、この相互作用効果を危機マネジメントに編入することはきわめて有用であり、不可欠なのである。すなわち、「3次元危機マネジメントというコンセプトは、分析と克服を行う際に、個々の危機の間に見られる相互作用を顧慮しないということを回避するための1つの有用な方法である[42]」と言われ、それは伝統的な危機マネジメントおよび危機マネジメント理論の拡張と見なされ得るのである。

Ⅶ. 結

　危機マネジメントを「価値の流れの問題」として把握し、固定費理論を基礎に置きながら、理論的な考察を行ってきた。ドイツにおいては、1970年代の後半からの企業危機の深化に規定されて、危機マネジメントが実践的にも理論的にも重要になっていることはすでに述べたとおりである。

　そのような企業危機を惹起する原因としては、直接的原因と間接的原因が峻別され、さらに、後者は外生的原因と内生的原因に細分され得る。しかして、企業危機は直接的には利益の減少・損失の発生と流動資金の逼迫によって発生させられるのである。そのような収益性と流動性の圧迫は、そのかなりの部分が固定費問題によりもたらされるのである。このことに留意することが理論的かつ体系的な危機マネジメント論の形成にとってきわめて重要である。

　もとより、企業危機や企業倒産をすべて固定費問題に基づく収益性と流動性の問題に還元することはできない。それだけでは説明できないような事態もある。しかしながら、危機マネジメントを理論的かつ体系的に考察する危機マネジメント論の形成のためには、考察の拠点を確立することが必要であり、そのために捨象される側面があることはやむを得ない。このことを自覚して、固定費志向的な危機マネジメント論の構築が企図されているのである。

企業危機は1つの転換点を意味するのであって、それは「機会」と「危険」という2つの可能性を有するすぐれて両面価値的な現象である。したがって、企業危機にうまく対処することができるならば、そのことが企業発展のチャンスともなり得るのである。すなわち、選択と集中あるいはリストラクチャリングなどの実施によって、企業の発展が可能になり得るのである。かつて、ルートハルト（Rudhart, P. M.）は、経営休止（Betriebsstilllegung）が企業成長にも結びつき得ることを指摘し、休止のパラドックス（Stillegungsparadox）ということを強調した[43]。企業危機に関しても同様のことが言える。そのような現象は「企業危機のパラドックス」とみなすことができる。このことを顧慮して危機マネジメント論が展開されるべきであろう。

1) 非生産的適応については、シュヌーテンハウス（Schnutenhaus, O. R.）が第2次大戦中に構想し、戦後に精力的に主張したことが知られている。しかし、これは景気後退等の経済危機の深まりを背景としたものではない。Vgl. z. B. Schnutenhaus, O. R.: Neue Grundlagen der "Feste"- Kostenrechnung, Berlin 1948. シュヌーテンハウスの固定費理論については、深山 明『ドイツ固定費理論』森山書店、2001年、12ページ以下、139ページ以下を参照。
2) Apitz, K.: Konflikte, Krisen, Katastrophen, Frankfurt am Main/Wiesbaden 1987, S. 13.
3) Saynisch, M.: Krisenmanagement ― Chancenutzung oder Risikoabsicherung?, in: Gareis, R. (Hrsg.): Erfolgsfaktor Krise, Wien 1994, S. 52.
4) Linde, F.: Krisenmanagement in der Unternehmung, Berlin 1994, S. 5. Vgl. auch Krystek, U.: Unternehmungskrisen, Wiesbaden 1987, S. 3.
5) Hasenack, W.: Unternehmertum und Wirtschaftslähmung, Berlin 1932; derselbe: Die Überwindung der Wirtschaftskrise und das deutsche Unternehmertum, ZfB, 2. Jg. (1932), S. 705 ff.; Issac, A.: Wirtschaftskrise und Wirtschaftsgesinnung, ZfB, 2. Jg. (1932), S. 16 ff.
6) Flege-Althoff, F.: Die Notleidende Unternehmung, Stuttgart 1930. フレーゲ＝アルトホフの研究については、本書の第3章を参照。
7) Le Coutre, W.: Krisenlehren für Unternehmungsführung, Das Geschäft, 1926, S. 63 ff.
8) Bergauer, A.: Fühlen aus der Unternehmenskrise, Berlin 2003, S. 4.
9) Schreyögg, G.: Krisenmanagement, in: Heinzen, M. und Kruschwitz, L. (Hrsg.): Unternehmen in der Krise, Berlin 2004, S. 14. Vgl. auch z. B. Müller, R.: Krisenmanagement in der Unternehmung, Frankfurt am Main 1982, S. 19; Krystek, U.: a. a. O., S. 6.
10) Brühl, V.: Restrukturierung ― Ursachen, Verlauf und Management von Unternehmenskrisen, in: Brühl, V. / Göpfel, B. (Hrsg.): Unternehmensrestruktur-

ierung, Stuttgart 2004, S. 5.
11) KfW Bankengruppe (Hrsg.) : Krisenmanagement, 2. Aufl., Frankfurt am Main 2005, S. 11.
12) 深山　明、前掲書、218ページ以下。Vgl. auch Krystek, U. : Krisenarten und Krisenursachen, in : Hutzschenreuter, T. / Griess-Nega, T. (Hrsg.) : Krisenmanagement, Wiesbaden 2006, S. 48 ff.
13) ミュラー (Müller, R.) も同様のことを考えている。Vgl. hierzu Müller, R. : Krisenmanagement als organisatorisches Gestaltungsproblem, ZfO, 53. Jg. (1984), S. 229 ff.
14) Dreyer, A., Dreyer, D. und Obieglo, D. : Krisenmanagement im Tourismus, München Wien 2001, S. 6 ; Birker, K. : Unternehmenskrise, in : Birker, K. / Pepels, W. (Hrsg.) : Handbuch Krisenbewusstes Management, Berlin 2000, S. 28.
15) Müller, R. : Krisenmanagement in Unternehmung, 2. Aufl., Frankfurt/Main 1986, S. 55 f. Vgl. hierzu auch Hess, H., Fechner, D., Freund, K. und Körner, F. : Sanierungshandbuch, 3. Aufl., Neuwied・Kriftel/Ts・Berlin 1998, S. 22.
16) Töpfer, A. : Personalmanagement in der Krise, in : Schimke, E. und Töpfer, A. (Hrsg.) : Krisenmanagement und Sanierungsstrategien, 2. Aufl., Landsberg am Lech 1986, S. 77. Vgl. auch Napp, H. : Stillegungen, Stuttgart 1990, S. 56.
17) Schreyögg, G. : a. a. O., S. 22.
18) Birker, K. : a. a. O., S. 31.
19) Vgl. z. B. Grünert, T. : Mergers & Aquisitions in Unternehmungskrisen, Wiesbaden 2007, S. 11 ff. ; Kihm, A. : Ursachen von Unternehmenskrise, in : Blöse, J. / Kihm, A. (Hrsg.) : Unternehmenskrise, Berlin 2006, S. 35 ff. ; Krystek, U. : a. a. O., S. 51 ff. ; Gless, S.-E. : Unternehmenssanierung, Wiesbaden 1996, S. 21 ff.
20) Flege-Althoff, F. : Die Notleidende Unternehmung, Stuttgart 1930.
21) Fleege-Althoff, F. : a. a. O., S. 84 f. und S. 91 ff. Vgl. auch Birker, K. : a. a. O., S. 32 ; Böckenförde, B. : Unternehmenssanierung, 2. Aufl., Stuttgart 1996, S. 27.
22) Fleege-Althoff, F. : a. a. O., S. 84.
23) Birker, K. : a. a. O., S. 32 f. ; Böckenförde, B. : a. a. O., S. 34 f. ; Hess, H., Fechner, D., Freund, K. und Körner, F. : a. a. O., S. 82 ff. ; Fechner, D. und Kober, B. : Praxis der Unternehmenssanierung, 2. Aufl., München 2004, S. 82 ff.
24) Krystek, U. : a. a. O., S. 59.
25) Krystek, U. : a. a. O., S. 59.
26) Hauschild, J. : Entwicklung in der Krisenforschung, in : Hutzschenreuter, T. / Griess-Nega, T. (Hrsg.) : Krisenmanagement, Wiesbaden 2006, S. 31 ; Hauschild, J. / Grape, C. / Schindler, M. : Typologien von Unternehmenskrisen im Wandel, DBW, 60. Jg. (2006), S. 11.
27) Birker, K. : a. a. O., S. 33.
28) Hauschild, J. : a. a. O., S. 21. Vgl. auch Hauschild, J. / Grape, C. / Schindler, M. : a. a. O., S. 7.

29) Krystek, U. : Unternehmungskrisen, S. 105 ff. Vgl. auch Krystek, U. : Organisatorische Möglichkeiten des Krisenmanagement, ZfO, 49. Jg. (1980), S. 63 ff.; Dreyer, A., Dreyer, D. und Obieglo, D. : a. a. O., S. 27 f. また、深山 明、前掲書、221 ページ以下も参照。
30) 亀井利明『リスクマネジメント総論』同文舘出版、2004 年、63 ページ。
31) Wolke, T. : Risikomanagement, 2. Aufl., München 2008, S. 1.
32) Burger, A. und Buchhart, A. : Risiko-Controlling, München Wien 2002, S. 1.
33) Vgl. z. B. Burger, A. und Buchhart, A. : a. a. O., S. 162 ; Schmitz, T. und Wehlheim, M. : Risikomanagement, Stuttgart 2006, S. 81 ff. また、上田和勇『企業価値創造型リスクマネジメント（第 4 版）』白桃書房、2007 年、39 ページ以下、吉川吉衛『企業リスクマネジメント』中央経済社、2007 年、187 ページ以下などを参照。
34) 米山高生『物語で読み解くリスクと保険入門』日本経済新聞社、2008 年、17 ページ。
35) ベルガウアーは、同様の理由から、自らの研究対象を禁欲的に顕在的な企業危機に限定しようとしている。Vgl. Bergauer, A. : Erfolgreiches Krisenmanagement in der Unternehmnung, Berlin 2001, S. 11 ; dieselbe : Fühlen aus der Unternehmenskrise, Berlin 2003, S. 8. また、本書の補論 1 を参照。
36) クリューシュテークやテップファーは、確率の問題と因果関係の問題を峻別をして叙述しているわけではないが、リスク・マネジメントの対象を潜在的な企業危機に限定することを主張している。Vgl. Krystek, U. : Unternehmungskrisen, S. 128 ; Töpfer, A. : Plözliche Unternehmenskrisen, Neuwied und Kriftel 1999, S. 4.
37) Fürst, R. A., Sattelberger, T. und Heil, O. P. : 3D-Krisenmanagement, München Wien 2007, S. 11.
38) 多重危機の典型的な事例として、2000 年代初めにルフトハンザを襲った企業危機があげられる。概略は次のとおりである。
　　もともと航空会社は、当該産業部門の構造的な体質に規定されて、過剰能力に基づく「構造的危機」に陥っていた。ルフトハンザもその例外ではなかった。さらに、2000 年代の初め頃から景気が後退し始め、「景気的危機」が顕在化していた。それゆえ、ルフトハンザは二重の危機に悩まされることになったのである。それに加えて、2001 年 9 月 11 日には、アメリカでの当時多発テロが勃発し、多くの航空会社は困難な状況の見舞われたのである。それは、いわば「突然的危機」ともいうべきものである。したがって、ルフトハンザは、「構造的危機」、「景気的危機」および「突然的危機」という三重の企業危機に遭遇したのである。これらの企業危機の間には、多様な相互関係が存在していた。このことに関しては、深山　明「多重危機と 3 次元危機マネジメント」『商学論究』第 56 巻 4 号、2009 年、1 ページ以下を参照。
39) Fürst, R. A., Sattelberger, T. und Heil, O. P. : a. a. O., S. 53.
40) Fürst, R. A., Settelberger, T. und Heil, O. P. : a. a. O., S. 11.
41) Fürst, R. A., Sattelberger, Th. und Heil, O. P. : a. a. O., S. 55.
42) Fürst, R. A., Sattelberger, Th. und Heil, O. P. : a. a. O., S. 57.
43) Rudhart, P. M. : Stillegungsplanung, Wiesbaden 1978, S. 363. これに関しては、深山　明『西ドイツ固定費理論』森山書店、1987 年、175 ページも参照。

補論1　危機マネジメントの実態

I．序

　危機マネジメント（Krisenmanagement）に関する理論的な研究は不十分であるとはいえ、それなりに進展しているのであるが、危機マネジメントの実態が明らかにされることは稀である。このような状況の下で、ベルガウアー（Bergauer, Anja）によって危機マネジメントに関する調査の結果が明らかにされた[1]。周知のように、個々の企業における危機マネジメントの内容がまとまった形で明らかにされることはほとんどなく、その意味において、ベルガウアーの調査研究は意義あるものであるといえる。また、彼女の研究は成功した危機マネジメントを対象としたものであり、きわめてユニークな発想に基づいている。それゆえ、ベルガウアーによって貴重な情報がもたらされたというべきである。

　以下においては、ベルガウアーによる調査とその結果について検討することにしたい。

II．ベルガウアーの構想

1．問題意識

　ベルガウアーは、企業を「市場経済的な経済秩序におけるシステム[2]」とし

て把握する。また、彼女は、グーテンベルク（Gutenberg, E.）やヴェーエ（Wöhe, G.）にならって、企業が体制関連的要因と体制無関連的要因によって規定されるものと考えている。そして、それらの要因のうち営利経済原理あるいは利益最大化原理（体制関連的要因）と財務的均衡原理（体制無関連的要因）がとくに重視されている。したがって、収益性目標と流動性目標が最も重要な目標とみなされ、これらの達成が困難であるという事態が企業危機なのである。かかる事態は無効費用によって惹起されるのであり、それは固定費問題の現れである。

　ベルガウアーも企業危機が第8章で述べたような4つの局面から構成されるものと考えているが、とりわけ顕在的／支配可能な企業危機（第3局面）としての成果危機と流動性危機に関心を示している[3]。なぜならば、潜在的な企業危機（第1局面）の場合、通常のマネジメントと危機マネジメントの区分が曖昧になり、後者の特質を識別することが必ずしも容易ではないからである。それに対して、顕在的／支配可能な企業危機（第3局面）においては、企業危機が顕在化しその破壊的影響が知覚され得るのであるから、この局面におけるマネジメントには危機マネジメント固有の特質が明確に現れる。すでに述べたように、この局面は2つの転換点を含み、両面価値的な企業危機の特質が看取され得るのである。ただ、基本的には成果危機と流動性危機に対処するための危機マネジメントが問題となり、配当や投資を行うための最小利益の獲得と支払能力の維持と超過債務の回避が目指されることとなる[4]。

2. 危機克服方策

　危機マネジメントに類似する概念として、企業再生（Sanierung）、リストラクチャリング（Restrukturierung）、ターンアラウンド（Turnaround）などがある[5]。それらの中で、ベルガウアーは企業再生に注目している。それは、最も広義には、治療（Heilung）を意味するが、経営経済学的に考えると、危機に見舞われている企業の持続的な存在可能性の回復を意味する。すなわち、それは中・長期的な収益力の回復のためのすべての方策を包括するのである。すで

に述べたように、ベルガウアーは反発的危機マネジメントに考察を限定しているのであるが、それに企業再生の意義を付け加えたものを危機克服方策（Krisenbewältigungsmaßnahme）と称している。それに関する最も重要な目標は「利益ゾーンへの回帰」であり、「最小利益の獲得」がその際の効果指標（Erfolgsindikator）となるのである[6]。しかしながら、もとより企業危機は両面価値的な現象であって、危機マネジメント[7]は危機を回服し、収益力の克服を目指している。したがって、企業再生は危機マネジメントに包含されているものと考えるべきである。それゆえ、ベルガウアーの主張する危機克服方策は通常の危機マネジメントの範疇に含まれるのであり、彼女がユニークな見解を披瀝しているわけではないのである。

　ベルガウアーは、3つの危機克服方策を区別している[8]。戦略的方策（strategische Maßnahme）、戦術的方策（operative Maßnahme）および財務経済的方策（finanzwirtschaftliche Maßnahme）というのがそれらである。戦略的方策は、企業全体に関連し、企業の基本的な構造を変化させる。それは成果獲得ポテンシャルの長期的な確保を目指すものである。したがって、製品ポートフォリオ、市場ポートフォリオ、管理構造、支援システム、人員配置などが問題となる。また、戦術的方策は短期的・中期的な性格をもち、たいていは1つあるいは若干の領域に関わる。それは給付経済的な企業事象を直接的に変化させるのである。さらに、財務経済的な方策は短期的、中期的あるいは長期的な性格をもつ。その目標は、一時的な流動性隘路の解消であり、また、危機に陥った企業の財務を中・長期的に安定させることである。これらの方策について、ベルガウアーは第1図のようなシェーマを示している。

　この図から明らかなように、戦略的方策と戦術的方策はいずれも収益力回復・確保のための方策であり、それらは価値創造過程ないしは給付経済的過程に関連する。それに対して、財務的方策は価値創造過程遂行の際のしたがって企業目標追求の際の制約条件に関わり、それは戦略的な部分と戦術的な部分に区分され得るのである。

　すでに述べたように、ベルガウアーは考察対象を反発的危機マネジメントに

第 1 図

```
        収益力の回復と確保
       ┌──────┼──────┐
       ▼      ▼      ▼
   戦略的方策  戦術的方策  財務経済的方策
```

- 戦略的方策
  ・コア・コンピタンスへの集中
  ・複雑性の減少
  ・構造／システム／人員の適応

- 戦術的方策
  ・経営的な効率と有効性の増加

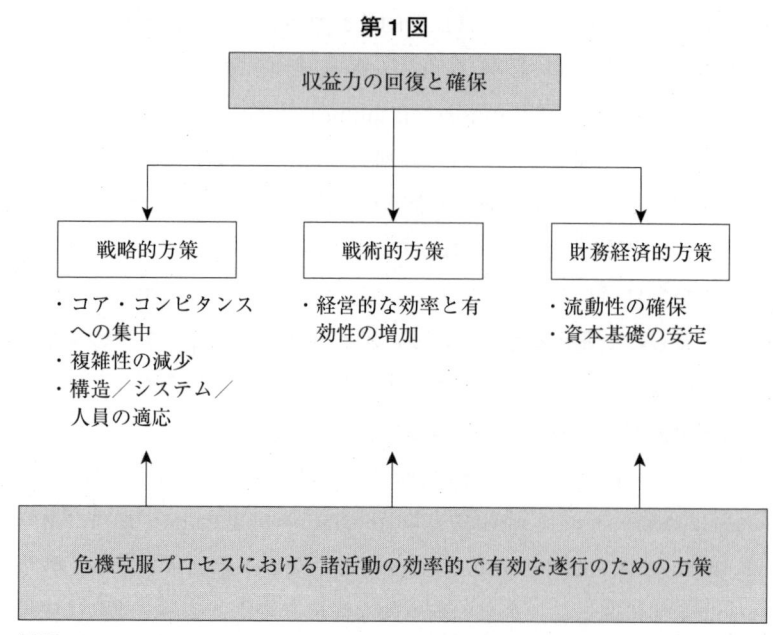

- 財務経済的方策
  ・流動性の確保
  ・資本基礎の安定

```
  危機克服プロセスにおける諸活動の効率的で有効な遂行のための方策
```

(出所　Bergauer, A. : Führen aus der Unternehmungskrise, S. 28.)

限定することを明言したのであるが、それに留まることはできずに、狭義の戦略的危機マネジメントの領域に足を踏み入れている。そのことは、反発的危機マネジメントの枠内においても戦略的な思考と行動が不可避であることの証左である。彼女の主張する危機克服方策と狭義の戦略的危機マネジメントが重なり合う部分は大きいのである。この点において、ベルガウアーの考察には混乱が見られるが、理論的な問題点を詮索することは本補論の課題ではないので、このことにはこれ以上は立ち入らない。

Ⅲ. ベルガウアーの調査

1. 調査の概要

調査はデュッセルドルフにあるコンサルタント会社たる Droege & Comp.

GmbH のコンサルティング活動の範囲内で実施された。被調査企業を選抜するに際して次のような条件が設定された[9]。①工業企業であること、②旧西ドイツの企業であること、③1997 年または 1996／97 年の事業年に平均しておよそ 7000 万 DM～40 億 DM の売上高を得ている企業であること、④顕在的／支配可能な成果危機あるいは流動性危機に陥っていた企業であること、⑤利益ゾーンへの回帰を目標として包括的な企業再生方策を行った企業であること、⑥企業再生方策を継続中で、調査の時点において通常の業務活動によるプラスの成果を示している企業、というのがそれらである。このような基準に従って、61 社が選抜された。そのうちの 17 社に対しては、事前コンタクトによって協力依頼が行われた。また、残りの 44 社については、デュースブルクの大学のバルト（Barth, K.）教授を通じて書面で協力が依頼された。その結果、30 社が調査に応じることとなった。それは次のような 30 社であった[10]。

① 部門別の構成
機械（26.7％）、自動車部品（20％）、建築資材（10％）、テレコミュニケーション（10％）、自動車（6.7％）、衣料品／靴／繊維（6.7％）、ファインセラミックス／光学（6.7％）、エレクトロニクス部品（3.3％）、飲料／食料品（3.3％）、紙製品（3.3％）、薬品／化粧品（3.3％）

② 法律形態
株式会社（80％）、株式合資会社（6.7％）、有限会社（10％）、財団会社（3.3％）

③ 売上高
6980 万 DM～111 億 8600 万 DM、中央値は 15 億 5450 万 DM。
2 億 DM 未満（13.3％）、2 億 DM 超 11 億 DM 以下（50％）、11 億 DM 超 41 億 DM 以下（33.3％）、41 億 DM 超（3.3％）

④ 従業員数
185 人～44797 人、中央値は 6122 人（1997 年または 1996／97 年）

⑤ ターンアラウンドを達成した時期

1992～1995 年（56.6％）、1996 年（13.3％）、1997 年（30％）

調査の基礎とされた規模別の類型は次の通りである[11]。

① 規模クラス I （13.3％）
　売上高 2 億 DM 未満、従業員 1000 人未満の企業
② 規模クラス II （50％）
　売上高 2 億 DM 以上 11 億 DM 未満、従業員 4500 人未満
③ 規模クラス III （33.3％）
　売上高 11 億 DM 以上 41 億 DM 未満、従業員 4500 人以上 16000 人未満
④ 規模クラス IV （3.3％）
　売上高 41 億 DM 以上、従業員 16000 人以上

さらに、調査に際して用いられた指標は、①企業成果（絶対値）、②売上高利益率、③税引前自己資本利益率、④キャッシュ・フローであった[12]。被調査企業の経済的状況は次の如くであった。

第 1 表

指標＼規模クラス	I (n=4)	II (n=14)	III (n=9)	IV (n=1)
企業成果（100 万 DM）	−10.3	−40.7	−76.9	−122.9
売上高利益率（％）	−13.1	−7.2	−3.7	−1.3
税引前自己資本利益率（％）	−75.8	−65.1	−26.5	−8.1
キャッシュ・フロー（100 万 DM）	0.6	−7.6[1]	4.1[2]	526.1

1) n=13 2) n=8
（出所　Bergauer, A : Erfolgreiches Krisenmanagement in der Unternehmung, S. 44.）

ちなみに、全企業の企業成果の平均は−5060 万 DM であった。また、売上高利益率は−35.9％～0.8％であり、平均は−6.7％であった。さらに、自己資

本利益率は－290.4％～3.6％であり、平均は－52.2％であった。そして、最も危機が深化した状況におけるキャッシュ・フローの平均は170万DMであった。

2. 調査の結果
(1) 企業危機の原因
　企業危機の原因としては量的なものと質的なものが考えられるが、それらが複雑に絡み合って作用し、企業危機が生起するものと考えられる。かつてクリューシュテーク（Krystek, U.）は企業危機の原因を、因果関係の多様性、多段階性および場所の多様性によって特色づけた[13]。このような特質を有する危機原因を体系的に示すことには困難が伴う。

　ベルガウアーは企業危機の原因を詳細に分析することは当面の課題にとって重要ではないと断りながら、テップファー（Töpfer, A.）の枠組み[14]を利用して、危機に陥っている企業の経営者や管理者が何を危機の原因と考えているかを明らかにしている[15]。調査の結果、各企業の経営者や管理者がさまざまなことを回答したが、ほとんどの人が危機原因とみなしたものを列挙すると、次のようなカタログになる。

　①トップ・マネジメントの怠慢および失敗、②戦略的な方向付けの欠如、③構造とプロセスにおける複雑性、④時宜にかなった制御の欠落、⑤不適切な価値創造深度（生産深度）、⑥最適でない供給者政策（供給者ポートフォリオ）、⑦財務管理における欠陥、⑧市場の喪失、⑨グローバリゼーションによる価格下落、⑩景気状況の悪化。

　これらのうち①、③、⑤、⑥および⑦はほとんどの被質問者（80％以上）が指摘した原因である。

(2) 危機マネジメントの具体的内容
　ベルガウアーは考察対象を企業危機の第3局面に求め、企業再生に成功した企業が実施した危機マネジメントに関心を示している。そして、上述の戦略的方策、戦術的方策および財務経済的方策から成る企業危機克服方策について、

以下の表のように纏めているのである。第2表は戦略的方策、第3表は戦術的方策、第4表は財務経済的方策について危機マネジメントに成功した各企業が採用した方策を示している。ただし、いずれの表もベルガウアーが提示しているものに若干の修正が加えられ、簡略化されている。

(3) 危機マネジメントの成果

ベルガウアーの調査の対象となったのは、すべて企業再生に成功した企業である。以下において、危機が最も深化した時期とターンアラウンドの時期における指標を掲げておく。これは上述の4つの指標（第1表）に対応している。

第5表から明らかなように、すべての企業においてかなりの改善が見られる。危機マネジメントによって、利益ゾーンに帰するという当初の目標が十分に達せられたということが看取され得る。

第2表 (%)

戦略的方策	合計 n=30	企業規模 I n=4	II n=15	III n=10	IV n=1
(1) 危機克服の開始に当たっての戦略選択	100	100	100	100	100
①自律戦略	80	75	67	100	100
②非自律戦略	20	25	33	0	0
(2) コア・コンピタンスへの資源の集中	100	100	100	100	100
(3) 市場退出：非収益的あるいはコア・ビジネスの領域にない活動に関する製品ポートフォリオおよび市場ポートフォリオの吟味	67	0	80	70	100
①売却	100	0	100	100	100
②該当する活動（業務領域、子会社ジョイント・ベンチャー）の閉鎖／清算	55	0	58	29	100
(4) 市場の維持・確保：コア・ビジネス領域の競争ポジションの強化	100	100	100	100	100
①製品構造および原価構造の最適化、戦略的な製品／顧客の考慮、収益力を高めるための方策の実施	90	75	93	90	100
②製品構成要素／部品等の標準化	90	75	93	90	100
③販売経路の最適化、原価的に有利な代替案（ホームオフィスの設置、代理店の利用など）の探索、販売ネットの簡素化	100	100	100	100	100

	④価値創造過程全体の吟味／コンピタンス志向的な再編（製造深度の最適化）	87	50	93	90	100
	⑤グローバルな製造、原価的に有利な地域における自己の生産構造の構築、労働集約的であまりノウハウの重要でない価値創造の部分の移転、直接投資の実施	81	50	79	89	100
	・グローバルソーシング	100	100	100	100	100
	⑥生産拠点の最適化、生産の集約、利益を生まない工場の閉鎖（生産能力利用の最適化）	80	50	80	90	100
(5)	コア・ビジネスにおける収益志向的な成長	100	100	100	100	100
	①販売活動のワールドワイドな強化による新たな販売市場の開拓、標的国の状況に応じた行動、販売子会社の設立、販売会社ネットワークの構築、戦略的な提携	93	100	93	90	100
	②コア・コンピタンスにおける製品あるいは生産プロセスの開発への投資の減少回避または投資増加、この領域における人員削減の回避	100	100	100	100	100
	③研究開発活動の国際化	23	0	27	20	100
(6)	組織：戦略的競争要因としての構造、プロセス、システムおよび人的生産能力	100	100	100	100	100
	1. 構造					
	①比較的大規模な企業または複雑な給付プログラムをもつ企業の場合の顧客／市場志向的な成果に責任をもつ分権的な単位の導入のための管理構造の再編、製品志向的な調整の優先	73	25	80	80	80
	②比較的小規模な企業または複雑でない同質的な給付プログラムをもつ企業での職能的組織構造の選好	27	75	20	20	0
	③意思決定権限の委譲と明確な割り当てならびに企業者精神の促進	100	100	100	100	100
	④複雑性減少のための階層削減	100	100	100	100	100
	2. プロセス					
	①階層を超えた顧客志向的なプロセス構造による基本構造の補完	100	100	100	100	100
	・プロセス・ステップの除去、統合および平行化	100	100	100	100	100
	・職能／階層を超えるチーム構造の制度化	100	100	100	100	100
	・プロセス迅速化および効率上昇のための情報技術および通信技術への投資	80	50	80	90	100

3. システム					
①現行の指標システム／報告システムの最適化	97	100	100	90	100
②（国外）子会社の連結および統制の強化のための参加的コントローリングの最適化	20	0	13	40	0
③インセンティブ・システムの可及的早い最適化	100	100	100	100	100
・管理職に対する成果／給付依存的で変動的な報酬部分の導入、参加的管理の範囲内における目標合意の追求（目標管理）	87	75	93	80	100
・その他の組織メンバー（とくに生産および販売領域）に対する給付関連的な報酬部分の導入	83	50	93	80	100
・意思決定権限の委譲（権限委譲管理 MbD）による非貨幣的インセンティブを通じての動機づけ　タスクの拡大（職務充実／職務拡大）協調的管理スタイルの優先　コミュニケーションおよび情報透明性の改善	100	100	100	100	100
4. 人員					
①即時的方策としての危機克服の開始に際しての職位の新設	93	100	93	90	100
・企業管理の責任者という職位の新設	61	50	67	70	100
・取締役会／業務管理者の枠内での職位の新設	86	75	93	78	100
・危機克服過程におけるその他の管理レベルでの人的な変更、適性／非適性の決定	100	100	100	100	100
②新しい要求に関する管理者および従業員の能力・資格付与（主たるテーマは、行動様式と思考様式の変化）、個別的に行われる教育研修方策の回避	100	100	100	100	100
③文化の転換を起こすためのチャンスとしての危機の利用	67	50	67	70	100
④可及的早い人的生産能力の社会契約に基づく除去	100	100	100	100	100
⑤階層フラット化および管理範囲の拡大の一環としての管理機能の削減	53	75	57	40	100

（出所　Bergauer, A. : Erfolgreiches Krisenmanagement in der Unternehmung. S. 312 ff.）

第3表 (%)

戦術的方策	合計 n=30	企業規模 I n=4	II n=15	III n=10	IV n=1
(1) 研究開発の最適化	100	100	100	100	100
①現行の研究開発活動の評価	100	100	100	100	100
②製品開発プロセスの効率と有効性の向上	90	100	87	90	100
・同時的なエンジニアリング・アプローチの追求（プロセス・ステップの並行化）	100	100	100	100	100
・すべての重要なインターフェースを統合する部門横断的な組織の形成	100	100	100	100	100
・プロセス参画者の障害なきコミュニケーションに対する技術的な前提条件の構築	100	100	100	100	100
・時間および原価予算の正確な提示 統制に関する責任の明確化 市場志向的なターゲット・コスティングによる原価算定	100	100	100	100	100
(2) 調達の最適化	100	100	100	100	100
①購買組織の構造最適化	93	50	100	100	100
②資材原価の削減	100	100	100	100	100
・購買数量の全社的一括確定 個々の資材グループに関する包括的契約の締結	100	100	100	100	100
・全社的な協同購買の吟味	30	100	13	20	100
・資材グループに固有のソーシング戦略の確定と最適な仕入先ポートフォリオの導出	93	100	93	90	100
③購買、技術および品質管理の領域の従業員から成る部門横断的なチームの形成	27	0	13	60	0
(3) 生産の最適化	100	100	100	100	100
①作業構造の分権化	80	50	87	80	100
・給付生産に必要な機能および各セグメントの資源の生産過程志向的な統合	100	100	100	100	100
・分業の減少およびグループ／チームの導入	100	100	100	100	100
・各セグメントの原価、成果および品質に関する責任のグループへの委譲	100	100	100	100	100
・教育的方策による資格能力の適応	100	100	100	100	100
・給付関連的なグループ報償システムの導入	100	100	100	100	100

②製造プロセスにおける効率と有効性の向上	100	100	100	100	100
・製品の標準化／ロットサイズの最適化	90	75	93	90	100
・製造設備の近代化および自動化への投資	70	0	80	80	100
・新しいEDPシステム	80	50	80	90	100
・継続的な改善の実施 毎日行われる作業に関する問題解決	60	25	60	70	100
・フレキシブルな作業時間モデルの導入	90	75	100	80	100
(4) 販売の最適化	100	100	100	100	100
1. 販売／サービス政策					
①顧客グループ志向的な販売組織新設による顧客サービスの強化／最適化	93	100	93	90	100
②サービスの改善と顧客との協同／コミュニケーションの強化	73	100	87	50	0
③売上高増加プログラム（顧客ごとのサービス計画）の導入と地域構造の最適化	93	75	100	90	100
④販売過程における効率と有効性の向上	93	100	93	90	100
・顧客サービスのための部門横断的な内勤者チームの導入	100	100	100	100	100
・最新のコミュニケーション・システムの利用（たとえば、オンライン注文）	100	100	100	100	100
・外部のサービス業者への販売ロジスティクスの委譲	33	25	33	30	100
・新しい配送システムへの投資／配送施設の集中化	30	25	40	20	0
⑤販売従業員の専門的な資格能力の取得促進	30	25	33	30	0
⑥販売情報システムの最適化／構築	20	50	7	30	0
2. 価格政策／販売条件政策					
①値引きの回避	100	100	100	100	100
②収益目標に歩合契約をリンクさせることによる販売従業員の価格感受性の改善	23	50	27	10	0
③価格／販売条件のヨーロッパワイドまたはワールドワイドな統一	10	0	13	10	0
④リベート・システムの単純化	10	0	13	10	0
3. コミュニケーション政策					
①個人向け販売と顧客サービスの最適化（新しい販売組織の形成）	93	100	93	90	100
②アンブレラ・ブランドへの広告手段の集中と市場参入への投資の増加（とくに消費財生産企業）	20	25	13	20	100

(5) 人事領域の最適化	100	100	100	100	100
①企業全体で危機克服が行われている間の雇用停止（とくに間接部門）	73	50	67	100	100
②短縮労働の短期的な利用	50	0	60	60	0
③任意の社会的給付の廃止あるいは従業員の同意（たとえば、一定期間のベース・アップ不実行）	47	100	53	20	0
④超過勤務（手当）の回避	17	25	20	10	0
(6) 一般的管理の最適化	100	100	100	100	100
①一般的管理プロセスの効率と有効性の向上	100	100	100	100	100
・プロセスの最適化／スリム化（職務の統合、チームの形成、価値創造的でない活動の削減）					
・EDPシステムの利用	100	100	100	100	100
・内部的な顧客志向の確立	100	100	100	100	100
②人員の削減（とくに間接部門）	80	100	60	100	100
③経費削減	100	100	100	100	100
・管理領域およびサービス領域における内部的なサービス給付の外部委託	100	100	100	100	100
・外部のサービス提供者と締結されているすべての契約の吟味と新規の交渉（たとえば、機械等整備契約、PC／コピー機）	100	100	100	100	100

（出所　Bergauer, A. : Erfolgreiches Krisenmanagement in der Unternehmung, S. 319 ff.）

第4表　　　　　　　　　　　　　　　　　　　　　　　　　　　　　　　　　　　（％）

財務経済的方策	合計	企業規模			
		Ⅰ	Ⅱ	Ⅲ	Ⅳ
	n＝30	n＝4	n＝15	n＝10	n＝1
(1) 固定資産の最適化	100	100	100	100	100
①危機状況における物的設備への集中的投資（コア・コンピタンス領域における合理化、近代化、生産性向上のための集中的投資）	100	100	100	100	100
②経営に必要でない設備の売却（流動性の理由というよりは収益性の側面から考えて効果的である秘密積立金の流動化）	60	50	53	70	100
③セール・アンド・リースバックの利用	20	0	27	10	100

(2) 流動資産の最適化	100	100	100	100	100
①ロジスティクス領域における改善（たとえば、処理の注文志向的な分散、EVPプログラムの改善、ジャスト・イン・タイム調達ロジスティクス、配送ロジスティクス、ワールドワイドな調達）在庫品の年齢分析、販売不可能な商品のスクラップ化／償却	100	100	100	100	100
②支払方式の強化と外部者に対する監視システムの導入（たとえば、販売と売掛マネジメントのコミュニケーション強化、支払請求マネージャーと支払期限決定権限の結合）	73	75	73	70	100
③支払条件の再吟味とより長い支払期限あるいはより魅力的な購買条件をめぐる新たな交渉	73	75	73	70	100
					100
④利子／外為収益の最適化のための集中的な全社的キャッシュ・マネジメントの実施	23	0	13	40	100
(3) 自己資本調達の最適化	77	100	80	60	100
①危機克服までの配当支払いの断念 株主に対するオープンな情報政策	78	50	75	100	100
②危機克服のための資金調達ならびに自己資本増強のための増資	48	50	58	33	0
③貸借対照表不足額の調整のための減資	9	25	8	0	0
(4) 他人資本調達の最適化	77	50	93	70	0
①当面の危機が克服された後の銀行による拘束の可及的早期の解消	78	50	79	86	0
②新たな信用の獲得	39	50	36	43	0
③現状が克服された後の支払期限構成の最適化、中・短期の信用の長期信用への変換	9	0	7	14	0
④流動性危機の場合における他人資本提供者による債権放棄	13	0	14	14	0

（出所　Bergauer, A.: Erfolgreiches Krisenmanagement in der Unternehmung, S. 326 f.）

第5表

	規模クラス	危機が最も深化した時点	ターンアラウンドの時点	改善
企業成果[1]	全体	−50.6	30.2	80.9（160%）
（100万DM）	I	−10.3	3.2	13.5（131%）
	II	−40.7	15.4	56.1（138%）
	III	−76.0	51.5	127.5（168%）
	IV	−122.9	155.2	278.1（226%）
売上高利益率[2]	全体	−6.7	2.4	9.1%ポイント
（%）	I	−13.1	2.3	15.4%ポイント
	II	−7.2	2.6	9.8%ポイント
	III	−3.7	2.4	6.1%ポイント
	IV	−1.3	1.6	2.9%ポイント
税引前自己資本利益率[3]	全体	−52.2	16.2	68.4%ポイント
	I	−75.8	20.3	96.1%ポイント
（%）	II	−65.1	16.3	81.4%ポイント
	III	−26.5	15.0	41.5%ポイント
	IV	−8.1	9.6	17.7%ポイント
キャッシュ・フロー[4]	全体	17.8	73.8	56.0
	I	0.6	7.3	6.7
（100万DM）	II	−7.6	36.1	43.7
	III	4.1	89.8	85.7
	IV	526.1	701.4	175.3

1）　I：n = 4；II：n = 14；III：n = 9；IV：n = 1
2）　I：n = 4；II：n = 14；III：n = 9；IV：n = 1
3）　I：n = 4；II：n = 14；III：n = 9；IV：n = 1
4）　I：n = 4；II：n = 13；III：n = 8；IV：n = 1
（出所　Bergauer, A.: Erfolgreiches Krisenmanagement in der Unternehmung, S. 235.）

IV．結

　以上、ベルガウアーの調査に基づきながら、危機マネジメントをめぐる問題について考察してきた。彼女の調査研究によって、企業危機を克服するための危機マネジメントに成功した企業がいかなる方策を重視し、実行したかということが確かめられた。このことが貴重な情報をもたらしている。
　企業危機を克服するための方策の内容はきわめて多様である。それらが経営

者や管理者によって認識されている企業危機原因の克服に照応していることはすでに述べたとおりである。また、KfW銀行グループが危機に陥りやすい7つの企業タイプを示しているが[16]、それらは本章で考察した企業危機克服方策の内容と符合している。

　ベルガウアーの調査の対象とされた30社においてそのような危機マネジメントが実行され、それらの企業において好結果がもたらされたのである。

1) Bergauer, A.: Erfolgreiches Krisenmanagement in der Unternehmung, Berlin 2001 ; dieselbe : Fühlen aus der Unternehmenskrise, Berlin 2003.
2) Bergauer, A.: Erfolgreiches Krisenmanagement in der Unternehmung, S. 3.
3) Bergauer, A.: Erfolgreiches Krisenmanagement in der Unternehmung, S. 11 ; dieselbe : Fühlen aus der Unternehmenskrise, S. 8.
4) Bergauer, A.: Fühlen aus der Unternehmenskrise, S. 4.
5) Bergauer, A.: a. a. O., S. 5 ff.
6) Bergauer, A.: a. a. O., S. 8.
7) 企業危機の第4局面に対応する清算的危機マネジメントは除く。
8) Bergauer, A.: a. a. O., S. 27 f. und S. 44 ff.
9) Bergauer, A.: Erfolgreiches Krisenmanagement in der Unternehmung, S. 25 f. ; dieselbe : Fühlen aus der Unternemenskrise, S. 9.
10) Bergauer, A.: Erfolgreiches Krisenmanagement in der Unternehmung, S. 37 ff.
11) Bergauer, A.: Erfolgreiches Krisenmanagement in der Unternehmung, S. 42 ; dieselbe : Fühlen aus der Unternehmenskrise, S. 9.
12) Bergauer, A.: Erfolgreiches Krisenmanagement in der Unternehmung, S. 43 f. ; dieselbe : Fühlen aus der Unternehmenskrise, S. 15 ff.
13) Krystek, U.: Unternehmungskrisen, Wiesbaden 1987 S. 67 f.
14) Töpfer, A.: Analyse von Insolvenzursachen, in : Schimke, E. und Töpfer, A. (Hrsg.): Krisenmanagement und Sanierungsstrategien, 2. Aufl., Landsberg am Lech 1986, S. 158 ff.
15) Bergauer, A.: Erfolgreiches Krisenmanagement in der Unternehmung, S. 126 ff. und S. 312 ff. ; dieselbe : Fühlen aus der Unternehmenskrise, S. 18 ff.
16) KfW Bankengruppe (Hrsg.) (2005): Krisenmanagement, 2. Aufl., Frankfurt am Main 2005, S. 15 ff. 危機に陥りやすい企業とは、①1つの軸足だけをもつ企業、②多角化されすぎている企業、③経営者（所有者）に権力が集中している企業、④急成長した企業、⑤もっぱら技術のみを重視する企業、⑥日常的なビジネスに忙殺されている企業、⑦十分な自己資本をもっていない企業である。

補論2　危機マネジメントの制約問題
―経営組織法の改正と補償計画―

I. 序

　周知のように、共同決定（Mitbestimmung）はドイツの経営システムを規定する重要な要因であって、いわゆる企業体制（Unternehmensverfassung）の基礎である。このことが企業の意思決定や企業政策の遂行の大きな制約となっている。それは好むと好まざるにかかわらず、遵守しなければならない制約であって、企業にとってきわめて大きな負担をもたらすのである。危機マネジメントの遂行の際にもこのような制約が顧慮されなければならない。補論として、この問題について考察する所以である。

　ドイツにおいては、共同決定は企業（Unternehmung）および経営（Betrieb）という2つのレベルで実現しているが、それらは法律の規定に基づいて実施されている。共同決定の内容もさることながら、共同決定の枠組みが厳密に定められている点にドイツの共同決定の特色が看取され得るのである。

　上述の2つのレベルでの共同決定のうちで、従業員の利害と最も関係が深く、したがって、従業員の利益のために最も大きな力を発揮しているのは経営レベルでの共同決定であると言っても過言ではない。その根拠となっている法律が「経営組織法」（Betriebsverfassungsgesetz；BetrVG）である。

　共同決定をめぐる問題は、「企業の利益か、従業員の利益か」という問題に還元され得る。そして、企業と従業員さらには両者の利益代表者（たとえば、

政党、経営者団体、労働組合、宗教団体など）の力関係の如何によって、従業員の利益が強調されたり、企業の利益が主張されたりするのである。このことが共同決定の経済的合理性（wirtschaftliche Vertretbarkeit）という問題を惹き起こすのである[1]。

1966年12月1日、キージンガー（Kiesinger, K. G.）を首班とするキリスト教民主同盟／社会同盟（CDU/CSU）と社会民主党（SPD）の大連立内閣が成立し、SPDは連邦レベルで初めて政権に参加することとなった。その後、1969年9月28日の第6回連邦議会選挙の結果、SPDは自由民主党（FDP）と連立政権を形成した。さらに、1972年11月19日の第7回連邦議会選挙で、SPDは比較第一党となった。また、FDPも議席を増加させた。したがって、SPD・FDP内閣は安定した政権を確立することになり、同時に、国家が経済に強く介入するようになった。このような状況の下で、SPDの主導によって積極的な社会政策が遂行され、従業員の権利擁護に関するさまざまな法律等が制定され、各種の政策が実施されたのである。その一環として、1972年に「経営組織法」の改正が行われた[2]。それによって、企業の従業員保護に関する規制が著しく強化され、企業に対して大きな負担が課せられるようになったのである。

このSPD・FDP政権は約13年間続いたが、1982年10月1日に行われた建設的不信任投票の結果、シュミット（Schmidt, H.）首相が不信任され、CDUのコール（Kohl, H.）が新しい首相に選出された。かくして、CDU/CSU・FDP政権が誕生したのである。いうまでもなく、CDU/CSUは経営者団体に支持された政党であり、企業の要求に符合する政策を実施せんとし、市場メカニズムの重視と規制緩和を断行した。したがって、経営レベルの共同決定に関する規制も緩和されることになった。

その後、1998年9月27日の連邦議会選挙においてSPDが勝利した。SPDは同盟90（Bündnis 90）および緑の党（Die Grünen）と連立を形成し、シュレーダー（Schröder, G.）を首相とする政権が発足した。この政権は労働者階級に支持されているので、規制緩和に歯止めがかけられ、再び規制強化が推進され

ることになった。

　本章においては、規制→規制緩和→再規制というコンテキストの中で「経営組織法」および補償計画（Sozialplan）[3]をめぐる問題について考察することにしたい。

Ⅱ. 補償計画とその帰結

1. 補償計画の制度[4]

　「経営組織法」の諸規定の中でわれわれの課題にとって重要であるのは、第6章第2節の経営変更（Betriebsänderung）に関する箇所である。同様の規定は、1952年の旧経営組織法の第72条にも見られたが、1972年の経営組織法の全面的大改正に際して、従業員保護に関する規定が拡充・強化された[5]。すなわち、第111～113条において、経営変更を実施する場合の共同決定権、利害調整（Interessenausgleich）、補償計画、仲裁委員会（Einigungsstelle）、賠償金の支払いなどについて定められたのである。そして、これらの規定がドイツ企業の雇用政策に対してきわめて大きな影響を及ぼすこととなった。

　固定費問題（Fixkostenproblem）[6]が顕在化した場合の企業政策の1つとしての経営変更に関しては、経営協議会（Betriebsrat）に共同決定権が与えられている。

　経営組織法の第111条第1項は、「選挙資格をもつ従業員を21人以上擁する経営[7]においては、従業員の全部あるいは<u>かなりの部分</u>に<u>重大な不利益</u>をもたらすかもしれない<u>経営変更</u>を行おうとする場合、企業者はそのことを適時にそして全般的に経営協議会に通告し、協議しなければならない」（下線は引用者）と規定している。

　この場合、経営変更とは、①全体経営あるいは重要な経営部分の縮小および休止、②全体経営あるいは重要な経営部分の移転、③他の経営との統合および経営の分割（Spaltung）[8]、④経営組織、経営目的および経営設備の根本的変更、⑤全く新たな作業方法および生産方法の導入を意味する[9]。

さらに、従業員の「かなりの部分」ということに関しては、経営組織法は1985年の改正以前には全く定めておらず、解雇保護法（Kündigungsschutzgesetz）の第17条の規定と連邦労働裁判所（Bundesarbeitsgericht）の1980年1月22日および1983年8月2日の判例が適用されていた。それらによると、従業員のかなりの部分とは、従業員21～59人の経営の場合は6人以上、従業員60～499人の経営の場合は26人以上または従業員数の10%以上、従業員500人以上の経営の場合は30人以上（ただし、少なくとも従業員数の5%以上であることを要する）である。また、1985年に、就業促進法（Beschäftigungsförderungsgesetz）の制定に伴って経営組織法の変更と補足が行われ、第112a条が追加された。それは純粋の人員削減（reiner Personalabbau）が行われる場合について、従業員のかなりの部分ということに関する基準を明示している。それによると、かなりの部分とは、従業員21～59人の経営の場合は従業員数の20%（ただし、少なくとも6人）、従業員60～249人の経営の場合は従業員数の20%（ただし、少なくとも37人）、従業員250～499人の経営の場合は従業員数の15%（ただし、少なくとも60人）、従業員500人以上の経営の場合は従業員の10%（ただし、少なくとも60人）である[10]。

また、「重大な不利益」とは、職場の喪失（解雇、配置転換）、作業内容や作業時間の変更による作業の困難化、報酬の減少、職場までの通勤距離の増加、家計費の二重化、帰省費用の発生、特別手当ないし特別給付の受け取り不能、企業年金に対する請求権の喪失などである[11]。

第111条第1項の文言から明らかなように、①経営協議会が形成されていること、②選挙資格をもつ従業員が21名以上雇用されていること、③経営変更が従業員の全部あるいはかなりの部分に重大な不利益をもたらすこと、④計画された経営変更について企業者が経営協議会に通告することということが、経営変更の際の共同決定の前提である[12]。

経営変更が実施される場合、まず利害調整が行われなければならない。さらに、補償計画が策定されねばならない。これらのことは第112条で定められている。

利害調整とは、企業管理者と経営協議会の間で締結される協定の一種であって、それにより、経営変更を実施するか否か、いかなる時点において実施するか、いかようにして実施するかということなどが決定される[13]。すなわち、利害調整は経営変更の実施の態様を規制するのである。

企業管理者は、経営変更の結果として従業員に対して生じる経済的な不利益を賠償・緩和するために補償計画を策定しなければならないのである。上述のように、利害調整が経営変更の実施の態様を規制するのに対して、補償計画は経営変更の帰結を規制するのである。すなわち、補償計画は「帰結に対する修正要素[14]」なのである。

利害調整が成就するか否かには関わりなく、経営協議会には補償計画の策定に関する共同決定権が与えられている。補償計画に関して、企業管理者と経営協議会の間で合意が成立しないなら、利害調整の場合と同様に、州労働局の局長または仲裁委員会に調停が依頼される。ただし、補償計画に関しては、仲裁委員会は企業管理者と経営協議会に対して強制力のある決定を下すのである。さらに、補償計画については経営協定（Betriebsvereinbarung）が締結される[15]。したがって、補償計画はきわめて大きな強制力をもっているのである。

このようにして策定される補償計画給付（Sozialplanleistung）の中で最も大きい比重を占めているのは、解雇の際に支払わなければならない補償金である。ドイツ経済研究所（Das Institut der deutschen Wirtschaft）の調査によると、補償計画給付総額に占める補償金の割合は85.2％であった[16]。この割合は、企業規模が小さくなるほど大きくなる（第1表を参照）。

補償金額の算定の際に考慮に入れられるべき主たる要因は、従業員の年齢、勤続年数および月収である[17]。これらの要因の結合の態様によって、基本的に3つの補償金額算定方式が区別される[18]。乗法モデル（multiplikative Modelle）、加法モデル（addtive Modelle）および段階モデル（Staffelmodelle）というのがそれらである。そして、いずれのモデルにおいても、高齢であるほど、勤続年数が長いほど、月収が多いほど算定される補償金額は大きくなる。したがって、高齢の従業員、勤続年数の長い従業員、月収の多い従業員の解雇は企業に

第1表

企業規模 （従業員数）	経営の数	補償計画給付に占める補償金の割合（％）
1人～49人	11	89.5
50人～99人	13	87.7
100人～499人	24	88.0
500人以上	36	81.4
合計	84	85.3

（出所　Hemmer, E. : Sozialpläne und Personalanpassungsmaßnahmen, Köln 1997, S. 118.）

とって大きな負担となるのである。

2. 補償計画の実態

　補償計画の実態に関する研究はきわめて少なく[19]、したがって、補償計画によって企業に課せられる経済的負担についての情報は断片的なものでしかないというのが実情であった。補償計画に関する具体的なデータがまとまった形で企業外部に開示されることがほとんどないという事情が、実態の解明を妨げているのである。このような状況を考えると、ドイツ経済研究所によって2度にわたって調査が実施されたことの意義はきわめて大きいといわねばならない。これらの調査の結果は、ヘマー（Hemmer, E.）の一連の著作によって明らかにされている。

　第1回の調査は、1985年にドイツ使用者団体連盟（BDA）とドイツ工業連盟（BDI）の全面的な支援を得て実施され、163企業のデータが得られた[20]。これは当時としては画期的な調査であって、その結果が明らかにされたことによって、補償計画実践に関する経済的な次元での議論への道が拓かれたといえる。

　第2回の調査は、1990～1994年の期間における補償計画と人事適応政策（Personalanpassungsmaßnahme）の問題を明らかにすることを目標として1996

年に実施された[21]。このような目標設定からも 1990 年代後半のドイツ企業における焦眉の問題が看取され得るのである。この調査においては、21 名以上の従業員を擁する企業 10000 社に対して質問が発せられ、638 社（従業員数の合計は 110 万人）から回答が得られた[22]。紙幅の都合によりこの調査について詳細に言及することはできないので、以下においては、重要な諸点に関してのみ、1985 年の第 1 回の調査の結果と対比させながら示すことにしたい[23]。

この調査では 126 の経営における 407 例の補償計画が把握されているが[24]、それらの補償計画策定の原因は第 2 表のごとくである。

第 2 表 (%)

補償計画策定の原因	1990	1991	1992	1993	1994	全企業
純粋の人員削減	22.0	31.1	35.2	33.6	28.4	31.0
経営の縮小／休止	51.2	48.9	39.4	26.3	26.7	33.7
経営の移転	4.9	2.2	8.5	11.7	4.3	7.3
他の経営との統合	4.9	4.4	4.2	2.9	9.5	5.4
組織の根本的変更	12.2	11.1	8.5	21.5	26.7	18.8
作業方法の根本的変更	4.9	2.2	4.2	3.6	4.3	3.9
全く新たな作業方法の導入	100.0	100.0	100.0	100.0	100.0	100.0

（出所　Hemmer, E.: a. a. O., S. 99.）

この表から明らかなように、経営変更は主として「経営休止あるいは縮小（純粋の人員削減を含む）」として遂行されているといえる[25]。その割合は 64.7％であるが、前回の調査の結果である 80.8％と比較するとかなりの減少が見られ、経営変更が多様化していることがわかる。とりわけ、前回の調査では 0％であった「組織の根本的変更」の著しい増加が注目される。そして、全体として 37.3％の従業員がこのような補償計画に見舞われたのである（第 3 表を参照）[26]。

経営変更はつねに解雇と結びついており、それが失業の原因となる[27]。実際、経営構造変化（Betriebsumstrukturierung）に見舞われた従業員の半数が解

第3表

企業規模 (従業員数)	経営の占める割合 (%)	平均的従業員数	経営の従業員に占める割合 (%)
1人～99人	25.8	57.3	53.4
100人～299人	19.2	181.9	30.7
300人～999人	25.0	556.9	36.7
1000人以上	30.0	12842.2	29.0
合計	100.0	1683.0	37.3

(出所　Hemmer, E. : a. a. O., S. 102.)

雇され、配置転換された者および早期年金付退職した者はそれぞれ24.7％と23.1％であった[28]。前回の調査では、それぞれ、67.1％、16.3％、16.6％であり、解雇の減少が見られる。経営変更の帰結に関しても多様化が看取され得る。

　解雇された従業員の社会的構造（年齢、勤続年数）は次のとおりである。すなわち、45歳未満、45歳以上55歳未満、55歳以上の従業員の割合は、それぞれ、41.1％、17.7％、41.2％であった。また、勤続年数が、10年未満、10年以上30年未満、30年以上の従業員の割合は、それぞれ、32.1％、54.1％、13.8％であった。これらを前回の調査の結果と比較すると、55歳以上の従業員および勤続年数10年以上30年未満の従業員の著しい増加、45歳未満の従業員および勤続年数10年未満の従業員の大きな減少が明らかである。このことは、若年の従業員や勤続年数の短い従業員の解雇だけでは事態に対処しきれないということを意味している。その結果、解雇に際しての企業の経済的負担が著増しているといえよう。企業としてはかかる状況に対応せざるを得ないのである。

　すでに述べたように、経営変更の実施に先立って利害調整が行われるが、それによる目標達成の阻害はほとんど見られなかった[29]。

　補償計画給付の全体的規模は、平均すると1020万DMであり、12万DM

補論 2　危機マネジメントの制約問題　229

第4表　　　　　　　　　　（1000DM）

企業規模 （従業員数）	経営の数	補償計画給付の全体額	平均的補償計画給付	補償計画給付の最大値
1人〜49人	11	9681	880.1	7200
50人〜99人	13	58449	4496.1	53000
100人〜499人	26	46604	1792.5	16380
500人以上	40	803832	20095.8	200000
合計	90	918566	10206.3	

（出所　Hemmer, E.: a. a. O., S. 115.）

から2億DMまでの幅が見られた[30]。

この補償計画給付の約85％が補償金支払いに用いられ、その比率は企業規模が大きくなるにつれて低下する（第5表を参照）。

第5表

企業規模 （従業員数）	経営の数	補償計画給付に占める補償金の割合（％）
1人〜49人	11	89.5
50人〜99人	13	87.7
100人〜499人	24	88.0
500人以上	36	81.4
合計	84	85.3

（出所　Hemmer, E.: a. a. O., S. 118.）

従業員1人あたりの補償金を企業規模との関連で示しているのが第6表である。

表から明らかなように、10000DM以上25000DM未満を受け取った者が最も多く（32.6％）、次いで25000DM以上50000DM未満を受け取った者が多かった（22.8％）。そして、すべての従業員の45％が25000DM以上の補償金を得

第 6 表

企業規模 (従業員数)	10000DM 以下		10000DM 超 25000DM 未満		25000DM 以上 50000DN 未満	
	従業員数	百分率	従業員数	百分率	従業員数	百分率
1人〜49人	144	45.0	58	18.1	20	6.3
50人〜99人	193	20.0	133	13.8	183	19.0
100人〜499人	617	37.7	652	39.9	205	12.5
500人以上	2355	19.8	3981	33.5	2970	25.0
合計	3309	22.3	4824	32.6	3378	22.8

(出所　Hemmer, E.: a. a. O., S. 121.)

たのである。さらに、ヘマーによると、補償金の計算上の平均値（rechnerischer Durchschnittswert）は19900DMであった[31]。1985年の調査の場合、それは13360DMであったから、補償金の平均値は約10年間の間に約50％増加したことになる。

　ドイツ経済研究所による調査の目的は、「補償計画策定義務（Sozialplanpflichtung）によって企業がいかに重い負担を課せられているか」ということを明らかにすることであった[32]。負担指数（Belastungskennziffer）を算出するために、固定資産、人件費、純投資額、自己資本、売上高および年間利益に関するデータが利用された。その結果は次の如くである[33]。

① 企業の1／6は経営を失う場合でも補償計画のための資金調達をしなければならなかった。企業の半数において補償計画費は年間利益の21.8％を上回った。18％の企業において補償計画費は年間利益を上回った。
② 企業の半数において、補償計画費は自己資本額の8.6％に達している。企業の8％において補償計画費は自己資本の全体額を凌駕した。
③ 企業の50％において、補償計画費は固定資産額の5.6％を上回った。6.4％を超える企業において、補償計画費は固定資産額を上回った。
④ 企業の半数において、補償計画費は人件費の3.9％を上回った。ある1社では、補償計画費は（支払われるべき）人件費を上回った。

50000DM 以上 75000DM 未満		75000DM 以上 100000DM 未満		100000DM 以上		合計	
従業員数	百分率	従業員数	百分率	従業員数	百分率	従業員数	百分率
7	2.2	50	15.6	41	12.8	320	100.0
154	16.0	205	21.3	96	10.0	964	100.0
99	6.1	37	2.3	25	1.5	1635	100.0
1525	12.8	471	4.0	595	5.0	11897	100.0
1785	12.0	763	5.1	757	5.1	14816	100.0

⑤　企業の半数において、補償計画費は純投資額の49.7％を上回った。19％の企業において補償計画費は純投資額を上回った。

⑥　半数以上の企業において、補償計画給付額は売上高の13％を上回った。

以上の如き結果を1985年の調査と対照させて示したのが第7表である。

補償計画給付額は明らかに増大している。すなわち、算出されたメディアンは、ほとんどの場合において1985年のそれを上回っている。そのことは企業の負担がそれだけ大きくなったことを意味している。

第8表は、補償計画によってもたらされた財務的負担を示している。

この表から明らかなように、35.6％の企業は補償計画義務を果たすために、融資を受けなければならなかった。また、多くの企業では、親会社の支援に頼

第7表

	補償計画の全体額の百分率										
	固定資産の		人件費の		純投資額の		自己資本の		売上高の		年間利益の	
	1985	1995	1985	1995	1985	1995	1985	1995	1985	1995	1985	1995
第1四分値	2.3	2.0	1.4	1.4	9.7	10.5	1.7	2.1	−	0.4	−	7.6
メディアン	5.8	5.8	3.2	3.9	35.6	49.7	7.0	8.6	−	1.3	−	21.8
第3四分値	12.5	11.1	7.9	8.6	79.7	94.4	15.1	23.6	−	2.9	−	60.7

（出所　Hemmer, E.：a. a. O., S. 140.）

第8表 (%)

補償計画の結果	全企業	従業員数			
		1人以上 49人以下	50人以上 99人以下	100人以上 499人以下	500人以上
生産の移転	20.5	13.3	13.1	40.0	33.3
融資の受け入れ	35.6	30.8	30.8	26.9	11.5
他の経営の閉鎖	4.1	33.3	33.3	33.3	—
親会社からの支援	34.2	8.0	12.0	24.0	56.0
必要な経営変更の断念	26.0	21.1	10.5	31.6	36.8
残存する職場が危険に陥る	32.9	20.8	16.7	16.7	45.8

(出所 Hemmer, E.: a. a. O., S. 142.)

らざるを得ず、さらに、残存する経営の存在が危うくなった企業が32.9%あった。また、かなりの企業が経営変更の実施を断念せざるを得なかった。

もとより経営変更は企業の経済的負担を除去ないし減少させるために遂行されなければならない方策であるが、それを実行するためには、補償計画という新たな大きな経済的負担が甘受されねばならないのである。すなわち、エーデンフェルト（Edenfeldt, S.）も述べているように、「補償計画要求（Sozialplansprüche）は、構造転換を要する危機的な時期において、企業にとって追加的な負担である[34]」といえよう。

3. 補償計画と雇用政策

補償計画による大きな財務的負担ならびに柔軟性の喪失が企業にとって深刻な負担となっており、そのことが企業の適応可能性および転換可能性さらには行動可能性を減少させることになっている。経営変更の実施に関する制約はきわめて大きい[35]。とりわけ、解雇や配置転換を伴う政策についての制約を無視することはできない。したがって、企業としては、かかる状況を考慮に入れた雇用政策を採用することが必要となるのである。すなわち、補償計画による負

担をできるだけ小さくして経営変更を実施することが企業の基本的な戦略となるのである。企業が補償計画による負担を軽減するためには、2つの方策が考えられる。①解雇・補償計画策定という事態そのものを回避する、②解雇・補償計画策定という事態を回避することが不可能な場合に、補償計画負担を可及的小さくするというのがそれらである。

　エルンスト（Ernst, A.）も指摘しているように、ドイツの大企業は、経済的苦境に陥った場合に、解雇をできるだけ回避する、あるいは最少にとどめようとするさまざまな人事政策を行っている[36]。すなわち、解雇の代替的方策が志向されるのである。データとしては少し古いが、ミュンヒェンの社会科学研究所（Institut für Sozialwissenschaftliche Forschung München）の調査もこのことを明らかにしている[37]。解雇の代替的方策として行われるのは、外注の内部化、時間外労働の削減、操業短縮、希望退職の募集、雇用停止、早期年金付退職などである。

　このような解雇の代替的方策によっては対処することができない状況が生起するならば、解雇・補償計画策定という事態は不可避である。すでに述べたように、補償計画給付の大部分を占めているのは解雇に際して支払われるべき補償金である。それゆえ、補償金支払額ができるだけ小さくなるような解雇が志向されることになる。上述の如く、補償金の算定の際に考慮に入れられる重要な要因は、年齢、勤続年数および月収である。一般に、低年齢であるほど、勤続年数が短いほど、月収が少ないほど支払われるべき補償金額は小さくなる。したがって、若年の従業員、勤続年数の短い従業員、月収の少ない従業員が解雇されやすい。実際、そのことは1980年代前半までの失業構造に如実に現れていたのである。ところが、1980年代の終わり頃から、状況は変化してきている。とりわけ、中高年の従業員の失業が目立ってきている。他方では、30歳未満の従業員の失業が著しく減少している。このことは企業における解雇の態様の反映であると考えられる。すでに示したように、ドイツ経済研究所の調査によると、1990年代において、解雇された従業員は45歳未満が大きく減少し、55歳以上が著増している。さらに、勤続年数10年未満の者が減少し、勤

続年数10年以上30年未満の者が大きく増加している。かかる状況の変化に注意しなければならない。すなわち、補償金が小さくなるような解雇による適応という方策には限界があるということである。したがって、先に述べたのとは異なる意味において、解雇・補償計画策定という事態を回避するような方策が希求されるのである。

1970年代の半ば頃から、ドイツの大企業は中位人事政策ないし中位雇用政策（Personalpolitik oder Beschäftigungspolitik der mittleren Linie）なる理念を明確にしていた[38]。この政策は、アメリカ流の採用・解雇の繰り返し政策（hire and fire Politik）とは異なって、中・長期的に安定した雇用水準を志向するものである。それは、「従業員雇用の長期にわたる維持安定化を最重要視し、そのため雇入れ・解雇についてはより慎重な態度をとる[39]」政策である。補償計画策定義務による効果の1つの現れであるといえる。したがって、労働力需要の増大に対しては、正規の従業員を雇用する代わりに、パートタイマー（Teilzeitbeschäftigte）、派遣従業員（Leiharbeitnehmer）、僅少労働雇用（geringfügige Bschäftigung）、期限付雇用（befristete Beschäftigung）などのようないわゆる非典型的雇用あるいは非正規雇用（atypische Beschäftigung）[40]が利用されるのである。このことによって、企業は「柔軟な雇用関係」を実現することができ、補償計画策定義務という大きな経済的負担を回避することになるのである。それゆえ、ドイツの（大）企業は、基幹的従業員を保護しつつ、周辺的従業員を増減させることによって雇用調整を行い、環境に適応しているといえよう。

このような非典型的雇用は1990年代に入ってから急速に増加している。ちなみに、2000年前後の時点における非正規雇用の概数は次のとおりである[41]。

　　　パートタイマー　　　：　412万人（2001年）
　　　派遣従業員　　　　　：　 33万人（2000年）
　　　期限付雇用従業員　　：　330万人（1998年）
　　　僅少労働従業員　　　：　650万人（1998年）

全体として非正規雇用の占める割合は 40〜50％であるといわれている。いうまでもなく、これらの雇用形態はすでにかなり以前から利用されてきた。そのような意味においては、新しい雇用形態といえないかもしれない。しかしながら、これらの雇用形態が企業の戦略として積極的に利用され、その結果としてかかる雇用形態が急増しているということが「新しい傾向」といえるのである[42]。

このような傾向と軌を一にして、CDU/CSU・FDP 政権によって規制緩和 (Deregulierung) が推進された。コールを首相とするこの政権は、ドイツ経済の国際競争力の強化や失業対策のために労働法の規制緩和・弾力化 (Flexibilisierung) に着手した[43]。ちなみに、ドイプラー (Däubler, W.) によると、規制緩和は保護規定の縮減を目的とし、弾力化とは労働という生産要素を経営上の必要性によりよく適合させることである[44]。したがって、かかる政策によって解雇の際の制約が緩和されて、共同決定権の及ぶ範囲が縮小されるのである。このように、規制緩和と弾力化は、企業にとって都合のよい状況を生じさせることになるといえる。コール政権は、シュミットを首班とする SPD・FDP 政権のいわばアンチテーゼとして誕生したのであるから、企業の要求に応える形で、企業の経済的負担を軽減するための政策が実施されたのである。

Ⅲ．補償計画と規制緩和の要求

1987 年 12 月 16 日、市場にとって不都合な規制の除去に関する独立の専門委員会（規制緩和委員会）の設置が決定されたが、この委員会の報告書が 1991 年 3 月に提出された[45]。この報告書は、保険、交通、電力などさまざまな経済領域についての現状分析とそれに基づく提言を行っているが、第 6 章において労働市場が取り上げられている。その中で、労働関係の維持に関する重要な規制の 1 つとして、「従業員に関する経済的不利益の賠償あるいは軽減（補償計画）」が指摘されている[46]。

報告書では、まず、補償計画の法律的規定や制度の内容が明らかにされた後に、規制の根拠についても明示されている。しかして、規制の根拠が解雇に伴う危険（Entlastungsrisiken）の準最適な分散（suboptimale Verteilung）に求められることが説明されている。補償計画制度が導入される以前はかかる危険は一方的に従業員が負担させられていたからである。しかし、そのことが本質的に正しいことを認めつつも、それが拡大解釈されてはならないことが指摘されている。さらに、「経営変更を計画する企業は補償計画のために金と時間を必要とする」という一般的な苦情が取り上げられ、ドイツ経済研究所の調査結果などを引用しながら、苦情の具体的な内容が列挙されている。しかしながら、そのような苦情は補償計画策定義務の廃止を主張する根拠とはならない[47]。ただ、それによって適応負担（Anpassungslasten）[48]を最適に分散させるという試みが不完全なままであるということが明らかである。その結果、構造変換の遅れならびに第三者とりわけ失業者の雇用機会に対する持続的な影響が看取されるのである。それゆえ、補償計画権（Sozialplanrecht）を再検討し、欠陥を除去し、予見され得ない経営変更により生じる適応負担のよりよい分散を達成することがすべての人にとって重要なのであるという結論が導かれている[49]。

　以上のことから明らかなように、規制緩和委員会は、補償計画制度がなければ経営変更に伴う危険を従業員が一方的に負担しなければならないので、補償計画それ自体の意義は容認している。しかし、それが拡大解釈されて、企業の負担が大きくなり過ぎ、そのことが雇用を減少させていると考えられる。したがって、過度の規制を緩和することによって補償計画策定義務の適用範囲を限定し、危険の適切な分散を実現することが国民経済にとって望ましいということになるのである。

　労働法の著名な研究者であるハーナウ（Hanau, P.）は労働法を基礎づけている２つの哲学を指摘している[50]。「伝統的な哲学」と「新たな哲学」というのがそれらである。

　伝統的な哲学とは、「従業員は使用者との関係でより多くの権利が与えられ、それによって労働市場が無機能化される場合に、最も保護される[51]」という考

え方であり、これが規制の根拠となっていた。したがって、従業員の利益ということがその中核となっているのであり、「従業員にとって望ましいことは、使用者にとっては望ましくないであろう[52]」ということになる。それに対して、新たな哲学とは、「労働法上の保護規定による使用者の負担が可及的小さいということが、従業員とりわけ失業者にとって最も有利である[53]」と考えるものである。そうでないと、従業員の雇用および再雇用が妨げられるからである。かかる思考の根底には企業の利益擁護の思想が潜んでいることに留意しなければならない。ハーナウは、「使用者にとって望ましいことだけが、従業員にとって望ましいということになろう[54]」と述べている。その場合のキーワードが規制緩和である。上述の規制緩和委員会の報告書はこのような新たな哲学に基づいており、また、コール政権による1990年代の規制緩和も同じ哲学に基礎づけられて推し進められたのである。規制と規制緩和をめぐる議論は、まさしく「これら2つの哲学の相克と捉えることができる[55]」のであるが、それは結局のところ「企業の利益か従業員の利益か」という企業体制の問題に還元され得るのである。

ハーナウによると、「労働法の展開は、さまざまな政治的、経済的および社会的要因によって影響される[56]」のであり、労働法はこれらの諸要因の展開を「映し出す鏡[57]」ともいえるのである。したがって、労働法の領域で規制緩和や弾力化による企業負担の軽減が議論されているということは、国民経済および経営経済の領域でそのようなことが求められているということの反映であると考えることができる。

Ⅳ. 経営組織法の改正

1. 経営組織法改正の背景

企業にとってよいことが従業員ひいては国民経済にとってよいことであるという哲学に基づいて、コール政権は規制緩和政策や企業優遇政策を次々と実行した。具体的には、就業促進法の制定（1985年）とそれの数回にわたる改正

(1990年、1993年、1994年、1996年、1997年)、就業促進法の制定に伴う経営組織法の改正(補償計画規定の変更と補足、1985年)、補償計画法(Sozialplangesetz)の制定(1985年)、従業員派遣法(Arbeitnehmerüberlassungsgesetz)の改正(1985年、1990年、1993年、1994年、1997年)、解雇制限法(Kündigungsschutzgesetz)の改正(1985年、1996年)などである。これらの雇用政策的な効果は大きくなかったといわれるが[58]、企業の経済的負担の軽減には大きく貢献したといえる。また、1998年1月1日以降において、労働法的な規定(経営変更、利害調整および補償計画)と社会保障法典(Sozialgesetzbuch)による雇用促進の共同作用(Zusammenwirken)が期待されて、雇用に対して有効な補償計画方策(beschäftigungswirksame Sozialplanmaßnahme)に対して助成金が給付されることとなった[59]。これも企業にとっては負担の大きな軽減であるといえよう。

　コール政権によって上述のような労働法に関する一連の規制緩和政策が実施されたので、さまざまな非正規雇用の利用が容易になり、企業はそれらを積極的に活用するようになったのである。その結果、非正規雇用が著増するに至った。

　他方では、企業構造、生産形態、管理システムの変化に照応して、従来においては見られなかった多様な労働形態が出現した。疑似自営業者(Scheinselbständige)あるいは従業員を伴わない自営業者(Selbständige ohne Mitarbeiter)、テレワーカー(Telearbeiter)[60]、在宅勤務者(in Heimarbeit Beschäftigte)、他企業の従業員(Mitarbeiter von Fremdfirma)の利用などがそれである。このような労働形態が利用されるようになった結果、従業員類似者(arbeitnehmerähnliche Person)が多く見られるようになっきている。また、ダウンサイジングの帰結としての経営分割や経営の他企業への編入なども多く見られるようになった。すなわち、「経営の価値創造連鎖のスリム化と合理化が、企業網の組織変化およ社会的分業の新たな構造を強制的につくる[61]」からである。

　非正規雇用の増加ならびに新たな雇用形態の増加によって、いわゆる標準的

労働関係（Normalarbeitverhältnis）[62]の比重の低下が指摘されている。「企業に対する時間的および空間的な拘束が減少する[63]」からである。1990年代の初めには75％を上回る従業員が標準的労働関係という範疇の中にあったが、そのような従業員は今日では約60％であり、今後さらに減少するものと考えられている[64]。もとより、標準的労働関係は従業員に関する保護機能をもつものであるから[65]、上述のような傾向は従来の制度的な枠組みにおける保護の対象とはならない従業員が増加しているということに他ならない。さらに、そのことと企業および経営の分割等が相俟って、経営協議会の形成率が低下しており、それは従業員の40％の利益を代表するにすぎないのである[66]。経営協議会の形成率はとくに小経営において低く、従業員5人以上21人以下の経営では28％、従業員21人以上100人以下の経営では21％であった[67]。従業員も経営者も経営協議会の必要性を認めているにもかかわらず、経営の浸食による経営協議会の弱化が生じているのである。このような状況に規定されて、一方では保護の対象から外れている従業員を保護のシステムに組み入れ、他方ではさまざまな構造変化に経営協議会を適応させることが要求されることとなったのである。かかる要求はシュレーダー政権によって実現されることとなった。

　すでに述べたように、1998年10月にSPD・Bündnis 90/Die Grünen連立政権が誕生した。この政権が発足するに際して、10月22日に連立協定（Koalitionsvereinbarung）が締結された。その中に、「新しい連邦政府は、従業員の参加と動機付けのために、職場ならびに経営および管理領域における共同決定を強化し、労働世界（Arbeitswelt）の変化に適応するであろう。そのために、経営組織法の根本的な改正（経営概念、従業員概念、テレワーク、選挙手続きの簡略化）が優先される」という文言がみられる[68]。すなわち、シュレーダー政権はその発足時から共同決定権の確保と拡大を1つの大きな課題としていたのである。そして、「行き過ぎた労働法の規制緩和を押し戻し、再び規制を強化することが進められている[69]」のである。かくして、経営組織法の大幅改正が企図されることになった。その後、いろいろな提案が行われ、さまざまな経緯を経て、2001年2月14日に政府原案が確定し、議会での審議の後に、

「経営組織法の改正に関する法律」(BetrV-Reformgesetz) が連邦議会 (2001年6月22日)、連邦参議院 (2001年7月13日) で可決されて、2001年7月28日に発効した[70]。1972年以来30年ぶりの大改正が成就したのである。

2. 経営組織法の改正内容と補償計画

このたびの改正はきわめて多岐にわたっているのであるが、ここでは補償計画という問題に関わりのある部分のみを取り上げることにする。

まず、補償計画に直接的に関連するものとして、第111条の変更と補足、第112a条の補足があげられる。それらはいずれも共同決定の範囲拡大・強化に寄与するものである。

すでに述べたように、第111条は21名以上の従業員を擁する「経営」における経営変更について定めていた。それが従業員21名以上の「企業」に変更されたのである。これによって、経営協議会の参加権は経営規模ではなくて企業規模に依存することになったのである。そのことの意義はきわめて大きい。経営組織法は経営と企業の概念を規定していないが、一般には、次のように理解される。すなわち、経営は空間的・機能的な生産的組織単位であり、そこにおいては人間と物的生産手段の協働がみられる[71]。それに対して、企業は経済的単位あるいは資本的単位であって、通常は複数の経営をその中に包含している。したがって、「従業員21名以上の経営」と「従業員21名以上の企業」とでは、その意味が大きく異なるのである。改正前の規定では、従業員20名以下の経営は適用の対象外であった。しかるに、新しい規定に従うと、企業全体の従業員が21名以上であれば、当該経営の規模は小さくても適用の対象となるのである[72]。したがって、「補償計画による大きな財務的負担から小企業を守るという規定の目的が、実際に小企業に益するようにさせる[73]」ことになったのである。

第112a条は、経営変更の1つの類型としての純粋の人員削減が実施される場合の「従業員のかなりの部分」について定めている。従来は、最も下の経営規模階層に関しては21名以上60名未満の経営においては従業員数の20％

(ただし、少なくとも6名)と決められていたが、改正によって21名以上という文言が削除されたのである。たとえば、旧規定によると、従業員が20名の経営で19人を解雇するような経営変更の場合でも、それは従業員のかなりの部分とはみなされなかった。そもそも従業員21名未満の経営は考察の対象外であったからである。ところが、新規定では、6名以上21名未満の経営も新たに適用対象ととなり、その結果、実質的には6名以上のすべての経営が対象となるのである。

以上のことから明らかなように、第111条と第112a条の変更の結果、保護の対象となる従業員はかなり増加することになり、企業の負担はそれだけ大きくなるのである。

補償計画に間接的に関連する事項として、従業員概念と経営協議会の基盤強化に言及しなければならない。

まず、従業員概念を規定する第5条第1項について補足が行われ、外勤者 (Außendienst)、テレワーカー、在宅勤務者が従業員概念に含められることになった。したがって、第111条、第112条および第112a条が適用される従業員の範囲が拡大され、補償計画給付を得る従業員が多くなる。また、第7条に対する補足によって、3カ月を超えて経営に投入されている派遣従業員に経営協議会委員選挙の選挙権が与えられることになった。これらは、企業による非正規雇用の積極的利用に対応せんとするもので、非正規従業員の組み入れの具体的な現れである。

さまざまな点で経営協議会の基盤強化が図られている。まず、経営の概念に複数の企業によって利用される共通経営 (gemeinsamer Betrieb) が追加され、そのような経営においても経営協議会が形成され得ることになった (第1条)。また、必要な要件を満たしているにもかかわらず経営協議会が設立されていなかった場合の設立手続きの簡素化が実現された (第17条第1項および第2項)。そして、小経営すなわち従業員5人～50人の経営ならびに従業員51人～100人の経営における選挙管理委員と経営協議会委員の選出手続が簡略化されることになった (第14a条)。これらのことにより、経営協議会とりわけ小経営の

それの設立が容易になったのである。

さらに、経営協議会委員の任務が量的にも質的にも重要になっきていることを反映して、経営協議会委員数の増加（第9条）、経営協議会委員のうちの専従者の増加（第38条）が決定された。そして、経営協議会委員を解雇する場合、配置転換が彼（または彼女）の任務の喪失を惹起する場合は、経営協議会の同意を要するようになった（第103条3項）。

すでに述べたように、第111条は経営変更に関する経営協議会の参加権について規定しているのであるが、改正によって、従業員301人以上を要する企業の経営協議会は、外部の専門家（Berater）の助言を得ることができるという主旨の文言が追加された。経営協議会は、「外部の専門家を利用することによって、計画された経営変更の及ぼす影響を速やかに把握し、短時間のうちにそれに対応することができるようになるであろう[74]」といえる。

以上のような経営組織法の改正の具体的内容は、経営変更の際の共同決定の前提にいかなる影響を及ぼすであろうか。かかる前提とは、①経営協議会が形成されていること、②選挙資格をもつ従業員が21名以上雇用されていること、③経営変更が従業員の全部あるいはかなりの部分に重大な不利益をもたらすこと、④計画された経営変更について企業者が経営協議会に通告することということであった。いままで述べてきたことから明らかなように、①経営協議会の形成が容易になり、その基盤が強化された。②「従業員21名以上の経営」→「従業員21名以上の企業」によって、適用対象となる経営が大きく増加することになった。また、派遣従業員にも選挙資格が与えられ、選挙資格を持つ従業員の範囲が拡大された。③純粋の人員削減に関する「かなりの部分」ということが、実質的には従業員6名以上のすべて経営において吟味されることになった。したがって、これらのことにより、全体として経営変更の際の共同決定の前提を満足しやすくなったといえる。経営組織法の改正は従業員にとってより有利な状況を招来することになるのである。

V. 結

　以上、2001年7月の経営組織法改正と補償計画をめぐる問題について考えてきた。具体的には、補償計画の制度および補償計画の実態を前提として今回の改正の補償計画に及ぼす影響が取り上げられた。
　環境変化等のさまざまな要因によって企業目標の達成が阻害されるようになると、企業はそのような状況に適応することを余儀なくされる。その際の1つの方策が経営変更である。ドイツにおいては、経営変更の遂行に際しては補償計画がきわめて大きな制約条件となる。一般にそのような制約条件としては、2つのタイプが区別される。A型制約条件（Nebenbedingung vom Typ A）とB型制約条件（Nebenbedingung vom Typ B）というのがそれらである[75]。前者は、実現不可能な代替案を除外するもので、絶対に従わなければならないものである。この場合、企業管理者の自由裁量の余地はない。たとえば、企業の存在に関わるものや法律によって強制されるものがあげられる。補償計画はそのような制約条件の1つである。このことがドイツにおける企業の不可避の足枷となっている。それゆえ、たとえば経営休止・工場閉鎖をしなければならない場合に、効率の悪い国内の工場を温存し、国外の工場を閉鎖する企業も現れている[76]。また、今日、多くの企業が外国に生産の拠点を移転させる計画をもっていること、今回の再規制が外国企業によるドイツへの投資の障害となっていることなどが報じられている。しばしば産業立地（Standort）の問題が議論されている。
　すでに明らかなように、経営組織法の改正によって、従業員概念の修正、経営協議会の基盤強化、従業員の共同決定権の範囲拡大が実現した。いずれも企業の負担の増加を招来することになる。それゆえ、政府案が明らかにされた直後から、企業およびその利益代表者による批判が相次いでいる。たとえば、「労働大臣が現代化というキーワードで吹聴していることは、企業にとっては、より官僚的になり意思決定が遅れるということを意味する。さらに、共同決定

の費用が増大する[77]」、あるいは、「確実な費用増加が不確実な収益増加と対峙している。それゆえ、経済的観点からすると、経営組織法の改正は、とくにそれが経営レベルにより多くの伸縮性をもたらさないので、懐疑的に判断されねばならない[78]」といわれるとおりである。しかしながら、2001年の改正が「システムを維持した改革」であって、構造的な変化を目指したものではないから、騒ぎはすぐに収まるという観測もある[79]。

いずれにせよ、経営組織法の改正によって企業に課せられる経済的負担が大きくなったことは確実である。それが、効率性の上昇等によって相殺され、克服され得るのか否かということは定かではない。

1) この場合の経済的（wirtschaftlich）とは企業関連的（unternehmensbezogen）ということを意味するのであり、したがって、経済的合理性とは企業にとっての合理性ということに他ならない。ちなみに、社会的（sozial）とは従業員関連的（mitarbeiterbezogen）ということである。Vgl. hierzu Hemmer, E. : Neuere Strategien bei Personalumstrukturierungen, Personal, 49. Jg. (1997), S. 284.
2) この政権によって、1976年には「共同決定法」が制定された。
3) Sozialplan は「社会計画」と訳されることが多い。しかしながら、それは内容を適切に表現しているとはいえない。すでに述べたように、sozial とは従業員関連的という意味である。それゆえ、内容に即して「補償計画」と訳すことにする。それが従業員の経済的不利益の補償ということを内容とするからである。
4) ここでは、2001年の改正以前の規定に基づいて説明する。
5) たとえば、「改正の最大の関心事は、経営協議会による共同決定を強化・拡大することであった」（Sasaki, M. : Mitbestimmung und Betriebsgemeinschaft, Working Paper Series, No. 18, The Economic Society of Kobe Gakuin University, October 2002, S. 10）といわれるとおりである。
6) 固定費問題とは、過剰能力によって惹起される無効費用（Leerkosten）が企業の流動性と収益性を圧迫する問題であって、企業は何らかの形でかかる事態に対処しなければならない。固定費問題については、深山　明『ドイツ固定費理論』森山書店、2001年、21ページ以下および本書の第1章を参照。
7) あくまで経営（Betrieb）であって、企業（Unternehmung）でないことに注意する必要がある。
8) 1972年の経営組織法においては経営の分割は含まれていなかった。経営の分割は、1994年10月28日の企業構造転換法（Umwandlungsgesetz : Gesetz Bereinigung des Umwandlungsrechts vom 28. 10. 1994, BGBl. I , S. 3210）の第123条以下で規定された。
9) 経営変更の具体例については、深山　明『ドイツ経営補償計画論』森山書店、1995年、

67ページ以下を参照。
10) 解雇保護法第17条および判例による基準と経営組織法第112a条による基準の比較対照については、深山　明、前掲書、34ページおよび117ページ以下を参照。ただし、34ページの記述には若干のミスがある。
11) Oechsler, W. A. und Schormair, T. P. : Sozialpläne — Rechtslage und aktuelle sozialpolitische Entwicklungen, Personalwirtschaft, 12. Jg. (1985), S. 117 ; Schaarschmidt, W. und Hollmann, P. : Interessenausgleich und Sozialplan, in : Schimke, E. und Töpfer, A. (Hrsg.) : Krisenmanagement und Sanierungsstrategien, 2. Aufl., Landaberg am Lech 1986, S. 87 ; Gerrick von Hoyningen-Huene : Betriebsverfassungsrecht, 5. Aufl., München 2002, S. 363 ; Hase, D., Reino von Neumann-Cosel und Rupp, R. : Handbuch Interessenausgleich und Sozialplan, 3. Aufl., Frankfurt/Main 2000, S. 35.
12) Schmidt, H. : Der Sozialplan in betriebswirtschaftlicher Sicht, Wiesbaden 1989, S. 10 ; Hase, D., Reino von Neumann-Cosel und Rupp, R. : a. a. O., S. 31 ff. ; Düwell, F. J. : BetrVG, Betriebsverfassungsgesetz, Handkommentar, Baden-Baden 2002, S. 710 ff.
13) 経営変更の態様に関して合意が成立しない場合は、州労働局の局長あるいは仲裁委員会に調停が依頼される。しかし、最終的に合意が成立しなくても、経営変更は実行される。また、第113条は企業管理者が利害調整に違反した場合の賠償金の支払い請求について定めており、第121条は企業管理者が情報の提供を怠った場合、事実に反する情報や不完全な情報を提供した場合の罰則について規定している。これらについては、深山　明、前掲書、36ページを参照。
14) Engelen-Kefer, U. : Sozialplan, in : Gaugler, E. (Hrsg.) : Handwörterbuch des Personalwesens, Stuttgart 1975, Sp. 1935.
15) Vgl. §77 BetrVG.
16) Hemmer, E. : Sozialpläne und Personalanpassungsmaßnahmen, Köln 1997, S. 109.
17) ハーゼ（Hase, D.）らが350の補償計画を分析した結果によると、補償金算定の際に考慮に入れられた要因は次の通りである。勤続年数＝99.2％、年齢＝87.0％、所得＝68.6％、子供の数＝33.3％、身体障害の程度＝30.7％、家族状況＝5.7％であった。Vgl. Hase, D. Reino von Neumann-Cosel und Rupp, R. : a. a. O., S. 284 f.
18) 深山　明、前掲書、41ページ以下を参照。
19) フォークト（Voigt, A.）の研究は補償計画の実態に言及した数少ない研究の1つである。ただし、どのような調査に基づいているかということは不明である。Vgl. Voigt, A. : Sozialpläne in der betrieblichen Praxis, 2. Aufl., Köln 1981 ; derselbe : Maßstabe betrieblicher Sozialplanleistungen, Personal, 32. Jg. (1980), S. 235 ff. ; derselbe : Folgelasten von Sozialplänen, Personal, 34. Jg. (1982), S. 212 ff. ; derselbe : Die ständig steigernden Belastungen, HB vom 3. 7. 1986, S. 3.
20) Hemmer, E. : Sozialplanpraxis in der Bundesrepublik, Köln 1988 ; derselbe : Sozialpläne — Erhebliche Belastungen, Arbeit und Sozialpolitik, 41. Jg. (1987), S. 116 ff. ; derselbe : Theorie der Sozialpläne, Der Arbeitgeber, 40. Jg. (1988), S. 790 ff. ; derselbe : Die Ergebnis einer Unternehmungsbefragung, Der Arbeitgeber, 41. Jg. (1989), S. 100 ff. ; derselbe : Sozialpläne, Personal, 41. Jg. (1989), S. 188 ff. Vgl. auch o. V. : Sozialplan —

Der Belastungs-Faktor, Informationsdienst des Institutes der deutschen Wirtschaft, Heft 11/1987, S. 6 f. ; o. V. : Sozialplan als Belastungsfaktor, Personalwirtschaft, 14. Jg. (1987), S. 227 ff.
21) Hemmer, E. : Sozialpläne und Personalanpassungsmaßnahmen, Köln 1997 ; derselbe : Kritik der Unternehmen an Sozialplanregelungen, Der Arbeitgeber, 49. Jg. (1997), S. 102 ff. ; derselbe : Sozialplanregelungen verbessern, Der Arbeitgeber, 49. Jg. (1997), S. 130 ff. ; derselbe : Neue Strategien bei Personalumstrukturierungen, Personal, Heft 6/1997, S. 280 ff.
22) Hemmer, E. : Sozialpläne und Personalanpassungsmaßnahmen, S. 52.
23) なお、1985年の調査に関しては、深山　明、前掲書、51ページ以下を参照。
24) Hemmer, E. : a. a. O., S. 10.
25) Vgl. auch Heither, M. : Sozialplan und Sozialrecht, Berlin 2002, S. 69.
26) Hemmer, E. : a. a. O., S. 11 und S. 90.
27) Heither, M. : a. a. O., S. 71.
28) Hemmer, E. : a. a. O., S. 93.
29) Hemmer, E. : a. a. O., S. 46.
30) Hemmer, E. : a. a. O., S. 106.
31) Hemmer, E. : a. a. O., S. 11 und S. 113.
32) Hemmer, E. : a. a. O., S. 133.
33) Hemmer, E. : a. a. O., S. 134 f. ; derselbe : Sozialplanpraxis in der Bundesrepublik, S. 282.
34) Edenfeldt, S. : Recht der Arbeitnehmermitbestimmung, Heidelberg 2003, S. 197.
35) 経営協議会と協議して補償計画を策定した企業の2／3は、現行の法的規制を修正する必要があると考えていた。また、約1／4の企業は補償計画義務の完全な廃止を主張していた。Vgl. Hemmer, E. : Kritik der Unternehmen an Sozialplanregelungen, S. 102.
36) アンゲリカ・エルンスト「労働市場の柔軟性（Ⅲ）」（Ernst, A. : Betriebliche Beschäftigungspolitik bei Arbeitskräfteüberschuss in Japan und der Bundesrepublik Deutschland）野村正實／ノルベルト・アルトマン（Norbert Altmann）編『西ドイツの技術革新と社会変動』第一書林、1987年、176ページ。
37) Schulz-Wild, R. : Betriebliche Beschäftigungspolitik in der Krise, Frankfurt/Main 1978, S. 135.
38) Vgl. Potsch, M. : Personalfreisetzung, Raionalisierung, 31. Jg. (1980), S. 213. また、ヴェルナー・ゼンゲンベルガー／クリストフ・ケラー「労働市場の柔軟性（Ⅰ）」（Sengenberger, W. / Köhler, C. : Beschäftigugnselastizität und Arbeitsmarktstruktur）野村正實／ノルベルト・アルトマン（Norbert Altmann）編、前掲書、152ページ以下、徳永善良『西ドイツ自動車工業の労使関係』お茶の水書房、1985年、87ページを参照。
39) 徳永善良、前掲書、88-89ページ。Vgl. auch Potsch, M. : a. a. O., S. 213.
40) 非典型的雇用とは、「これまで労働法制が対象として予定してきた雇用労働の支配類型に属さない、したがってまた労働法的保護の対象から外れる、あるいは外れることを意図する雇用形態」（日本労働協会編『西ドイツの労働事情』日本労働協会、1989年、160

-161 ページ）のことである。
41) Martin, A. / Nienhüser, W. : Neue Formen der Beschäftigung — personalpolitische Voraussetzungen und Effekte, in : Martin, A. / Nienhüser, W. (Hrsg.) : Neue Formen der Beschäftigung — neue Personalpolitik?, München und Mering 2002, S. 2 ; Schäfer, H. : Ende des Normalarbeitsverhältnisses?, Köln 2001, S. 19 ff. ; Schwarze, J. / Heineck, G. : Keine dramatische Effekte nach der Reform der geringfügige Beschäftigung, DIW-Wochenschrift, 21/2001 ; Nienhüser, W. / Baumhus, W. : Fremd im Betrieb — Der Einsatz von Fremdfirmenpersonal als Arbeitskräftestrategie, in : Martin, A. / Nienhüser, W. (Hrsg.) : Neue Formen der Beschäftigung — neue Personalpolitik?, München und Mering 2002, S. 61 ff. ; Hoffmann, E. / Walwei, U. : Strukturwandel der Erwerbsarbeit, IAB-Kurzberichte, Nr. 14 vom 25. 10. 2000.
42) Wank, R. : Grundlagen, Der Arbeitnehmerbegriff, in : Blanke, Th. / Schüren, P. / Wank, R. / Wedde, R. : Handbuch Neue Beschäftigungsformen, Baden-Baden 2002, S. 8 ; Martin, A. / Nienhüser, W. : a. a. O., S. 1 und S. 4.
43) 和田　肇『ドイツの労働時間と法』日本評論社、1998 年、163 ページ、和田　肇「労働法における規制緩和と弾力化」『日本労働法学会』93 号、1999 年、53 ページ。
44) ヴォルフガング・ドイブラー（西谷　敏訳）「ドイツ労働市場における規制緩和と弾力化」『法律時報』68 巻 8 号、1996 年、46 ページ。
45) Deregulierungskommission : Marktöffnung und Wettbewerb, Stuttgart 1991.
46) Deregulierungskommission : a. a. O., S. 134.
47) Deregulierungskommission : a. a. O., S. 144.
48) 企業が環境の変化に適応するために経営変更などのさまざまな方策を実施するが、それによって生じる負担が適応負担といわれ、企業と従業員が負担することになる。
49) そのために 2 つの提言がなされている。
50) Hanau, P. : Arbeitsrecht und Arbeitsgerichtsbarkeit von Kaiser Wilhelm II. bis Dr. Kohl, NZA, 10. Jg. (1993), S. 339. ペーター・ハナウ（大沼邦博訳）「現代の重大な挑戦に直面するドイツ労働法（上）」『ジュリスト』No. 1030、1993 年、104 ページ以下、和田　肇、前掲稿、58-59 ページ。
51) Hanau, P. : a. a. O., S. 339.　ペーター・ハナウ、前掲稿、106 ページ。
52) Hanau, P. : a. a. O., S. 339.
53) Hanau, P. : a. a. O., S. 339.　ペーター・ハナウ、前掲稿、106 ページ。
54) Hanau, P. : a. a. O., S. 339.
55) 和田　肇、前掲稿、59 ページ。
56) Hanau, P. : a. a. O., S. 339.
57) ペーター・ハナウ、前掲稿、105 ページ。
58) 和田　肇、前掲稿、69 ページ。
59) §§ 254 ff. SGB III Vgl. Hoffmann, M. : Die Forderung von Transfersozialplänen, Köln 2002, S. 18 ff. ; Löwisch, M. : Die Frankierung von Sozialplänen durch die Bundesanstalt für Arbiet（§§ 254 ff. SGB III), RdA, 50. Jg. (1997), S. 287 ff. 苧谷秀信『ドイツの労働』日本労働研究機構、2001 年、228 ページ。

60) テレワーク (Telearbeit) の現象形態としては、在宅労働 (Heimarbeit)、サテライトオフィス (Satellitenbüro)、共同オフィス (Nachbarschaftsbüro)、モバイルテレワーク (Mobile Telearbeit) が考えられる。Ridder, H.-G. / Jensen, T. : Telearbeit und Führung, in : Martin, A. / Nienhüser, W. (Hrsg.) : Neue Formen der Beschäftigung, München und Mering 2000, S. 209.
61) Barth, E. / Lang, H.-G. / Wehnen, E. u. a. : Mitbestimmung als Gegenmacht, Hamburg 2000, S. 11. すでに示した第2表において、補償計画策定の原因としての「組織の根本的変更」が著しく増加していることもそのような状況を反映している。
62) ドイブラーは標準的労働関係の7つのメルクマールを指摘している。それは次のとおりである。①フルタイム労働関係、②定型的労働時間での勤務、③月給制、④すべての法律が適用される事業所で、一定の人数が雇用されている、⑤期間の定めのない契約で雇用され、雇用の存続保障があること、⑥社会保険の完全な適用を受けること、⑦労働条件が集団的利益代表当事者間で締結される労働契約で決定される。ヴォルフガング・ドイブラー、前掲稿、47 ページ。また、和田 肇、前掲稿、59 ページ以下も参照。
63) Martin, A. / Nienhüser, W. : a. a. O., S. 1.
64) Wassermann, W. : Zum Reformbedarf des Betriebsverfassungsgesetzes, WSI-Mitteilungen, 53. Jg. (2000), S. 699.
65) ヴォルフガング・ドイブラー、前掲稿、47 ページ。
66) Larmann, W. und Niedenhoff, H.-G. : Mitbestimmung im Betrieb, Wirtschaft und Unterricht, 26. Jg. (2000), S. 3 ; Blanke, Th. und Rose E. : Betriebsverfassung 2001, RdA, 54. Jg. (2001), S. 92.
67) Wendeling-Schröder, U. : Arbeitsrechtliche Aspekte der Novellierung des Betriebsverfassungsgesetzes, Gewerkschaftliche Monatshefte, 4/2001, S. 222.
68) Koalitionsvereinbarung zwischen SPD und Bündris 90 / Die Grünew 1998 Vgl. auch Barth, E. / Lang, H.-G. / Wehner, E. u. a. : Mitbestimmung als Gegenmacht, Hamburg 2000, S. 13 ; Richardi, R. : Die neue Betriebsverfassung, München 2001, S. 1. ; Bruhnhöber, H. : Das bringt das neue Betriebsverfassungsgesetz, München 2002, S. 7.
69) 和田 肇、前掲稿、52 ページ。
70) 改正に関する諸提案とそれらをめぐる議論については、藤内和公「ドイツ事業所組織法改正」『季刊労働法』198 号、2002 年、145 ページ以下、藤内和公「ドイツ事業所組織法改正における各種提案」『岡山大学法学会雑誌』第 51 巻第 2 号、2002 年、397 ページ以下を参照。Vgl. auch Konzen, H. : Die Regierungsentwurf des Betriebsverfassungsgesetzes, RdA, 54. Jg. (2001), S. 77 f. また、経営レベルでの共同決定に関する最近の研究としては、藤内和公『ドイツの従業員代表制と法』法律文化社、2009 年を参照。
71) ここでは、生産という概念が最も広い意味で用いられている。したがって、商業企業の営業所や銀行の支店なども生産的組織単位ということになる。
72) たとえば、ある企業に3つの経営があり、それぞれの従業員数が4人、7人、17人であるとする。旧規定では、いずれの経営における経営変更も適用対象とならなかったが、新規定によると、いずれの経営に関する経営変更も適用対象となる。
73) Fitting, K., Heither, F., Engels, G. und Schmidt, I. : Betriebsverfassungsgesetz, 21. Aufl.,

München 2002, S. 1588.
74) Franke, D., Hunold, W. und Malter, J. : Das neue Betriebsverfassungsrecht, Neuwied und Kriftel 2001, S. 119.
75) Rudhart, P. M. : Stillegungsplanung, Wiesbaden 1978, S. 114 ff. これに関しては、深山明『ドイツ固定費理論』121 ページ以下を参照。
76) 『日本経済新聞』2001 年 6 月 25 日。
77) o. V. : Höhere Kosten und mehr Bürokratie, Informationsdienst des Instituts der deutschen Wirtschaft, 27. Jg. (2001), Nr. 6, S. 3.
78) Schnabel, C. : Höhere Kosten, unsichere Erträge — Zur Reform des Beriebsverfassungsgesetzes, WiST, 30. Jg. (2001), S. 121.
79) ウルリッヒ・ツァッハルト（川田知子訳）「ドイツにおける労働法改革の現在」『日本労働研究雑誌』第 43 巻第 12 号、2001 年、68 ページ。

初　出　一　覧

　本書のかなりの部分はこれまでに発表した論文などに基づいている。もちろん、一書に纏めるに際しては、大幅に加筆・訂正が施されている。各章と既発表論文等の関係は以下のとおりである。

第1章　「危機マネジメント論形成のための基礎的考察」『商学論究』第57巻第3号、2010年、1月。

第2章　「比例費の固定費化をめぐる問題」『同志社商学』第56巻第1号、2004年、5月。

第3章　「体系的危機マネジメント論のさきがけ」『商学論究』第50巻第1・2号、2002年12月。

第4章　「本格的な生産能力理論のさきがけ」『商学論究』第53巻第4号、2006年3月。

第5章　「危機マネジメント論のさきがけ」『産業経理』第57巻第4号、1998年1月。

第6章　「価格下限論の生成」『商学論究』第49巻第1号、2001年、6月。

第7章　「経営休止論のさきがけ」『商学論究』第47巻第1号、1999年7月。

第8章　新稿

補論1　「EUにおける企業危機と戦略的危機マネジメント」海道ノブチカ編著『EU拡大で変わる市場と企業』日本評論社、2008年3月。

補論2　「経営組織法の改正と補償計画」深山　明編著『EUの経済と企業』御茶の水書房、2004年7月。

欧文文献目録

Aldcroft, Derek H. : The European Economy 1914-2000, 4th Edition, London and New York 2001.
Apitz, K. : Konflikte, Krisen, Katastrophen, Frankfurt am Main / Wiesbaden 1987.
Arbeitsgruppe Alternative Wirtschaftspolitik : MEMORANDUM, 2009, Köln 2009.
van Aubel, P. : Selbstkostenrechnung in Walzwerken und Hütten, in : Hermann, J. E. und van Aubel, P. : Selbstkostenrechnung in Walzwerken und Hütten, Leipzig 1926.
Backhaus, K. und Funke, S. : Fixkostenintensität und Kostenstrukturmanagement, Controlling, 6. Jg. (1994).
Backhaus, K. und Funke, S. : Auf dem Weg zur fixkostenintensiver Unternehmung ?, ZfbF, 48. Jg. (1996).
Backhaus, K. und Funke, S. : Managementherausforderungen fixkostenintensiver Unternehmen, KRP, 40. Jg. (1996).
Backhaus, K. und Funke, S. : Fixkostenmanagement, in : Franz, K.-P. und Kajüter, P. (Hrsg.) : Kostenmanagement, Stuttgart 1997.
Barth, E. / Lang, H.-G. / Wehnen, E. u. a. : Mitbestimmung als Gegenmacht, Hamburg 2000.
Bergauer, A. : Erfolgreiches Krisenmanagement in der Unternehnung, Berlin 2001.
Bergauer, A. : Fühlen aus der Unternemenskrise, Berlin 2003.
Beste, Th. : Die Verrechnungspreise in der Selbstkostenrechnung industrieller Betriebe, Berlin 1924.
Birker, K. : Unternehmenskrise, in : Birker, K. / Pepels, W. (Hrsg.) : Handbuch Krisenbewusstes Management, Berlin 2000.
Blanke, Th. und Rose E. : Betriebsverfassung 2001, RdA, 54. Jg. (2001).
Block, J. : Die Wirtschaftspolitik in der Weltwirtschaftskrise 1929 bis 1932 im Urteil der Nationalsozialisten, Frankfurt am Main・Berlin・Bern・New York・Paris・Wien 1997.
Böckenförde, B. : Unternehmenssanierung, 2. Aufl., Stuttgart 1996.
Brady, R. A. : The Rationalization Movement in German Industry, Barkley 1933.
Bredt, O. : Der endgültige Ansatz der Planung, Technik und Wirtschaft, 32. Jg. (1939).

Brühl, V. : Restrukturierung — Ursachen, Verlauf und Management von Unternehmenskrisen, in : Brühl, V. / Göpfel, B. (Hrsg.) : Unternehmensrestrukturierung, Stuttgart 2004.

Bruhnhöber, H. : Das bringt das neue Betriebsverfassungsgesetz, München 2002.

Bücher, K. : Das Gesetz der Massenproduktion, Zeitschrift für die gesamte Staatswissenschaft, 66. Jg. (1910).

Burchart, L. : Techinischer Fortschritt und sozialer Wandel, in : Treue, W. (Hrsg.) : Deutsche Technikgeschichte, Göttingen 1977.

Burger, A. und Buchhart, A. : Risiko-Controlling, München Wien 2002.

Busse von Colbe, W. und Eisenführ, F. : Preisgrenzen, in : Kosiol, E. (Hrsg.) : Handwörterbuch des Rechnungswesens, Stuttgart 1970.

Die Gabler Lexikon-Redaktion : Gabler Wirtschaftslexikon, 15. Aufl., Wiesbaden 2000.

Carr, E. H. : What is history? (the George Macaulay Trevelyan lectures delivered at the University of Cambridge January-March 1961), London 1961.

Claus, I. E. Nachf. : Ein Jahrhundert Baumwollspinnerei 1809-1909, Plaue bei Flöhha 1909.

Corsten, H. : Produktionswirtschaft, 10. Aufl., München Wien 2004.

Corsten, H., Köhler, R., Müller-Mehrbach, H., und Schröder, H.-H. (Hrsg.) : Kapazitätsmessung, Kapazitätsgestaltung, Kapazitätsoptimierung — eine betriebswirtschaftliche Kernfrage —, Stuttgart 1992,

Deregulierungskommission : Marktöffnung und Wettbewerb, Stuttgart 1991.

Dreyer, A., Dreyer, D. und Obieglo, D. : Krisenmanagement im Tourismus, München Wien 2001.

Düwell, F. J. : BetrVG , Betriebsverfassungsgesetz, Handkommentar, Baden-Baden 2002.

Ebsen, L. : Krankenhäuser in der Krise, Baden-Baden 2006.

Edenfeldt, S. : Recht der Arbeitnehmermitbestimmung, Heidelberg 2003.

Engeleiter, H.-J. : Preisgrenzen in Beschaffung und Absatz, in : Kosiol, E. und Chmielewicz, K. und Schweizer, M. (Hrsg.) : Handwörterbuch des Rechnungswesens, 2. Aufl., Stuttgart 1981.

Engelen-Kefer, U. : Sozialplan, in : Gaugler, E. (Hrsg.) : Handwörterbuch des Personalwesens, Stuttgart 1975.

Engelhard, H. A. : Ist eine Reform des Insolvenzrechts überfällig ?, BFuP, 35. Jg. (1983).

Falter, E. : Die Beobachtung des betrieblichen Beschäftigungsgrades in Literaur und Praxis, Köln 1928.

Falter, E. : Beschäftigungsgrad und Kosten, ZfHH, 22. Jg. (1929).

Fechner, D. und Kober, B. : Praxis der Unternehmenssanierung, 2. Aufl., München 2004.

Feder, G. : Wirschaftsführung im dritten Reich, Oldenburg 1934.

Findeisen, F. : Die Unternehmungsform als Rentablitätsfaktor, Berlin 1924.

Findeisen, F. : Der Zweckreklame, ZfB, 4. Jg. (1927).

Fitting, K., Heither, F. Engels, G. und Schmidt, I. : Betriebsverfassungsgesetz, 21. Aufl., München 2002.

Fleege-Althoff, F. : Die notleidende Unternehmung, Stuttgart 1930.

Fleege-Althoff, F. : Grundzüge der allgemeinen Betriebswirtschaftslehre, Leipzig 1934.

Forrester, D. A. R. : Schmalenbach and After, Glasgow 1977.

Franke, D., Hunold, W. und Malter, J. : Das neue Betriebsverfassungsrecht, Neuwied und Kriftel 2001.

Fritzsche, W. : Das Abbauproblem der Unternehmung, Düren-Rhld 1932.

Funke, S. : Fixkosten und Beschäftigungsrisiko, München 1995.

Fürst, R. A., Settelberger, T. und Heil, O. P. : 3D-Krisenmanagement, München Wien 2007.

Geldmacher, E. : Wirtschaftsunruhe und Bilanz, Berlin 1923.

Geldmacher, E. : Grundbegriffe und systemmatischer Grundriß des betrieblichen Rechnungswesens, ZfHF, 23. Jg. (1929).

Gerhart von Schulze-Gävernitz : Der Großbetrieb, Leipzig 1892 .

Gless, S.-E. : Unternehmenssanierung, Wiesbaden 1996.

Grünert, T. : Mergers & Aquisitions in Unternehmungskrisen, Wiesbaden 2007.

Günther, H.-O. : Produktionsmanagement, Berlin Heidelberg New York London Paris Tokyo Hong Kong Barcelona Budapest 1993.

Gutenberg, E. : Betriebswirtschaftslehre als Wissenschaft, Krefeld 1957.

Hanau, P. : Arbeitsrecht und Arbeitsgerichtsbarkeit von Kaiser Wilhelm II. bis Dr. Kohl, NZA, 10. Jg. (1993),

Hannemann, S. : Krankheitsfälle des kaumänischen Betriebes im Spiegel der Zwischenbilanz, ZfB, 4. Jg. (1927).

Hase, D., Reino von Neumann-Cosel und Rupp, R. : Handbuch Interessenausgleich und Sozialplan, 3. Aufl., Frankfurt / Main 2000.

Hasenack, W. : Unternehmertum und Wirtschaftslähmung, Berlin 1932.

Hasenack, W. : Überwindung der Wirtschaftskrise und das deutschen Unternehmertum, ZfB, 2. Jg. (1932).

Hasenack, W. : Stillegung, in : Nicklisch, H. (Hrsg.) : Handwörterbuch der Betriebswirtschaft, 2. Aufl., 2. Bd., Stuttgart 1939.

Hauschild, J. : Entwicklung in der Krisenforschung, in : Hutzschenreuter, T. / Griess-Nega, T. (Hrsg.) : Krisenmanagement, Wiesbaden 2006.

Hauschild, J. / Grape, C. / Schindler, M. : Typologien von Unternehmenskrisen im Wandel, DBW, 60. Jg. (2006)

Heber, A. : Kalkulation und Preisstellung bei wechselndem Beschäftigugnsgrad, Betriebswirtschaftliche Rundschau, 1. Jg. (1924/25).

Heidebroek, E. : Industriebetriebslehre, Berlin 1923.

Heinen, E. : Betreibswirtschaftliche Kostenlehre, 6. Aufl., Wiesbaden 1983.

Heither, M. : Sozialplan und Sozialrecht, Berlin 2002.

Hellauer, J. : Kalkulation in Handel und Industrie, Berlin-Wien 1931.

Hellwig, A. : Neue Wege wirtschaftlicher Betriebsführung, Berlin und Leipzig 1928.

Hemmer, E. : Sozialpläne — Erhebliche Belastungen, Arbeit und Sozialpolituk, 41. Jg. (1987).

Hemmer, E. : Sozialplanpraxis in der Bundesrepublik, Köln 1988.

Hemmer, E. : Die Ergebnis einer Unternehmungsbefragung, Der Arbeitgeber, 41. Jg. (1989).

Hemmer, E. : Sozialpläne, Personal, 41. Jg. (1989).

Hemmer, E. : Sozialpläne und Personalanpassungsmaßnahmen, Köln 1997.

Hemmer, E. : Neuere Strategien bei Personalumstrukturierungen, Personal, 49. Jg. (1997)

Hemmer, E. : Kritik der Unternehmen an Sozialplanregelungen, Der Arbeitgeber, 49. Jg. (1997)..

Hemmer, E. : Sozialplanregelungen verbessern, Der Arbeitgeber, 49. Jg. (1997).

Henzel, F. : Der Beschäftigungsgerad, ZfB, 5. Jg. (1928).

Hess, H., Fechner, D., Freund, K. und Körner, F. : Sanierungshandbuch, 3. Aufl., Neuwied · Kriftel / Ts · Berlin 1998.

Hermann, J. E. und Mauritz, H. : Beschäftigungsgrad und Betriebskontrolle, ZfB, 3. Jg. (1926).

Hilmer, E. : Wirtschaftliche Zusammenbrüche und Ihre Abwehr, Leipzig 1914.

Hoffmann, E. / Walwei, U. : Strukturwandel der Erwerbsarbeit, IAB-Kurzberichte, Nr. 14 vom 25. 10. 2000.

Hoffmann, M. : Die Forderung von Transfersozialplänen, Köln 2002.

Houtman, J. : Resevierung von Kapazitäten, Wiesbaden 2005.
von Hoyningen-Huene, Gerrick : Betriebsverfassungsrecht, 5. Aufl., München 2002.
Hundt, S. : Zur Theoriegeschichte der Betriebswirtschaftslehre, Köln 1977.
Hundt, S. : Beiträge zur Kritik der Betriebswirtschaftslehre, Bremen 1981.
Huppert, W. : Größere Wirschaftlichkeit durch Ausbau der Kapazitätsrechnung, Der Betrieb, 4. Jg. (1951).
Isaac, A. : Die Entwicklung der wissenschaftlichen Betriebswirtschaftslehre in Deutschland seit 1898, Berlin 1923.
Isaac, A. : Wirtschaftskrise und Wirtschaftsgesinnung, ZfB, 2. Jg. (1932).
Kern, W. : Die Messung industrieller Fertigungskapazitäten und ihrer Ausnutzung, Köln und Opladen 1962.
KfW Bankengruppe (Hrsg.) : Krisenmanagement, 2. Aufl., Frankfurt am Main 2005.
Kihm, A. : Ursachen von Unternehmenskrise, in : Blöse, J. / Kihm, A. (Hrsg.) : Unternehmenskrise, Berlin 2006.
Klebs, H. : Die deutsche Textilindustrie, Technik und Wirtschaft, 23. Jg. (1930).
Kleine, K. : Die Verschiebung der fixen und proportionalen Kosten in der Textilbetrieben, ZfHF, 23. Jg. (1929).
Kleine, K. : Preisuntergrenzen, ZfhF, 27. Jg. (1933).
Klemann, F. : Systematische Selbstkostenrechnung, Leipzig 1921.
Konzen, H. : Die Regierungsentwurf des Betriebsverfassungsgesetzes, RdA, 54. Jg. (2001).
Kraft, M. : Gesamtwirtschaftliche Entwicklung und Wirtschaftspolitik, in : Keim, H. und Steffens, H. (Hrsg.) : Wirtschaft Deutschland, Köln 2000.
Krcal, H.-C. : Wege aus Kapazitätfalle in der Automobilindustrie, ZfbF, 57. Jg. (2005).
Kroemer, J. : Das neue Insolvenzrecht, Berlin 1995.
Krystek, U. : Organisatorische Möglichkeiten des Krisenmanagement, ZfO, 49. Jg. (1980).
Krystek, U. : Unternehmungskrise, Wiesbaden 1987.
Krystek, U. : Krisenarten und Krisenursachen, in : Hutzschenreuter, T. / Griess-Nega, T. (Hrsg.) : Krisenmanagement, Wiesbaden 2006.
Kuczynski, J. : Die Geschichte der Lage der Arbeiter unter Kapitalismus, Band 15, 2. Aufl., Berlin 1964.
Kuczynski, J. : Die Geschichte der Lage der Arbeiter unter dem Kapitalisums, Band 5, Berlin 1966.
Kürpick, H. : Die Lehre von den fixen Kosten, Köln und Opladen 1965

Kutscher, E. : Wirtschaftskrise, Wirtschaftspolitik und Gewerkschaften, Köln 1987.

Leaman, J. : The Political Economy of West Germany, 1945-85, Hampshire and London 1988.

le Coutre, W. : Praxis der Bilanzkritik, Band II , Berlin und Wien 1926,

le Coutre, W. : Krisenlehren für Unternehmungsführung, Das Geschäft, 3. Jg. (1926)

Lehmann, M. R. : Das Wesen der Verrechnungspreise in Kalkulation und Buchhaltung, Betriebswirtschaftliche Rundschau, 1. Jg. (1924/25).

Lehmann, M. R. : Die industrielle Kalkulation, Berlin 1925.

Lehmann, M. R. : Betrieb und Unternehmung und das Wesen ihrer Wirtschaftlichkeit, ZfB, 3. Jg. (1926).

Lehmann, M. R. : Über den Begriff und Aufgaben der Preiskalkulation, Betriebswirtschaftliche Rundschau, 3. Jg. (1926).

Lehmann, M. R. : Grundsätzliche Bemerkung zur Frage der Abhängigkeit der Kosten vom Beschäftigungsgrad, Betriebswirtschaftliche Rundschau, 3. Jg. (1926).

Leist, E. : Die Sanierung von Aktiengesellschaften, Berlin 1905.

Leitner, F. : Die Unternehmungsrisiken, Berlin 1915.

Leitner, F. : Die Kontrolle, 3. Aufl., Frankfurt am Main 1923.

Leuchs, J. W. : System des Handels, Contor der allgemeinen Handelszeitung, Nürnberg 1804,.

Linde, F. Krisenmanagement in der Unternehmung, Berlin 1994.

Lisowsky, A. : Die Betriebswirtschaftslehre im System der Wissenschaften, ZfB, 6. Jg. (1929).

Listl, A. : Target Costing zur Ermittlung der Preisuntergrenze, Frankfurt am Main · Berlin · New York · Paris · Wien 1998.

Löwisch, M. : Die Frankierung von Sozialplänen durch die Bundesanstalt für Arbiet (§ § 254 ff. SGB III), RdA, 50. Jg. (1997),

Maletz, J. : Kostenauflösung, ZfHF, 20. Jg. (1926).

Martin, A. / Nienhüser, W. : Neue Formen der Beschäftigung — personalpolitische Voraussetzungen und Effekte, in : Martin, A. / Nienhüser, W. (Hrsg.) : Neue Formen der Beschäftigung — neue Personalpolitik?, München und Mering 2002

Matlack, C. and Fairlamb, D. : Going Over the Edge — European companies are dropping fast, Business Week, April/7, 2003.

May, J. C. : Versuch einer allgemeinen Einleitung in die Handelswissenschaften, Zweyter

Theil, Altona-Lübeck 1770.
Mellerowicz, K. : Kosten und Kostenrechnung, Bd.1, Berlin / Leipzig 1933.
Mellerowicz, K. : Allgemeine Betriebswirtschaftslehre, II. Band, 9. Aufl., Berlin 1956.
Menger, C. : Untersuchungen über die Methode der Sozialwissenschaften, und der Politischen Oekonomie insbesondere, Leipzig 1883.
Messerschmitt, A. : Die Calkulation der Eisenconstruction, Essen 1884.
Moews, D. : Zur Aussagefähigkeit neuerer Kostenrechnungsverfahren, Berlin 1969.
Moll, J. : Kosten-Kategorien und Kosten-Gesetz, Stuttgart 1934.
Mottek, H. / Becker, W. / Schröter, A. : Wirtshaftsgeschichte Deuschlands, Bd. III, Berlin 1975.
Muhs, K. : Allgemeine Volkswirtschadftslehre, in : Die Handelshochschule — Die Wirtschaftshochschule, Bd. 13, Wiesbaden 1950.
Müller, R. : Krisenamangement in der Unternehmung, Frankfurt am Main 1982.
Müller, R. : Krisenmanagement als organisatorisches Gestaltungsproblem, ZfO, 53. Jg. (1984).
Müller, R. : Krisenmanagement in Unternehmung, 2. Aufl., Frankfurt / Main 1986.
Müller-Bernhardt, H. : Industrielle Selbstkosten bei schwankendem Beschäftigungsgrad, Berlin 1925.
Nebl, Th. : Produktionswirtschaft, 4. Aufl., München Wien 2001.
Naumann, W. : Wie weit kann ein Unternehmen verlustfrei abgebaut werden?, Maschienenbau-Wirtschaft, 5. Jg. (1926).
Töpfer, A. : Personalmanagement in der Krise, in : Schimke, E. und Töpfer, A. (Hrsg.) : Krisenmanagement und Sanierungsstrategien, 2. Aufl., Landsberg am Lech 1986.
Nicklisch, H. : Betriebsgemeinschaft, in : Nicklisch, H. (Hrsg.) : Handwörterbuch der Betriebswirtschaft, 2. Aufl., 1. Band, Stuttgart 1938.
Nienhüser, W. / Baumhus, W. : Fremd im Betrieb — Der Einsatz von Fremdfirmenpersonal als Arbeitskräftestrategie, in : Martin, A. / Nienhüser, W. (Hrsg.) : Neue Formen der Beschäftigung — neue Personalpolitik ?, München und Mering 2002.
Nink, J. : Strategisches Fixkostenmanagement, Göttingen 2002.
Oechsler, W. A. und Schormair, T. P. : Sozialpläne — Rechtslage und aktuelle sozialpolitische Entwicklungen, Personalwirtschaft, 12. Jg. (1985).

o. V. : Nationalsozialistische Wirtschaftslehre, Die nationale Wirtschaft, 2. Jg. (1934).

o. V. : Nationalsozialistische Wirtschaftsordnung, Die nationale Wirtschaft, 2. Jg. (1934).

o. V. : Sozialplan — Der Belastungs-Faktor, Informationsdienst des Institutes der deutschen Wirtschaft, Heft 11 / 1987.

o. V. : Sozialplan als Belastungsfaktor, Personalwirtschaft, 14. Jg. (1987).

o. V. : Historische Schule, in : Gabler Wirtschaft-Lexikon, 14.Aufl., Wieabaden 1997.

o. V. : Höhere Kosten und mehr Bürokratie, Informationsdienst des Instituts der deutschen Wirtschaft, 27. Jg. (2001).

o. V. : Die Entwicklung der Verbraucherpreise, in : Statisches Bundesamt : Im Blickpunkt, Wiesbaden 2006.

Peiser H. : Der Einfluß des Beschäftigungsgrades auf die industrielle Kostenentwicklung, Berlin 1924.

Peukert, D. J. K. : Die Weimarer Republik, Frankfurt am Main 1987.

Possmeier, F. : Preispolitik bei hoher Fixkostenintensität, Lohmar · Köln 2000.

Potsch, M. : Personalfreisetung, Raionalisierung, 31. Jg. (1980).

Pötzold, J. : Stabilisierungspolitik, Bern · Stuttgart 1978.

von Prollius, Michael : Deutsche Wirtrschaftsgeschichte nach 1945, Göttingen 2006.

Raffée, H. : Kurzfristige Preisuntergrenzeen als betriebswirtschaftliches Problem, Köln und Opladen 1961.

Redaktion von der Memento Verlag : Unternehmen in Krise und Insolvenz, Freiburg i. Br. 2006.

Reichmann, Th. : Kosten und Preisgrenzen, Wiebaden 1973.

Reichskuretorium für Wirtschaftlichkeit : Handbuch der Rationalisierung, Wien 1930.

Richardi, R. : Die neue Betriebsverfassung, München 2001.

Rickert, H. : Kulturwissenschaft und Naturwissenschaft, 2. Aufl., Tübingen 1910.

Ridder, H.-G. / Jensen, T. : Telearbeit und Führung, in : Martin, A. / Nienhüser, W. (Hrsg.) : Neue Formen der Beschäftigung, München und Mering 2000.

Riedel, G. : Deckungsbeitragsrechnung als Controlling-Instrument, 6. Aufl., Stuttgart 1996.

Rocker, R. : Die Rationalisierung der Wirtshaft und die Arbeiterklasse, Berlin 1927.

Roesler, R. : Die Grundzüge wissenschaftlicher Betriebsführung, München und Berlin 1913.

Rudhart, P. M. : Stillegungsplanung, Wiesbaden 1978.

Rummel, K. : Erhöhung der Wirtschaftlichkeit in den technischen Betrieben der Großeisenindustrie, Düsseldorf 1926.

Sasaki, M. : Mitbestimmung und Betriebsgemeinschaft, Working Paper Series, No.18, The Economic Society of Kobe Gakuin University, October 2002.

Saynisch, M. : Krisenmanagement — Chancenutzung oder Risikoabsicherung?, in : Gareis, R. (Hrsg.) : Erfolgsfaktor Krise, Wien 1994.

Schaarschmidt, W. und Hollmann, P. : Interessenausgleich und Sozialplan, in : Schimke, E. und Töpfer, A. (Hrsg.) : Krisenmanagement und Sanierungsstrategien, 2. Aufl., Landaberg am Lech 1986.

Schäfer, H. : Ende des Normalarbeitsverhältnisses?, Köln 2001.

Schäfer, S. : Die Planung kurzfristiger Preisgrenzen im Absatz- und Beschaffungsbereich von Industrieunternehmen, Zeitschrift für Planung, 7. Jg. (1996).

Schär, J. F. : Allgemeine Handelsbetriebslehre, 5. Aufl., Leipzig 1923.

Schellberg, B. : Sanierungsmanagement, Berlin 2008.

Schmalenbach, E. : Buchführung und Kalkulation im Fabrikgeschäft, Duetche Metall-Industrie-Zeitung, 15. Jg. (1899), unveränderter Nachdruck, Leipzig 1928.

Schmalenbach, E. : Selbstkostenrechnung Ⅰ, Zfhf, 13. Jg. (1919).

Schmalenbach, E. : Grundlagen der Selbstkostenrechnung und Preispolitik, 2. Aufl., Leipzig 1925.

Schmalenbach, E. : Die Betriebswirtschaftslehre an der Schwelle der neuen Wirtschaftsverfassung, ZfHF, 22. Jg. (1928).

Schmalenbach, E. : Grundlagen der Selbstkostenrechnung, 5. Aufl., Leipzig 1930.

Schmalenbach, E. : Selbstkostenrechnung und Preispolitik, 6. Aufl., Leipzig 1934.

Schmalenbach, E. : Der freien Wirtschaft zum Gedächtnis, 3. Aufl., Köln und Opladen 1958.

Schmelter, F. : Reichstreuhänder der Arbeit, Nicklisch, H. (Hrsg.) : Handwörterbuch der Betriebswirtschaft, 2. Aufl., 2. Band, Stuttgart 1939.

Schmidt, C. T. : German Business Cycles 1924-1933, New York 1934.

Schmidt, F. : Der Wiederbeschaffungspreis des Umsatztages in Kalkulation und Volkswirtschaft, Berlin 1923.

Schmidt, F. : Die Industriekonjunktur, ZfB, 4. Jg. (1927).

Schmidt, F. : Industriekonjunktur — ein Rechenfehler !, ZfB, 4. Jg. (1927).

Schmidt, F. : Die organishe Tageswertbilanz, 3. Aufl., Leipzig 1929.

Schmidt, F. : Kalkulation und Preispolitik, Berlin-Wien 1930.

Schmidt, H. : Der Sozialplan in betriebswirtschaftlicher Sicht, Wiesbaden 1989.

Schmitz, T. und Wehlheim, M. : Risikomanagement, Stuttgart 2006.

Schnabel, C. : Höhere Kosten, unsichere Erträge — Zur Reform des Beriebsverfassungsgesetzes, WiST, 30. Jg. (2001).

Schneider, D. : Betriebswirtschaftslehre, Bd. 1, Grundlagen, 2. Aufl., München ; Wien 1995.

Schneider, D. : Betriebswirtschaftslehre, Band 4, Geschichte und Methoden der Wirtschaftswissenschaft, München ; Wien 2001.

Schnutenhaus, O. R. : Neue Grundlagen der "Feste"- Kostenrechnung, Berlin 1948.

Schoenfeld, H. M. W. : Kapazitätskosten und ihre Behandlung in der Kostenrechnung — ein ungelöstes beriebswirtschaftliches Problem —, in : Corsten, H., Köhler, R., Müller-Mehrbach, H., und Schröder, H.-H. (Hrsg.) : Kapazitätsmessung, Kapazitätsgestaltung, Kapazitätsoptimierung — eine betriebswirtschaftliche Kernfrage, Stuttgart 1992.

Schönpflug, F. : Betriebswirtschaftslehre, Stuttgart 1954.

Schröder, P. : Das Wesen der fixen Kosten in der industriellen Produktion, Köln 1926.

Schröter, H. G. : Außenwirtschaft im Boom, in : Kaelbe, H. (Hrsg.) : Der Boom 1948-1973, Gesellschaftliche und wirtschaftliche Folgen in der Bundesrepublik Deutschland und in Europa , Opladen 1992.

Schröter, H. G. : Von der Teilung zur Wiedervereinigung (1945-2000), in : North, M. (Hrsg.) : Deutsche Wirtschaftsgeschichte, München 2000.

Schreyögg, G. : Krisenmanagement, in : Heinzen, M. und Kruschwitz, L. (Hrsg.) : Unternehmen in der Krise, Berlin 2004.

Schubert, K. (Hrsg.) : Handwörterbuch des ökonomischen Systems der Bundesrepbulik Deutschland, Wiesbaden 2005.

Schulz, .C.-E. : Das Problem der Preisuntergrenzen und ihre Arten, Annalen der Betriebswirschaft, 1. Band (1927).

Schulz, .C.-E. : Das Problem der Preisuntergrenze bei technisch und kostenmäßig miteinander verflochtenen Betrieben, Betriebswirtschaftliche Rundschau, 4. Jg. (1927).

Schulz, .C.-E. : Das Problem der Preisuntergrenze, Berlin Leipzig Wien 1928.

Schulz-Wild, R. : Btriebliche Beschätigungspolitik in der Krise, Frankfurt / Main 1978.

Schulze, W. : Die Produktions- und Preisentwicklung der Rohprodukte der Textilindustrie seit 1850, Jena 1896.

Schumpeter, J. A. : History of economic analysis, edited from manuscript by Elizabeth Boody Schumpeter, London 1957.

Schwarze, J. / Heineck, G. : Keine dramatische Effekte nach der Reform der geringfügige Beschäftigung, DIW-Wochenschrift, 21 / 2001.

Seefelder, G. : Unternehmenssanierung, Stuttgart 2003.

Serra, A. : Breve trattato delle cavse che possono far abbondare li regni d' oro & argento dove non sono miniere, con applicatione al Regno di Napoli 1613.

Seyffert, R. : Über Begriff und Aufgaben der Betriebswirtschaftslehre, ZfHH, 18. Jg. (1925).

Sieber, E. : Objekt und Betrachtungsweise der Betriebswirtschaftslehre, Leipzig 1931.

Siegwart, H. : Der Einfluß von der fixen Kosten auf die Unternehmungspolitik, Zürich und St. Gallen 1959.

Söllheim, F. : Taylor-System für Deutschland, München und Berlin 1922,.

Sommariva, A. and Tullio, G. : German Macroeconomic History 1880-1979, London et al. 1987.

Sommerfeld, H. : Bilanz (eudynamisch), in : Nicklisch, H. (Hrsg.) : Handwörterbuch der Betriebswirtschaft, erster Band, Stuttgart 1926.

Steffen, R. : Produktions- und Kostentheorie, 4. Aufl., Stuttgart Berlin Köln 2002.

Steinthal, W. : Intensitätsmessung in der Industrie, Berlin 1924.

Strousberg, B. H. : Dr. Strousberg und sein Wirken, Berlin 1876.

Süverkrüp, F. : Die Abbaufähigkeit fixer Kosten, Berlin 1968.

Thiele, W. : Die Stillegung von Betrieben, Würzburg-Aumühle 1937.

Thun, A. : Die Industrie am Niederrhein und Ihre Arbeiter, Leipzig 1879.

Tibi, E. : Kostenentwicklung und Preispolitik, Berlin 1937.

Töpfer, A. : Analyse von Insolvenzursachen, in : Schimke, E. und Töpfer, A. (Hrsg.) : Krisenmanagement und Sanierungsstrategien, 2. Aufl., Landsberg am Lech 1986.

Töpfer, A. : Personalmanagement in der Krise, in : Schimke, E. und Töpfer, A. (Hrsg.) : Krisenmanagement und Sanierungsstrategien, 2. Aufl., Landsberg am Lech 1986.

Töpfer, A. : Plözliche Unternehmenskrisen, Neuwied und Kriftel 1999.

Trieba, V. und Mentrup, U. : Entwicklung der Arbeitswissenschaft in Deutschland, München 1983.

Uhlenbluck, W. : Krise des Insolvenzrechts, NJW, 29. Jg. (1983).

Uhlenbluck, W. : Erfahrungen mit dem geltenden Insolvenzrecht, BFuP, 35. Jg. (1983).

Uhlenbluck, W. : Grundzüge eines künftigen Insolvenzrecht nach den Vorstellungen der

Reformkommission, BB, 39. Jg. (1984).

ter Vehn, A. : Zur Betriebskontrolle durch die Statistik der Wirtschaftsverbände, ZfB, 2. Jg. (1925).

Voigt, A. : Sozialpläne in der betrieblichen Praxis, 2. Aufl., Köln 1981.

Voigt, A. : Maßstabe betrieblicher Sozialplanleistungen, Personal, 32. Jg. (1980).

Voigt, A. : Folgelasten von Sozialplänen, Personal, 34. Jg. (1982).

Voigt, A. : Die ständig steigernden Belastungen, HB vom 3. 7. 1986.

Vormbaum, H. : Preispolitik auf der Basis von Voll- oder Teilkosten, in : Deutschen Gesellschaft für Betriebswirtschaft (Hrsg.) : Wirtschafttlich führen-Wirtschaftlich investieren, Berlin 1960.

Wagemann, E. : Konjunktur-Statisches Handbuch 1936, Berlin 1935,.

Walb, E. Absatzstockung und Preipolitik, Betriebswirtschaftliche Rundschau, 1. Jg. (1924)

Walb, E. : Die Erfolgsrechnung privater und öffentlicher Betriebe, Berlin Wien 1926.

Wallichs, A. : Die Betriebsleitung, insbesondere der Werkstätten, Berlin 1909.

Walther, A. : Grundzüge industrieller Kostenlehre, Zürich 1923.

Wank, R. : Grundlagen, Der Arbeitnehmerbegriff, in : Blanke, Th. / Schüren, P. / Wank, R. / Wedde, R. : Handbuch Neue Beschäftgungsformen, Baden-Baden 2002.

Wassermann, W. : Zum Reformbedarf des Betriebsverfassungsgesetzes, WSI-Mitteilungen, 53.Jg. (2000).

Wendeling-Schröder, U. : Arbeitsrechtliche Aspekte der Novellierung des Betriebsverfassungsgesetzes, Gewerkschaftliche Monatshefte, 4 / 2001.

Wissel, P. : Kapitalfehlleitungen in der Automobilindustrie, ZfhF, 24. Jg. (1930).

Wohltmann, H.-W. und Roski, R. : Planungsmöglichkeiten in der betrieblichen Produktionsstrukturen, ZfB, 55. Jg. (1985).

Wolfgang von Goethe, Johann : Wilhelm Meister, in : Goethe Werke in sechs Bände, dritter Band, Leipzig 19-.

Wolfgang von Goethe, Johann : Zur Farbenlehre, in : Die Schriften zur Naturwissenschaft, vierter Band, Weimar 1955.

Wolke, T. : Risikomanagement, 2. Aufl., München 2008.

Zeidler, F. : Der Kosteningenieur, Berlin 1929.

http : //www.destatis.de/jetspeed/portal/cms/Sites/destatis/Internet/DE/Content/

Statistiken/Zeitreihen/LangeReihen/Insolvenzen/Content100/lrins01a,templateId=renderPrint.psml

事項索引

ア行

誤った経営管理　149
誤った合理化　109, 124
新たな資金の補給による企業再生　111
新たな哲学　236
意思決定の自由性　110
一般的経営経済学　58
一般的・実用的経営経済学　58
因果関係の世界　196
因果関係の世界のマネジメント　197
ヴィーン講演　31, 138
売上高確保方策　51
売上高下限　139, 157
売上高志向的価格限界　119
栄光の30年　14
営利経済原理　206
A型制約条件　243

カ行

外勤者　241
解雇制限法　238
解雇に伴う危険　236
解雇の代替的方策　233
解雇保護法　224, 245
外生的原因　188, 200
外生的・内生的原因　190
外生的な危機原因　186, 187
改正連邦倒産法　20, 26
外注の内部化　233

回避可能な原価　138
回避可能な固定費　132
回避・克服の必要性　182
回避・克服ポテンシャル　182
回避不可能な原価　133, 138
回避不可能な固定費　132
外部の専門家　242
価格下限　119, 120, 121, 125, 126, 128, 129, 131, 132, 133, 155, 156, 158, 167
価格下限算定　137
価格下限問題　136
価格下限論　120, 125, 138
価格限界　119
価格上限　119
価格政策　131
科学的管理　88, 89, 92
科学的管理法　87, 90
科学的経営管理　89
課業管理　89
架空利益　105
学史従属説　6
学史手段説　6
学説史　8
確率の世界　196
確率の世界のマネジメント　197
過去的意義　8, 9
過小合理化　64
過小収益性　102, 103, 106, 107, 108, 111
過剰能力　10, 11, 31, 50, 64, 73, 93, 109, 123, 125, 136, 138, 148, 166, 203, 244

過剰能力の回避　32
価値修正勘定　105
価値創造過程　207
価値の流れの問題　71, 176, 188, 200
価値目標　10, 11
価値流出　147, 156
価値流入　147, 156
合併　112
可能な給付速度　78
加法モデル　225
間接的原因　188, 190, 200
観念論的立場　65
管理の誤り　186
機械的解釈　66
危機　178
危機克服方策　207
危機克服ポテンシャル　180
危機マネジメント　3, 18, 20, 57, 60, 117, 145, 175, 190, 194, 195, 196, 197, 200, 205, 212, 219
危機マネジメントの先駆的研究　3
危機マネジメント理論　188, 200
危機マネジメント論　21, 22, 114, 171
企業　100, 205, 221, 240
危機論　179
企業維持　99
企業危機　17, 18, 22, 57, 75, 145, 175, 178, 179, 190, 194, 200, 206, 219
企業危機原因　220
企業危機原因論　188
企業危機克服方策　211, 220
企業危機の回避　190
企業危機の原因　184, 185, 194, 211
企業危機の克服　190
企業危機の早期認識　182, 183

企業危機のパラドックス　201
企業危機のプロセス　182
企業危機の両面価値　114
企業危機発生の原因　199
企業危険　57
企業構造転換法　244
企業再建　19
企業再建マネジメント　20, 21
企業再生　111, 117, 181, 206, 207, 211, 212
企業者職能論　4
企業者賃金　106
企業者に対するプレミアム　106
企業者の自律性　110
企業者楽天主義　108
企業者利益　106
企業生産縮小問題　100
企業生産縮小論　113, 114
企業体制　221
企業体制の問題　237
企業倒産　17, 175, 200
企業倒産件数　18
企業の疾病学　61
企業の疾病問題　65, 66
企業の縮小　102
企業の成果度　68
企業の生産縮小　102
企業の相対的価値維持　99, 100
企業の負担　241, 243
企業目標　10
企業優遇政策　237
企業利益　106
期限付雇用　234
疑似自営業者　238
技術的合理化　63, 109

事項索引　*269*

技術的な構成体　100
技術的な生産縮小　102, 103, 112, 113
規制緩和　235, 237
規制緩和委員会　235, 236, 237
規制緩和政策　237, 238
軌跡の経済復興　14
希望退職の募集　233
基本結合　80
基本原価　106
休業期間　154
休業原価　133, 134, 143, 154
休止原価　154, 156
休止のパラドックス　13, 114, 201
休止命令　161
キューバ危機　190
給付経済的過程　207
給付速度　78
給付単位計算　85, 106, 124
給付弾力性　68
給付度　34, 84, 86, 90
給付等価的実体維持　115
給付能力　78
給付要因　79, 82, 89, 90, 91
狭義の休止原価　143
共通経営　241
強度　85
共同決定　221
強度による適応　77
僅少労働雇用　234
苦境　67
苦境指標　16
苦境にある企業　60
経営　100, 146, 221, 240
経営学史　4
経営拡大の場合の誤り　150, 151

経営学と経営学史　6
経営管理　87
経営管理の誤り　150
経営休業期間　133
経営休止　13, 145, 161, 177, 201
経営休止決定　129, 139
経営休止・売却　112
経営休止・売却の問題　114
経営休止問題　165
経営休止理論　165
経営協議会　223, 239, 241, 242
経営協議会委員　241, 242
経営協議会の基盤強化　243
経営協定　225
経営共同体　65, 146
経営共同体論　62
経営経済学史　7
経営経済学の黄金時代　52
経営経済的な生産縮小　102, 103, 111, 112, 113
経営計算　85
経営原価　35, 124
経営構造変化　227
経営時間　83
経営疾病学　61, 71
経営指導者　149, 163
経営準備　34
経営設立の場合の誤り　150
経営組織法　221, 223
経営組織法の改正　237, 242, 243, 244
経営組織法の改正に関する法律　239
経営治療学　61
経営の感受性　40
経営の浸食　239
経営の生産縮小　102

経営の分割　244
経営病理学　61
経営変更　223, 238, 240, 242, 244
経営予防学　61
経営利益　106
計画的価格下限　134, 135, 136
景気的危機　203
経験科学　5, 9
経験的整合性　5
経済安定・成長促進法　15
経済危機　57, 124
経済恐慌　113
経済実践的観点　66
経済性の原理　101
経済的エネルギー保存の法則　99
経済的管理委員会　88
経済的合理性　109, 222
経済的生産委員会　88
経済的調和　67, 68, 70
経済的な構成体　100
経済的負担　226, 232, 234
経済の奇蹟　14
経済の基本思想　147
経済の指導者　148
経済の不振　175
経済不振　22
経済有機体　66
経済理論的観点　66
経済を支配している精神　147
形而上学的な独断　9
継続的な経営活動における誤り　150, 152
原価　23, 34
限界収益　102
原価管理の理論　120

原価基金　99
原価経済的価格下限　136
原価計算小委員会　88
原価構造管理　51
原価最適　84
原価残留　41
減価償却率　38, 39
原価統制　84
原価と所得の平行　98, 99
原価の問題　176
原価範疇　34
原価補償　119, 121
原価補償限界　68
原価補償の理論　120
原価理論　120, 176
健康な経営　179
現在的意義　8, 9
顕在的／支配可能な企業危機　180, 181, 191, 192, 206
顕在的／支配不可能な企業危機　180, 181, 191, 192
原材料原価　35
現実科学　60
硬化症　17
工業大学　88
公共利益　147
構造的危機　203
拘束経済　31
合理化　49, 108, 109, 113
合理化運動　50, 63, 71, 122, 167
合理化景気　92, 93
合理化投資　64
合理化の遅れ　50
合理化の帰結　73
国民共同体　145, 146

国民経済的合理化　109
国民労働秩序法　149, 161
個数計算　34, 85
固定費　10, 23, 34
固定費管理　77
固定費管理論　117
固定費志向的危機マネジメント論　21, 200
固定費集約性　76
固定費除去　13
固定費増幅のメカニズム　51
固定費増幅率　42, 46
固定費の管理　13, 117, 167
固定費の逓減効果　123
固定費の発生管理　11, 13, 22, 77, 93, 110, 177, 178
固定費の比例費化　114
固定費の補償　13, 178
固定費の利用管理　11, 13, 77, 177
固定費比率上昇　40
固定費負担　123
固定費負担の軽減　32
固定費・変動費調査　52
固定費補償論　117
固定費問題　3, 10, 22, 23, 40, 51, 73, 75, 92, 109, 110, 113, 136, 138, 146, 177, 200, 206, 223, 244
固定費理論　21, 117, 200
個別化的考察　6
個別的考察　79, 86, 87
個別的立場　65
雇用促進の共同作用　238
雇用停止　233
雇用に対して有効な補償計画方策　238

サ行

再建手続　19, 26
財産価値変動　105
財産価値変動勘定　105
最終的経営休止　163
再生産的実体維持　115
最大収益の原則　101
在宅勤務者　238, 241
財務経済的価格下限　134, 136, 137
財務経済的方策　207, 208, 211, 212
債務者更生主義　20
債務超過　192
財務的均衡原理　206
財務的な縮小　110
財務的利益　107
採用・解雇の繰り返し政策　234
差し迫った状態　67
差別的価格下限　134, 136
3次元危機マネジメント　197, 198, 200
時間外労働の削減　233
時間管理　90
時間計算　34
時間研究　90, 92
時間研究委員会　88
時間的適応　77
時間・動作研究　89
自然主義　62
自然淘汰の過程　152
実際に利用可能な生産能力　82
実施禁止期間　161, 162
実質的価格下限　131, 134, 135, 136
実質的資本維持　99
実質目標　11
実践的要請　9

実体資本維持　99
実体的資本　102, 116
質的な危機原因　186
質的な原因研究　185
疾病原因　70
疾病原因の学　61
疾病現象　70
疾病現象の学　61
実用的経営経済学　58
実用的経営疾病学　71
支払い不能　192
資本の誤った管理　108, 166
資本の相対的実体維持　114
資本返還　111
社会科学研究所　233
社会的市場経済　14
社会保障法典　238
社会目標　11
収益価値維持　99
収益性　10, 11, 23, 158, 200
収益性価格下限　156, 157, 158, 159, 165
収益性状況と流動性状況の悪化　184
収益性操業下限　158, 159
収益性と流動性の圧迫　76, 138, 166, 179
収益性と流動性の問題　151, 176
収益性の原理　101
収益性目標　206
従業員概念　241
従業員概念の修正　243
従業員の共同決定権の範囲拡大　243
従業員派遣法　238
従業員類似者　238
従業員を伴わない自営業者　238
就業促進法　224, 237
自由経済　31, 32

従属者　149
重大な不利益　224
集団的立場　65
柔軟な雇用関係　234
純粋の外生的原因　190
純粋の企業再生　111
純粋の給付時間　90
純粋の経営利益　106
純粋の人員削減　224, 240
純粋の内生的原因　190
準正常状態　180
消極的合理化　63, 123
商的合理化　109
乗法モデル　225
除去不可能な固定費　154, 169
人員削減　145
人事適応政策　226
診断と予測の学　61
人的潜在要素　94
信任協議会　149
数学的原価分解　126
成果獲得ポテンシャル　179, 191
成果危機　181, 192, 206
成果起点　68
清算　111, 181
清算価値　111
生産過程細分化　80
生産基本過程　80
生産基本過程1回ごとの生産量　80
生産強度　84
生産集約　112
生産縮小　103, 108, 111, 113
生産縮小問題　97, 114
生産縮小論　110
生産性・経済性向上運動　92

事項索引　*273*

生産中断　134
清算的危機マネジメント　191, 192
生産的適応　11, 177
生産転換　103, 112
生産と消費の均衡　109
生産と消費の平行　98, 100
生産能力　10, 11, 12, 78, 81
生産能力縮小　22, 103, 177
生産能力断面　78
生産能力適応　110
生産能力問題　75
生産能力利用　10, 11, 78
生産能力利用度　34, 41, 42, 46, 51, 76, 78, 79, 82, 86, 92
生産能力利用目標値　94
生産能力理論　76, 92
正常利益　102
成長保証額　69
積極的合理化　124
潜在的な企業危機　180, 191, 196, 206
潜在要素　80, 94
潜在要素投入時間　80
潜在要素の数　80
戦術的危機マネジメント　192
戦術的方策　207, 208, 211, 212
先取的危機マネジメント　191
全体的考察　79
潜伏的な企業危機　180, 191, 192
全部原価補償政策　143
全部補償　121, 129, 130
全部補償思考　130
全面的清算　111
戦略危機　181, 186, 196
戦略的危機マネジメント　191, 192, 194, 208

戦略的固定費管理　76
戦略的方策　207, 208, 211, 212
早期年金付退職　233
総休止原価　155, 169
操業　34, 53
操業下限　139, 143, 158, 167
操業可能性　78
操業管理　90
操業再開原価　132, 133, 134, 138, 154, 155, 156
操業再開準備の原価　134
操業増大効果　130
操業続行　156
操業短縮　233
操業停止原価　137, 143
操業度　34, 46, 53, 82, 83, 85, 86, 90, 92
操業変動の回避　32
操業要因　79, 82, 89, 90
操業要因と給付要因　80
操業リスク　51, 55
総原価計算　122
総合的誘導　15
相互作用効果　198, 199, 200
喪失時間　83
相対的安定期　63, 92, 93
相対的実体維持　115
相対的利益　125, 131
総利益　107
組織の問題　176
組織理論　176
存在　58, 61, 71
存在当為　58, 61, 71

タ行

ターンアラウンド　206, 212

大恐慌　108
体系的な危機マネジメント論　8, 176, 200
貸借対照表基準日　104
体制関連的要因　206
体制思考　62
体制無関連的要因　206
他企業の従業員　238
多重危機　197, 198, 203
段階モデル　225
短期的価格限界　119
知覚ポテンシャル　182, 183
チャプター11　19, 26
チャンドラー法　26
中位雇用政策　234
中位人事政策　234
中期的価格限界　119
仲裁委員会　223
抽象的資本　116
中性費用　106
超過収益　112
長期的価格限界　119
帳簿技術的原価　157
調和的な構造　67
調和的な生活形成　67
直接的原因　188, 190, 200
逓減費　35
逓増費　35
テイラー・システム　64
適応の問題　114
適応負担　236
テレワーカー　238, 241
転換点　181, 206
伝統的な哲学　236
ドイツ危機マネジメント協会　21

ドイツ技師協会　88
ドイツ金属工業家連盟　88
ドイツ経営技師共同研究会　88
ドイツ経済研究所　225, 226, 233
ドイツ経済性本部　88, 109
ドイツ工業連盟（BDI）　226
ドイツ作業時間研究委員会　89
ドイツ作業時間測定委員会　89
ドイツ使用者団体連盟（BDA）　226
投機的価格下限　134, 135, 136
投機利益　105, 107, 116
倒産計画　19
倒産法　19, 20, 22, 175
倒産法委員会　19
倒産法の危機　19
特殊的経営経済学　59
特殊的・実用的経営経済学　58
特殊利益　106
特別利益　112
独立科学　6
突然的危機　203
取引自己資本　107
取引利益　105, 106, 116

ナ行

内生的原因　188, 200
内生的な危機原因　186
内部的な衰弱　184
西ドイツ病　17
能動的な危機マネジメント　191
能力的実体維持　115

ハ行

パートタイマー　234
賠償金の支払い　223

事項索引　*275*

派遣従業員　234, 242
破産の破産　19
破産法　19
発生論的究明　9
発展適合的実体維持　115
反応的な危機マネジメント　191
販売不振　124
反発的危機マネジメント　191, 192, 207, 208
反復回数　80
B型制約条件　243
費消　34
非正規雇用　234, 238
非正規従業員　241
非生産的適応　12, 177, 201
非生産的な原価　167
非典型的雇用　234, 246
人と人の関係の問題　71, 176
費用　34
病気の企業　60, 70
病気の経営　179
標準給付　91
標準作業量　91
標準時間　83
標準・実績・比較　91
標準的労働関係　238, 248
比例費　34
比例率　126, 127, 128, 129
フォード・システム　64
付加原価　106
複合危機　197
負担指数　230
物質主義的立場　65
物的潜在要素　94
部分原価補償　143

部分的清算　111
部分補償　121, 122, 123, 126, 128, 130
部分補償思考　125, 130, 138
部分補償政策　122, 124, 125
普遍化的考察　6
分岐的数値　119
分水嶺　14
変動費　23
補償金　225, 229, 233
補償金額算定方式　225
補償計画　223, 225, 238, 243, 244
補償計画義務　231
補償計画給付　225, 228, 229, 233
補償計画給付額　231
補償計画権　236
補償計画策定義務　230
補償計画制度　236
補償計画の実態　245
補償計画費　230
補償計画負担　233
補償計画法　238
補償計画要求　232
補助科学　6
本格的な価格下限論　120, 138
本格的な生産能力理論　82, 86, 89, 90, 91, 92
本源的資本　105

マ行

魔法の四角形　15
慢性的過剰能力　167
慢性的ドイツ症　17
ミスマネジメント　186
ミスマネジメント危機　186
無効時間　90

無効費用　10, 23, 47, 48, 50, 51, 76, 136, 138, 166, 167, 179, 244
名目的資本維持　99
名目的資本　102
問題自覚的思考　9

ヤ行

有機体思考　62
有機体的解釈　66
有機的企業観　98, 114
有機的経営観　98
有機的時価貸借対照表　105
有機的損益計算　105
有機的利益　105, 113
有効費用　10, 47
ヨーロッパの病人　17
予防的危機マネジメント　191, 192

ラ行

利益　147
利益共同体　112
利益最大化原理　206
利益志向的価格限界　119
利益の圧迫　109
利益目標　11, 179
利害調整　223, 225, 228, 238
利子率　39
リスク・マネジメント　195, 196, 197
リストラクチャリング　145, 206
リストラクチャリングの問題　114
流通等式　99
流動性　10, 11, 23, 158, 200
流動性価格下限　156, 157, 158, 159
流動性危機　181, 192, 206
流動性志向的価格限界　119

流動性操業下限　158, 159
流動性目標　11, 179, 206
利用可能時間　90
利用可能な生産能力　79
利用時間　83, 84
量的適応　77
量的な原因研究　185
利用度　85
両面価値　178
両面価値的な現象　201
理論的科学　6
理論的経営経済学　58
歴史学派　62, 71
歴史主義　62
歴史的意義　8
歴史的科学　6
歴史的経営経済学　59
歴史的方法　62
レッセ・パッセ　148
レッセ・フェール　65, 148
REFA　91
レンテンマルクの奇跡　63, 123
連邦倒産法　26
連立協定　239
労資協調　71
労働管理官　161, 162, 163, 170
労働管理官法　161
労働組織的合理化　64
労働法　236
労働法の規制緩和・弾力化　235
論理的整合性　5

ワ行

和議法　19

人名索引

A

阿部　勇　54
阿部清司　25
Aldcroft, D. H.　15, 24, 25
Altmann, N.　246
Apitz, K.　201
有澤廣巳　54
van Aubel, P.　83, 84, 85, 87, 89, 90, 91, 92, 95, 96, 126, 128, 142

B

馬場啓治　72
Backhaus, K.　51, 55
Barth, E.　248
Baumhus, W.　247
Becker, W.　55, 141
Bergauer, A.　201, 203, 205, 206, 207, 208, 211, 212, 214, 217, 218, 219, 220
Beste, Th.　123, 141, 142
Birker, K.　181, 186, 202
Blanke, Th.　247, 248
Block, J.　168
Blöse, J.　202
Böckenförde, B.　186, 202
Brady, R. A.　50, 54, 96, 141
Bredt, O.　48, 54, 167, 171
Brühl, V.　201
Bruhnhöber, H.　248
Bücher, K.　52

Buchhart, A.　203
Burchart, L.　96
Burger, A.　203
Busse von Colbe, W.　139

C

Carr, E. H.　7, 23
Chmielewicz, K.　139
Corsten, H.　81, 82, 93, 94
le Coutre, W.　60, 61, 67, 72, 73, 97, 114, 179, 201

D

Däubler, W.　235, 248
出口勇蔵　6, 7, 22, 23
Dreyer, A.　181, 202, 203
Dreyer, D.　202, 203
Düwell, F. J.　245

E

Ebsen, L.　26
Edenfeldt, S.　232, 246
Eisenführ, F.　139
Engeleiter, H.-J.　139
Engelen-Kefer, U.　245
Engels, G.　248
Ernst, A.　233, 246

F

Falter, E.　34, 53, 84, 85, 90, 92, 93, 94,

95, 96
Fechner, D. 202
Feder, G. 148, 168
Findeisen, F. 60, 61, 72, 185
Fitting, K. 248
Fleege-Althoff, F. 58, 59, 60, 61, 62, 63, 64, 65, 66, 67, 68, 69, 70, 71, 72, 73, 97, 114, 179, 185, 186, 201, 202
Forrester, W. 170
Franke, D. 249
Franz, K.-P. 55
Freund, K. 202
Fritsche, W. 97, 98, 99, 100, 101, 102, 103, 104, 105, 106, 107, 108, 109, 110, 111, 113, 114, 115, 116, 117, 141, 166, 170
福井孝治 23
福岡正夫 22
福岡真之介 25
Funke, S. 55
Fürst, R. A. 197, 198, 199, 203
古内博行 24, 25, 141

G

Gareis, R. 201
Gaugler, E. 245
Geldmacher, E. 34, 53, 146, 147, 166, 168
von Goethe, Johan Wolfgang 4, 5, 7, 22, 23
Griess-Nega, T. 189, 202
Göpfel, B. 201
Grape, C. 202
Grünert, T. 202
Günther, H.-O. 82, 94

Gutenberg, E. 79, 95, 113, 114, 117, 206

H

Hanau, P. 236, 237, 247
Hannemann, S. 60, 72
原　輝史 141
原田一美 73
Hase, D. 245
Hasenack, W. 97, 114, 169, 179, 201
Hauschild, J. 186, 188, 189, 202
林　良治 170
Heber, A. 126, 142
Heidebroek, E. 95
Heil, O. P. 198, 199, 203
Heineck, G. 247
Heinen, E. 80, 94
Heinzen, M. 201
Heither, M. 246, 248
Hellauer, J. 137, 143
Hellwig, A. 85, 86, 87, 90, 92, 95
Hemmer, E. 226, 227, 228, 229, 230, 231, 232, 244, 245, 246
Henzel, F. 86, 87, 91, 92, 95, 96
Hermann, J. E. 87, 89, 90, 91, 92, 95, 96, 142
Hess, H. 186, 202
Hilmer, E. 21, 27, 71, 114
Hitler, A. 145
樋渡展洋 25
Hoffman, E. 247
Hoffman, M. 247
Hollmann, P. 245
Houtmann, J. 76, 93
von Heuningen-Huene, Gerrick 245
Hundt, S. 52

Hunold, W. 249
Huppert, W. 93
Hutschenreuter, T. 189, 202

I

池田英次郎　82, 95
池内信行　5, 6, 22, 23, 170
Issac, A. 97, 99, 114, 115, 179, 201
井藤正治　88, 96
岩田　巌　101, 115, 116, 168
岩田健治　25

J

Jensen, T. 248

K

Kaelbe, H. 24
海道　進　117
Kajüter, P. 55
亀井利明　203
金房広幸　96
加藤榮一　25, 54, 55, 72, 73
加藤國彦　55, 72
川田知子　249
Keim, H. 24
Kern, W. 75, 77, 78, 79, 80, 81, 82, 94, 96
Kiesinger, K. G. 222
Kihm, A. 186, 187, 202
菊池春雄　169
菊谷正人　168
木村直司　22, 23
木谷　勤　141
Kleine, K. 32, 33, 34, 35, 40, 41, 42, 46, 47, 48, 50, 51, 52, 53, 54, 117, 136, 140, 143, 177
Klemann, F. 95
古林喜楽　115, 168
Kober, B. 202
Kohl, H. 222, 235
Köhler, C. 246
Köhler, R. 93
小松一雄　73, 141
Konzen, H. 248
Körner, F. 202
小島三郎　53, 114
小島精一　169, 170
Kosiol, E. 139
河野二男　139, 140, 143
Kraft, M. 24
Krcal, H.-C. 76, 93
Kroemer, J. 25
Kruschwitz, L. 201
Krystek, U. 25, 168, 182, 183, 184, 191, 201, 202, 203, 211, 220
Kuczynski, J. 141
久保広正　24, 25
久保田秀樹　115
久保田音二郎　52, 125, 140, 142
工藤　章　72, 73, 141
Kürpick, H. 93, 140

L

Lang, H.-G. 248
Larmann, W. 248
Leaman, J. 24.
Lehmann, M. R. 83, 94, 105, 116, 123, 126, 127, 141, 142
Leist, E. 21, 27, 71, 114
Leitner, F. 21, 27, 57, 71, 95, 114

Leuchs, J. W.　76, 93
Linde, F.　201
Lisowsky, A.　60, 72
Listl, A.　139, 140
Löwisch, M.　247

M

前川恭一　72, 117
May, J. C.　76, 93
Maletz, J.　129, 142
Malter, J.　249
Martin, A.　247, 248
Mauritz, H.　87, 89, 90, 91, 92, 95
Mellerowicz, K.　52, 53, 77, 93, 100
Menger, C.　6, 23
Mentrup, U.　96
Messerschmitt, A.　122, 140
三上威彦　25
美濃部亮吉　170
三戸　公　168
深山　明　24, 25, 54, 55, 93, 115, 117, 141, 143, 144, 169, 201, 202, 203, 244, 245, 246, 249
溝口一雄　121, 140
望田幸男　141
Moews D.　140
Moll, J.　121, 131, 140
Mottek, H.　55, 123, 141
Muhs, K.　93
Müller, R.　182, 201, 202
Müller-Bernhardt, H.　83, 123, 125, 141, 142
Müller-Mehrbach, H.　93
村瀬興雄　169
村田典子　25

N

長野重康　25
長岡克行　22
中村賢一郎　6, 22
中村常次郎　115
中西寅雄　140
中野　勲　116, 168
中田　清　115
Napp, H.　202
Naumann, W.　124, 141
Nebl, Th.　82, 94
von Neumann-Cosel, Reino　245
Nicklisch, H.　73, 104, 168, 169, 170
Niedenhoff, H.-G.　248
Nienhüser, W.　247, 248
Nink, J.　51, 55, 76, 93
西谷　敏　247
野村正實　246
North, M.　24

O

Obieglo, D.　202, 203
Oechsler, W.　245
奥田幸助　115
小野清美　73
大橋昭一　115, 117, 168
大沼邦博　247
大嶋隆雄　55
苧谷秀信　247

P

Peiser, H.　83, 94, 121, 123, 140, 141
Pepels, W.　202
Peukert, D. J. K.　73

von Philippovich, E. 73
Possmeier, F. 55, 76, 93
Potsch, M. 246
Pötzold, J. 24
von Prollius, Michael 24

R

Raffé, H. 131, 136, 137, 139, 140, 142, 143
Reichmann, Th. 139, 140
Richardi, R. 248
Rickert, H. 6, 23
Ridder, H.-G. 248
Riebel, P. 77
Riedel, G. 140
Rocker, R. 72
Roesler, R. 96
Rose, E. 248
Roski, R. 94
Rudhart, P. M. 13, 24, 110, 114, 117, 143, 166, 169, 170, 201, 203, 249
Rummel, K. 129, 132, 137, 141, 142, 143
Rupp, R. 245

S

Sasaki, M. 244
佐々木 昇 25
佐竹哲雄 23
Sattelberger, Th. 198, 199, 203
Saynisch, M. 201
Schaarschmidt, W. 245
Schäfer, H. 247
Schäfer, S. 139
Schär, J. F. 95
Schellberg, B. 20, 26

Schimke, E. 202, 220, 245
Schindler, M. 202
Schlesinger, G. 96
Schmalenbach, E. 31, 49, 52, 53, 73, 83, 93, 94, 123, 126, 128, 129, 138, 141, 142, 154, 168
Schmelter, F. 170
Schmidt, F. 97, 98, 99, 100, 101, 102, 105, 108, 109, 115, 116, 137, 143, 168
Schmidt, Helmut H. W. 222, 235
Schmidt, H. 245
Schmidt, I. 248
Schmitz, T. 203
Schnabel, C. 249
Schneider, D. 4, 22, 23, 60, 72, 76, 93
Schnutenhaus, O. R. 201
Schoenfeld, H. M. W. 77, 93, 94
Schormair, T. P. 245
Schröder, G. 222
Schröder, H.-H. 93
Schröder, P. 53
Schröter, A. 141
Schröter, H. G. 24
Schreyögg, G. 184, 201, 202
Schubert, K. 24
Schumpeter, J. A. 4, 8, 22
Schröter, A. 55
Schultz, C.-E. 120, 127, 128, 129, 130, 131, 132, 134, 135, 136, 137, 138, 139, 143
Schulz-Wild, R. 246
Schulze, W. 33, 53, 54
von Schulze-Gävernitz, G. 33, 53
Schüren, P. 247
Schwarze, J. 247

Schweizer, M.　139
Seefelder, G.　19, 25
Sengenberger, W.　246
Serra, A.　76, 93
Seyffert, R.　4, 5, 22
Sieber, E.　115
Siegwart, H.　115
塩谷昌史　24, 25
清水幾太郎　23
白杉庄一郎　8, 23
Sommariva, A.　141
Sommerfeld, H.　73
Steffen, R.　81, 82, 94
Steffens, H.　24
Steinthal, W.　89, 96
Strousberg, B. H.　122, 123, 140, 141
杉浦秀樹　26
杉本秋男　121, 140
杉本栄一　6, 9, 22
住谷博紀　141
Süverkrüp, F.　24
鈴木和蔵　115

T

立花得雄　115
田口富久治　24
高木暢哉　5, 22
高木新二郎　26
玉城俊明　24, 25
田村栄子　55, 73
田中素香　25
田中照純　23
Taylor, F. W.　87, 95, 96
Thiele, W.　139, 140, 143, 146, 148, 149, 151, 152, 154, 156, 157, 158, 162, 165, 166, 167, 168, 169, 170
Thun, A.　32, 53
Tibi, E.　140, 143
戸原四郎　25
土岐正蔵　53, 54, 114
徳永善良　246
Töpfer, A.　184, 202, 203, 211, 220, 245
東畑精一　22
藤内和公　248
豊川　昇　23
Treue, W.　96
Trieba, V.　96
塚本　健　170
Tullio, G.　141

U

上田和勇　203
Uhlenbluck, W.　25

V

ter Vehn, A.　83, 95
Vogel, H.-J.　19
Voigt, A.　245
Vormbaum, H.　122, 140

W

和田　肇　247, 248
Wagemann, E.　55
Walb, E.　121, 122, 123, 124, 125, 139, 141, 142
Wallichs, A.　96
Walther, A.　34, 53, 83, 95
Walwei, U.　247
Wank, R.　247
Wassermann, W.　248

Wedde, R. 247
Wehlheim, M. 203
Wehner, E. 248
Wendeling-Schröder, U. 248
Wöhe, G. 206
Wohltmann, H.-W. 94
Wolker, T. 203

Y

山本和彦 26
山崎章甫 23
山崎敏夫 72, 73, 117
山城 章 140
山下勝治 115
米川高生 203
吉田和夫 22, 23, 72, 73, 96, 114, 117, 141, 168
吉田昇三 23
吉田静一 22
吉川吉衛 203
吉野正三郎 26

Z

Zachert, U. 249

著者略歴

深山　明（みやま　あきら）

1949年2月　神戸市に生まれる
1972年3月　関西学院大学商学部卒業
1977年3月　関西学院大学大学院商学研究科博士課程修了
1977年4月　関西学院大学商学部専任講師
1981年4月　関西学院大学商学部助教授
1987年4月　関西学院大学商学部教授
1990年3月　商学博士

〔主要業績〕
『西ドイツ固定費理論』森山書店、1987年
『ドイツ経営補償計画論』森山書店、1995年
『ドイツ固定費理論』森山書店、2001年
『原価と原価理論』（共訳）新東洋出版社、1981年
『シュテフェン生産と原価の理論』(共訳)中央経済社、1995年
『経営学の歴史』（共編著）中央経済社、2001年
『EUの経済と企業』（編著）御茶の水書房、2004年
『企業者職能論』森山書店、2008年

企業危機とマネジメント

2010年7月6日　初版第1刷発行

訳者　© 深　山　　明
発行者　　菅　田　直　文
発行所　有限会社　森山書店　東京都千代田区神田錦町
　　　　　　　　　　　　　　1-10林ビル（〒101-0054）
　　　　　TEL 03-3293-7061 FAX 03-3293-7063　振替口座 00180-9-32919

落丁・乱丁本はお取りかえ致します　　印刷・製本・シナノ書籍印刷

本書の内容の一部あるいは全部を無断で複写複製する
ことは、著作権および出版社の権利の侵害となります
ので、その場合は予め小社あて許諾を求めてください。

ISBN 978-4-8394-2098-7